本书获得国家社科基金、上海财经大学"中央高校双一流引导专项资金"与"中央高校基本科研业务费"的资助

财政政治学文丛

收入分配的伦理规范

——可逆性检验一致有效的公平分配规则

曾军平／著

复旦大学出版社

丛书组成人员

丛书顾问　施　诚　王联合

丛书主编　刘守刚　刘志广

丛书编委会（拼音为序）

曹　希　李　钧　梁　捷　林　矗　刘守刚　刘志广

马金华　马　珺　宋健敏　汤艳文　陶　勇　童光辉

王瑞民　魏　陆　温娇秀　武靖国　解洪涛　徐一睿

闫　浩　杨海燕　杨红伟　曾军平

总序 PREFACE

成立于2013年9月的上海财经大学公共政策与治理研究院,是由上海市教委重点建设的十大高校智库之一。我们通过建立多学科融合、协同研究、机制创新的科研平台,围绕财政、税收、医疗、教育、土地、社会保障、行政管理等领域,组织专家开展政策咨询和决策研究,致力于以问题为导向,破解中国经济社会发展中的难题,服务政府决策和社会需求,为政府提供公共政策与治理咨询报告,向社会传播公共政策与治理知识,在中国经济改革与社会发展中发挥"咨政启民"的"思想库"作用。

作为公共政策与治理研究智库,在开展政策咨询和决策研究的同时,我们也关注公共政策与治理领域基础理论的深化与学科的拓展研究。特别地,我们支持从政治视角研究作为国家治理基础和重要支柱的财政制度,鼓励对财政制度构建和现实运行背后体现出来的政治意义及历史智慧进行深度探索。在当前中国财政学界,从政治学角度探讨财政问题的研究还不多见,研究者也零星分散在各高校,这既局限了财政学科自身的发展,又不能满足社会对运用财税工具实现公平正义的要求。因此,我们认为有必要在中国财政学界拓展研究的范围,努力构建财政政治学学科。

呈现在大家面前的丛书,正是在上海财经大学公共政策与治理研究院率先资助下形成的"财政政治学文丛"。作为平台,它将国内目前分散的、区别于当前主流方法思考财政问题的学者聚合在一起,以集体的力量推进财政政治学的研究并优化知识传播的途径。文丛中收录的著作,内容上涵盖基础理论、现实制度与历史研究等几个方面,形式上以专著为主、以文选为辅,方法上大多不同于当前主流财政研究所使用的分析方法。

我们上海财经大学公共政策与治理研究院将继续以努力促进政策研究和深化理论基础为己任,提升和推进政策和理论研究水平,引领学科发展,服务国家治理。

胡怡建
2019.10

前言 PREFACE

"在法国为行将到来的革命启发过人们头脑的那些伟大人物,本身都是非常革命的。他们不承认任何外界的权威,不管这种权威是什么样的。宗教、自然观、社会、国家制度,一切都受到了最无情的批判;一切都必须在理性的法庭面前为自己的存在作辩护或者放弃存在的权利。思维着的知性成了衡量一切的唯一尺度。那时,如黑格尔所说的,是世界用头立地的时代。"

——恩格斯:《反杜林论》,《引论》[1]

在道德哲学领域,康德曾明确指出,道德形而上学是必不可少的:如果找不到主导的线索,找不到正确评价所需要的最高标准,道德自身就会遭受各式各样的败坏[2]。相应地,在收入分配方面,"理想类型"意义上的伦理规范的确定,这是收入分配的理性实践所不可或缺的:伦理规范是有关收入分配状况好坏与否的最终价值尺度和标准,伦理规范的确定关乎收入分配政策选择与制度安排的基本方向,它不仅是收入分配理性实践的逻辑起点,同时也是有指导意义的收入分配改革的目标终点。

然而,与问题本身的现实价值不太相匹配的是,收入分配伦理规范的界定问题,经济学的理论分析并没有给予其应有的重视。甚至,伦理规范的界定问题在很大程度上被主流的经济理论分析所忽视了:

---

[1] 马克思恩格斯选集:第3卷[M].北京:人民出版社,1972:56.
[2] 伊曼努尔·康德.道德形而上学原理[M].苗力田,译.上海:上海人民出版社,2012:3.

实证主义者将收入分配问题的关注点放在对收入分配现状的描述及其解释上,至于"收入如何分配才合理"之类的伦理规范问题,这不是他们要探索的主题,至少不是其关注的重点。在实证主义者看来,伦理规范问题是一个主观的、相对的问题,它在理论上不可能被科学地讨论和界定。

当然,收入分配的伦理标准是收入分配现实实践的价值前提,试图就收入分配状况做出评价并提出改革建议的论者,他们的研究还是涉及收入分配的规范标准。比如主流经济理论分析就以缩小收入差距作为收入分配好坏的判别标准(通常以基尼系数、相对差异系数、泰尔指数和阿特金森指数等反映收入分配离散程度的指标来度量)。在主流的经济学家看来,对于特定的政策、制度,如果它们有助于缩小收入差距,它们就是公平的政策、制度,反之则不是。

问题是,主流经济理论就收入分配伦理规范的理解存在方向性偏差,相关分析所使用的伦理标准并非收入分配的规范目标。其一,收入差距缩小目标不可能得以具体确定;其二,在一个允许个体自由选择的社会中,差距缩小目标无法得以维持;其三,在制度规则公平的前提下,缩小差距的做法因破坏了事先的契约基础而违背了公平正义的要义;其四,鉴于差距缩小目标的不确定性,并出于对个体自由保护等方面的考虑,公平的收入分配规则也不是那种试图缩小收入差距的规则。其实,也正因为其理论局限,缩小收入差距意义上的伦理规范难以在人类理性的法庭前为其合理性做出应有的辩护,遵循启蒙运动所尊崇的理性传统,它只有"放弃存在的权利"。

没有目标和方向,我们难免随波逐流;有目标和方向,但如果我们所理解的目标和方向存在认知上的偏差,我们依旧难免随波逐流。种种迹象表明:正是因为理论界对于收入分配伦理规范认知的不足和偏差,以收入公平分配为目标导向的政策选择与制度安排在诸多时候都偏离了其应有的目标和方向:诸多的政策选择和制度安排与其说是在促进公平,不如说是在破坏公平。问题的存在不仅引起了理论与实践上不必要的争议,更是直接影响到收入分配政策与制度本身的合理性、正当性。

鉴于问题本身的重要性,同时也是出于已有探索局限性的考虑,在就已有相关观点进行批判的基础上,本研究就收入分配的伦理规范进行了探索。当然,既然提出了收入分配伦理规范的理论研究主题并就其做出了探索,这就从根本意义上否定了实证主义者所持有的伦理规范不可科学界定的主观主义、相对主义观点。实际上,伦理规范的确定问题,它本质上是一个理想环境下的理性选择问题,它同样是实证主义者所关注的理性选择理论的组成部分之一(正是在此意义上,罗尔斯的正义理论就与理性选择理论联系起来了)。特别地,由于撇开了个体自利因素对于决策结果的干扰和影响,此等选择不仅是理性选择的一部分,甚至是理性选择中最有意义的一部分。

至于收入分配伦理规范的具体形态,本研究认为:其一,在实体形态上,鉴于收入分配是以公平、正义为基本原则的,而公平正义问题,不管它所涉及的主体有哪些,也不管它所要解决的问题具体为何,它都是有关个体所得与决定所得相关因素之间的"关联结构"的合理性、正当性问题,收入公平分配所追求的应该是决定和体现"关联结构"的、对分配结果起决定性作用的公平分配规则,而不是与决定因素完全无关的单纯的分配结果,尽管公平分配最终都要以具体的结果来展示;其二,在价值原则上,公平就是利益分配的平等待人,而不是个体占有物相同、均等意义上的使人平等。至于利益分配究竟在何种意义上才是平等待人的,这可以经由换位思考意义上的可逆性检验一致有效来加以定义。进而,收入分配的伦理规范抑或收入分配的目标,就是可逆性检验一致有效的公平分配规则。鉴于此,本研究以可逆性检验一致有效的公平分配规则的确定为主题,就收入分配的伦理规范做出了理论的探索。

作为一名经济学、财政学的理论研究工作者，有关收入分配伦理规范的探索肇始于自己对于主流经济理论所持有的收入公平分配观念的理论检讨。当然，由于公平分配问题首先是一个如何理解公平正义的问题，它不仅是经济学理论分析的主题，更是政治哲学的核心议题。而主流经济理论就收入分配伦理规范的理解之所以存在偏差，这在很大程度上也与政治哲学有关公平正义的认知局限有关。也正因为如此，本研究所给出的理论批判，不仅仅是针对主流经济理论分析的，同时，也是针对当代政治哲学的：在就主流经济学理论所持有的收入差距缩小规范做出批判的同时，本研究也就当代政治哲学所涉及的代表性的公平正义观点——功利主义、罗尔斯主义、均等主义与自由至上主义等代表性的正义理论——进行了理性的检讨。在这里的研究看来，不管是在公平正义实体形态的认知上，还是在公平正义价值原则的解释上，上述相关理论同样存在这样或那样的认知局限和问题，而认识论的偏差从根本上阻碍和限制了有关收入分配伦理规范的理性理解。

当然，在学术上就已有观点和认知进行反思和批判，并不是否定相关研究就收入分配伦理规范认知所做的贡献。事实上，以罗尔斯、诺奇克和德沃金等人的工作为代表的现代政治哲学发展在诸多方面已经突破主流经济理论所存在的认识论偏差。而本研究就收入分配伦理规范所做的探索，不仅是相关研究启发和激励的结果，同时也从相关的理论中吸收了相当多的思想和观点：其一，在对公平正义原则内涵的理解上，罗尔斯立足于"无知之幕"与"原初状态"的正义理论无疑是促使本人重新理解公平正义的思想源泉，尽管本研究所理解的可逆性检验一致有效意义上的公平正义与罗尔斯的正义原则存在很大的不同；其二，马克思从社会生产过程角度来理解收入公平分配的观点、诺奇克从收入形成历史过程的角度来理解分配正义的资格理论以及布坎南从公平规则角度来理解收入公平分配的主观主义——契约主义观点,这是启发我将收入分配伦理规范的实体形态定位于公平规则而不是单纯的收入分配结果的理论渊源;其三,在公平分配规则具体结构的探究方面,马克思、罗尔斯、诺奇克、布坎南、金里卡与德沃金等哲人有关公平正义的分析为本研究提供了丰富的素材和有益的思路。

相比较而言,本研究所做的贡献主要在于:其一,从规则的角度就收入分配伦理规范的实体形态进行了明确定义(诺奇克与布坎南等论者只是强调规则对于结果的决定性作用而未将目标明确定义在规则上)并给出严格的理论论证,这纠正了有关公平分配实体形态普遍存在的认识论偏差,并为收入分配伦理规范的探究提供了一个清晰可靠的认识论基础;其二,鉴于罗尔斯等人所理解的正义原则存在局限,本研究以可逆性检验一致有效意义上的平等待人来定义公平正义,从价值原则的角度就公平分配规范进行了新的界定,并为收入分配伦理规范的具体确定提供了一个新的判别原则;其三,基于新定义的公平正义原则,本研究进一步界定相关理论所给出的公平分配规则适用的合理范围并将其存在理论局限的部分加以限制和消除,将它们整合成一个统一的有机整体并在理论上进行论证(比如有关市场机制公平性的论证),力图使得综合而成的伦理规范能够在人类理性的法庭面前为自己的存在进行伦理辩护。

价值原则上,由于公平是可逆性检验一致有效意义上的平等待人,公平收入分配规则探索的具体问题是:基于可逆性检验一致有效的原则及其方法,理性个体究竟会选择什么样的规则?性质上,收入分配伦理规范的界定问题其实是一个理想条件下的理性选择问题,这是一个完全不同于已有经济学实证理论分析所关注理性选择问题。因为,不管是消费理论与厂商理论等有关市场机制下私人选择的研究,还是投票理论与官僚行为模型等就政府机制下公共选择所做的分析,它们所关注的大都是现实条件下的理性选择问题,而不是这里所关注的理想环境下的理性选择问题。进而,从这个意义上来说,本研究的贡献不仅仅在于就收入分配伦理规范做出了新的探讨,它更是为经济学、财政学研究开辟了一个新的实证研究领域及其方法。

当然,由于撇开了个体自利因素对于行为决策的干扰和影响,理想环境中的理性选择可以被视为经济学、财政学所关注的规范分析的范畴。但是,由于以可逆性检验一致有效的公平正义作为基本规范判准,同时也由于将问题的关注点放在问题得以产生之前的制度规则上,本研究就公平规则所做的探究,也和主流经济学、财政学的规范分析存在很大的不同,这不仅是规范分析所使用的原则方面的(本研究以可逆性检验一致有效意义上的平等待人原则来取代已有的效率、公平与社会福利等标准),同时也是其信息材质方面的(本研究就规则进行选择的信息是有关人类一般倾向的知识而不是主流分析所依赖的个体具体偏好等方面的特殊信息),这将主流经济学、财政学的规范理论分析提升到一个更一般、更抽象的水平,克服了相关分析本身所存在的"规范性"问题:由于对规范原则的理解存在认知上的偏差(不管是纯效率的帕累托效率原则,还是结果均等意义上的公平原则抑或试图就效率与公平做出综合和协调的社会福利标准,它们都存在这样或那样的问题)等方面的问题,相关理论分析不仅备受信息不足问题的困扰,同时更是存在价值导向上的局限和(或)偏差。

学识传统上,罗尔斯正义论的主要任务是探讨原初状态抑或"无知之幕"后这一理想环境状态下的正义原则的选择。而作为其理论的渊源,康德就德性抑或道德法则所做的研究同样是超现实的。从这个意义上讲,基于可逆性检验一致有效意义上的公平正义原则就收入分配伦理规范所做的研究,其实是康德与罗尔斯传统意义上的道德哲学与政治哲学在经济学、财政学领域的发展。相对不同的是,在选择的对象方面,罗尔斯的正义理论所关注的是抽象的正义原则,而本研究关注的是具体的规则。在我们看来,鉴于公平正义所具有的、同自然法则类似的客观实在性,从某种意义上说,公平正义的基本原则对我们来说是外生的,是人的理性力量所要去理解和把握的,而不是个体自由去选择的(罗尔斯"无知之幕"的场景设定其实就暗含这一点,因为,"无知之幕"的场景设定就意味着基本正义原则的外生性)。进而,理想情境下选择的对象应该是具体的制度规则而不应该是抽象的原则。至于所供选择的规则的具体类型,康德的道德形而上学关注的是个体的道德律,是狭义的道德法则。但事实上,道德法则不仅包括个体的道德行为规范,同时更是事关影响个体行为选择的政治、经济与法律等方面的制度类型。进而,作为规范判准的道德法则应该是广义的道德律,而不应该局限于康德所关注的狭义的个体道德规范方面。在我们看来,就广义的道德律——公平正义规则——进行研究,去探究人类社会所必须遵循的具有普遍性、准永久性和历史必然性的基本制度条款,是包括财政学在内的经济理论分析的使命和初心,是具有实践价值的经济学、财政学研究的核心内容。

内容提要 ABSTRACT

"有两样东西,人们越是经常持久地对之凝神思索,它们就越是使内心充满常新而日增的惊奇和敬畏:我头上的星空和我心中的道德律。"

——康德:《实践理性批判》[1]

政府要进行收入分配,那收入公平分配所要追求的目标究竟是什么?由于将公平分配的目标与具体的结果联系在一起,主流经济学理论分析所持有的以收入差距缩小来表达的规范目标存在认识论的偏差,而功利主义、罗尔斯主义等其他的相关目标和原则也均存在这样或那样的局限。为了对收入分配状况的好坏进行理性评价,同时,也是为了就收入分配的政策选择与制度安排提供应有的方向和标准,本研究在就已有的理论观点——收入差距缩小意义上的主流经济理论观念及其他的理论认知——做出批判的基础上就作为目标导向的收入分配的伦理规范做出了探索。研究认为:

从收入分配伦理规范实体形态的角度看,鉴于收入分配是以公平、正义作为基本价值原则的,而公平、正义问题,它所涉及的都是个体所得与决定所得诸因素(如努力与付出等)之间的关系——关联结构——的合理性,作为收入分配目标导向的伦理规范只能是隐藏在收入分配结果背后的公平的"关联结构"而不可能是单纯的、与决定因素无关的分配结果。对于单纯的分配结果,由于它切断了个体所得与决

---

[1] 伊曼努尔·康德.实践理性批判[M].邓晓芒,译.北京:人民出版社,2003:220.

定所得的相关因素之间的关系,此等规范完全没有意义,在伦理上不可取,同时也不可能在理论上被定义出来。特别地,在外在表现方面,由于公平、正义的"关联结构"是由收入分配的规则所决定并由它所体现的,收入分配的目标规范具体表现为公平的收入分配规则而非主流理论所理解的公平分配结果。当然,公平分配规则的确定需要考虑规则运行的结果,但这并不表明作为目标导向的伦理规范就是单纯结果意义上的,因为决定规则选择的结果是"关联结构"意义上的结果而非与决定因素完全无关的单纯的结果(参见第二章)。

既然收入分配的伦理规范是一种公平、正义的分配规则,那此等规则又是何种公平、何种正义的规则呢?有关公平、正义的内涵,鉴于公平、正义所表达的是利益分配过程中平等对待每一个人——平等对待"你""我""他"——的价值理念,公平、正义可以一般地表述为利益分配的平等待人。相应地,在价值原则层面,作为伦理规范的分配规则是平等待人的分配规则。其中,有关平等待人的含义,正如经济学家基于帕累托改进是否存在来就资源配置的静态效率做出一般理论表述那样,分配规则是否是平等待人的,这可以用可逆性检验是否一致有效来判别:对于特定的分配规则,如果将相关利益主体的位置调换之后,他们依旧认为它是公平合理的,那此等规则就是平等待人的,反之,相关规则就可能因偏袒部分个体的利益而没有做到平等待人。鉴于公平、正义是由可逆性检验一致有效来定义的,伦理属性上,收入分配的伦理规范是可逆性检验一致有效的分配规则类型(参见第三章)。当然,对于公平正义,功利主义的整体幸福最大化原则、罗尔斯以最大最小来表述的差别原则、均等主义的使人平等原则、帕累托原则、多元主义原则以及应得之说也都给出了它们的定义,而相关的理论表述也有其一定的合理性,但是,由于相关原则就公平正义所做的理论表述存在这样或那样的局限,可逆性检验一致有效的收入分配伦理规范并非基于功利最大化等原则而构建的收入分配规则类型(参见

第四章)。

　　伦理判准意义上的公平分配规则是理性个体基于可逆性检验一致有效意义上的平等待人所确定的一致同意的规则类型。由于这里的一致同意是以可逆性检验有效抑或换位思考为基本前提的,此等一致不同于契约理论者通常所主张的个体达成一致协定的现实同意及其修正形式,后者如洛克所讲的默许的同意抑或康德所讲的可能的同意。进而,在程序正义方面,公平的收入规则并非基于现实同意及其修正程序而确定的规则,而是通过超现实的先验同意过程所选择的规则类型。而在规范的现实运作方面,鉴于现实的规则选择难免会受到利益的干扰和影响,程序正义要求收入分配规则应该在收入得以形成之前而不是收入得以形成之后去确定并保证规则的切实执行,即作为伦理规范的公平分配规则应该是宪法性的规则,是法治化管理的规则,而不是政治性的、可以肆意进行人为操纵和调整的规则类型(参见第五章)。

　　至于可逆性检验一致有效的公平分配规则的具体结构,其基本建构如下:其一,从规则选择的信息基础来看,鉴于规则是先于结果而产生的,公平的收入分配规则只能是基于一般知识而构建的普适性规则:可逆性检验一致有效意义上的公平收入分配规则的构建不依赖于社会个体特定偏好与特定社会结构的特殊信息,只是依赖于有关主体"人"所具有的带有普遍倾向的知识以及一般社会结构的信息;其二,在决定变量方面,影响和决定分配的因素千千万万,但可逆性检验一致有效的收入分配规则必须要在个体收入所得与个体的自由选择之间建立起关系,即个体的收入所得不应该与个体的自由选择无关。进而,从决定因素的角度看,作为目标导向的公平分配规则必然是以个体选择为决定性变量的规则。特别地,鉴于个体的自由选择是在社会生产过程中进行的,公平的收入分配规则必然是诺奇克所说的、事关社会生产全过程的历史的规则。在此方面,主流经济学理论所理解的公平分配目标只关心最后的结果而忽视了收入得以形成的历史过程（马克思和恩格斯对此做出了深刻的批判，并正确地从社会生产过程角度来考虑收入分配问题），存在重大的认识论偏差。其三，在综合程式方面，既然公平的收入分配规则是以个体的自由选择为决定变量的规则，公平的分配规则要给个体的自由留下应有的空间。进而，从整体上看，公平的收入分配规则应该是程序性的规则（此类规则只是提供一种决定分配结果的公平程序和过程而不是通过数学的计算来确定每一个体之应得结果）而不是诸多理论所提出的模式化的实体性规则（此类规则往往需要就相关的决定因素进行数学上的加总并依此而计算出每一个体之应得）（参见第六章）。

在社会规则集合范围内，市场机制是事关社会生产全过程的、普适性的程序性规则，市场机制是公平收入分配规则的可能类型。与此同时，市场机制是以个体自由选择为基础、强调个体自己为自己负责并经由自由竞争来就合作利益进行协调的规则，此等规则在绝大多数的场合都能经得起可逆性的检验。相反，作为其替代形式的政治机制则在诸多利益的协调上不仅不会促进公平，反而会破坏公平（比如对个体自由选择的肆意限制以及就自己对自己负责原则的侵犯和违背等）。进而，在主体框架上，可逆性检验一致有效的公平分配规则是市场起决定性作用的规则。当然，由于市场机制的脆弱性及其在局部领域利益公平协调的局限性，市场起决定性作用的分配规则并非是完全否定政府作用的规则类型：可逆性检验一致有效的收入分配规则是市场机制与政府机制组合在一起的混合机制。但是，就此等混合机制而言，鉴于其政府干预的方式、领域、作用点以及时间节点等方面的特点，它与主流经济学、财政学理论所提出的混合经济模型存在性质上的差异（参见第七章）。

在基本构成上，市场机制涉及起点、过程和结果三个组成部分。相应地，政府就市场起决定性作用的收入分配机制的干预和调整涉起点设置、过程控制和结果调整三个方面。其中:(1)在结果调整方面,在起点得以公平调整和过程也公平合理的前提下,可逆性检验一致有效的分配规则不是缩小所谓收入差距的规则,而是保障个体基本生存权利的规则(参见第八章);(2)在过程安排方面,主流经济学所推崇的完全竞争市场并非公平的市场,同时也不是真正有效的市场(完全竞争市场只考虑了静态效率而与相比更为重要的动态效率相冲突),无法经得起可逆性的检验,公平的市场过程并非完全竞争市场理论所描述的过程,而是一个允许个体自由准入、自由竞争的过程,是一个允许个体对价格有一定控制权并尽可能基于自由竞争市场进行利益协调的过程(参见第九章);(3)在起点设置方面,由于形式上的机会公平允许个体的命运受到自然和社会各种偶然性因素的肆意支配,这并不足以保障竞争的起点公平:公平的竞争规则需要为个体提供一个实质性的公平竞争起点。但是,鉴于个体不可能完全同一,并考虑到个体间存在差异是一个良好社会所具有的必要条件和特征,可逆性检验一致有效的分配规则并非个体具有完全相同起点的规则,而是要保障每一个体的基本生存、基本健康和基本教育等基本权利,以保障每一个体潜能发展的机会:一方面,保障每一个体潜能发展的机会是可逆性检验一致有效的分配规则的内在要求,个体潜能受家庭等原因而得不到应有发展的规则无法通过可逆性检验;另一方面,在个体潜能发展机会得以保障的基础上,每一个体都应该凭借自己的能力和努力来为自己谋取应有的生活空间(参见第十章)。

收入分配伦理规范的确定对于收入分配政策的选择具有重要的规范意蕴。特别地,由于这里所理解的目标规范与主流经济理论所持有的以缩小收入差距来表述的伦理规范存在很大的不同,伦理规范的界定意味着收入分配政策选择的变化和调整:其一,从关注结果转向关注规则。表面上看,收入公平分配所追求的是公平的结果,但实际上,收入公平分配所追求的是隐藏在结果背后的公平的"关联结构",

是对分配结果起决定性作用的分配规则;公平的收入分配结果在理论上不仅不可能得以确定,也不应该去具体确定;其二,从政治分配转向宪则分配。作为收入分配的目标规范,可逆性检验一致有效的收入分配规则应该在事先的法律层面去确定,并保障规则所赋予的个体的权利。相反,非经事先规则限定的肆意政治调整是应该限制和禁止的;其三,从使人平等转向平等待人。收入分配的相关规则都应该经得起理性个体的可逆性检验,而不是简单地强调个体收入占有的均等和相同;其四,从政府主导转向市场决定。整体上看,收入分配的结果应该由自由竞争的市场机制来决定,政府的责任主要是在界定和保障个体基本权利的基础上,构建和维护市场的公平竞争规则(参见第十一章)。

价值取向上,鉴于收入分配的伦理规范是可逆性检验一致有效的公平分配规则,收入分配的规范理论研究应该以此等"道德法则"的确定为目标。相应地,有实践指导价值和意义的收入分配的实证研究——不管是有关收入分配状况的描述还是对其形成原因的解释——也应围绕此等"道德法则"来加以展开。毕竟,与自然规律不同,经济理论中有关"是"的规律和(或)倾向往往受制度规则的支配和影响,而制度又是由人所选择的,此等规律和(或)倾向往往并不具有自然法则所具有的必然性和强制性。如果硬是要说具有强制性和必然性的规律,在经济学等社会科学领域,那也应该是康德传统上的"道德法则",我们这里则将其定义为可逆性检验一致有效意义上的公平规则。这意味着,经济学、财政学实证研究的意义在很大程度上不在于确定自然律意义上的必然法则,而在于为公正规则的选择与架构提供实证基础。相应地,经济学、财政学的实证研究要以伦理规范的确定为前提而不是将实证研究的结论视为自然律意义上的、作为伦理规范得以确定的外在必然条件(参见第十一章)。

目录 CONTENTS

第一章 导论   001
  一、导言   001
  二、理论探索的必要性   003
  三、理论探索的可能性   007
  四、已有研究的简要述评   010
  五、本研究的思路及方法   013

第二章 实体形态：结果还是规则？   015
  一、导言   015
  二、分配的关联结构   016
  三、公平的分配规则   021
  四、分配规则的主客体   026

第三章 价值原则：公平的理论界定   030
  一、导言   030
  二、利益分配的平等待人   032
  三、可逆性检验有效   039
  四、规则均衡与一致性前景   044

第四章 公平正义：原则比较与澄清   050
  一、导言   050
  二、功利主义与差别原则   051
  三、均等抑或使人平等   062
  四、帕累托原则   070
  五、应得之说   076
  六、多元主义   079

第五章　程序正义：规范的产生及运行　　083
一、导言　　083
二、现实契约与同意　　084
三、可能的同意和默许　　089
四、先验的假想同意　　091
五、宪法性规则及其执行　　094

第六章　基本构件：规则要件及其性质　　101
一、导言　　101
二、决策的信息基础　　103
三、分配的决定性因素　　111
四、历史的分配规则　　116
五、综合程式的性质　　119

第七章　主体框架：市场及其逻辑　　124
一、导言　　124
二、自由选择与自我决策　　126
三、自己对自己负责　　131
四、市场的自由竞争　　134
五、政治干预与规则修正　　137
六、混合机制的比较　　141

第八章　结果调整：何谓结果公平？　　144
一、导言　　144
二、超越资格理论　　145
三、缩小收入差距吗？　　152
四、保障个体的基本生存　　160
五、以国家救助为主导　　167

第九章　过程安排：何种竞争过程？　　173
一、导言　　173
二、并非完全竞争的市场规则　　174
三、市场的自由准入　　178

四、基于市场理念的政治干预　　181

第十章　起点设置：何谓起点公平？　　185
　　一、导言　　185
　　二、超越形式上的机会公平　　186
　　三、并非完全相同的起跑线　　191
　　四、保障个体潜能发展的公平机会　　200
　　五、保障教育等基本权利　　205

第十一章　规范意蕴：理论界定的规范含义　　209
　　一、导言　　209
　　二、从关注结果到关注规则　　210
　　三、从政治分配到宪则分配　　212
　　四、从使人平等到平等待人　　214
　　五、从政府主导到市场决定　　216
　　六、经济理论研究任务之转向　　217

参考文献　　219
后记　　226
附录　　237
文丛后记　　242

第一章
导　论

一、导言

在收入分配政策的制定上,由于政策的选择要以价值目标的确定为前提,也许没有什么相比公平分配伦理规范的确定更为基本性的了[1]。在道德哲学领域,康德曾明确指出,道德形而上学是必不可少的:"如果找不到主导的线索,找不到正确评价所需要的最高标准,那么道德自身就会遭受各式各样的败坏。"[2]同样的,在收入分配方面,如果作为目标导向的伦理规范在理论上不能得以阐明,收入分配的现实实践(政策制定与制度选择)就难免会误入歧途,甚至可能会与其应有的目标背道而驰。实际上,也正是因为收入分配的目标规范对

---

[1] 由于使用习惯的原因,公平、正义、公正与公道等存在一定的差异(有时还包括平等)。进而有很多学者试图在概念上对它们做出理论的区分:吴忠民认为"公正是理念化、理想化的公平,而公平则是现实化、具体化了的公正"(吴忠民.公正新论[J].中国社会科学,2000(4).)。韩跃红从汉语和英语两种语境对公平和正义做了区分,认为"公平侧重于利益均衡,正义侧重于利益对等;正义有利于鼓励竞争,扬善抑恶,公平则有利于缩小差别,保持平衡;针对个人的利益分配应注重正义,而社会宏观调控应注重公平"。但实际上,相关概念的本义其实是一致的。在此方面,斯宾塞就认为"公平和平等来自同一词根,公平的字面上的意义就是平等"(赫伯特·斯宾塞.社会静力说[M].张雄武,译.北京:商务印书馆,1996:44.)。类似地,王海明指出,"从古至今人们一直认为:公平、正义、公正、公道乃同一概念,是行为对象应受的行为,是给予人应得而不给人不应得的行为;反之,不公平、非正义、不公正、不公道乃同一概念,是行为对象不应受的行为,是给人不应得而不给人应得的行为"(王海明.平等新论[J].中国社会科学,1998(5).)。聂文军则在其研究中就将正义(justice)依上下文的关系而译为公正、公平(聂文军.正义的伦理:在德性与规范之间[J].哲学研究,2010(5).)。鉴于此,本研究基本上是在同等意义上混合使用公平与正义等概念而不对它们做严格的区分。

[2] 伊曼努尔·康德.道德形而上学原理[M].苗力田,译.上海:上海人民出版社,2012:3.

于收入分配政策制定与制度选择所具有的引领性、规范性作用,在收入分配的理论研究上,也许没有什么相比收入分配伦理规范的厘清更具有前提性的了。确定一个"理想类型"意义上的规范标准,这不仅是收入分配规范分析的基础,同时也是具有实践价值的收入分配实证分析的保障前提:实证研究所获得的知识如果要为收入分配的现实实践发挥其应有的理论指引力,确定分配的伦理标准并"围绕"该标准来进行知识探索就是不可或缺的。毕竟,有关收入分配的实证研究,不管是"是什么"意义上的事实描述(即有关收入分配格局如何的阐述),还是"为什么"意义上的逻辑诠释(即收入分配格局得以形成的机理解释),如果相关的结论与伦理规范毫不相干,那正如"休谟的铡刀"这一方法论逻辑——不能从"是"中推论出"应该"[1]——所表明的:我们无法基于科学探索的知识而就收入分配的政策制定与制度选择发表任何有价值和意义的见解。

然而,尽管收入分配的伦理规范对于收入分配的政策实践与理论研究具有如此重要的价值和意义,但分配规范问题在很大程度上被主流的经济学理论所忽视了,甚至是被它们明确排除在经济学的研究范围之外。在讨论经济学研究的对象问题时,罗宾斯就曾明确指出:"经济学涉及的是可以确定的事实;伦理学涉及的是估价和义务。这两个研究领域风马牛不相及。"[2]与此相一致,在就收入分配问题进行探索时,主流的经济理论分析所关心的主要是收入在社会各阶层和(或)不同生产要素(土地、资本和劳动[3])间进行分配的理论原理及经验证据(如财税等政策对收入分配格局的影响)。至于"何种分配格局为优"的规范伦理问题,它并不是此类研究所关注的对象,至少不是它们所要讨论的重点[4]。

比如,作为生产理论(解释一般商品价值或价格决定法则的理论学说)的拓展和延伸,新古典经济学的收入分配理论试图将生产理论的"一般法则用以解释各种要素的价值或价格的确定,从而说明各种分配份额的决定"[5],即理论关注分配是如何被确定的,而不是分配应该如何?比如约翰·贝克·克拉克,其代表作《财富的分配》试图描述的是"财富如何在各个要求获得应得权利的人中间

---

[1] 马克·布莱克.经济学方法论[M].石士均,译.北京:商务印书馆,1992:135.
[2] 莱昂内尔·罗宾斯.经济科学的性质和意义[M].朱泱,译.北京:商务印书馆,2001:120.
[3] "科学管理之父"泰罗认为管理也是一种独立的生产要素。但事实上,鉴于管理是人进行的管理,与其说它是一种独立的生产要素,不如说它是劳动要素的一种特殊类型。
[4] 即使相关研究将其关注点放在有关正义信念抑或正义行为的经验考察上,实证主义的社会科学家也往往将自己视作不带伦理预设的人,而把"何谓公平、何谓正义"之类的伦理问题排除在其所探究的主题范围之外。
[5] 晏智杰.译者前言[M]//乔治·J.施蒂格勒.生产与分配理论.北京:华夏出版社,2008.

分配"的"自然规律",即关心的是"分配如何形成"的"分配的科学"而不是"收入应该如何分配"的"分配的伦理":尽管克拉克关注到公平分配的伦理,比如,究竟是"给予某人自身所生产的产品数额"的原则是公平的,还是部分社会主义者所提出的"各尽所能,各取所需"的原则最理想、最公平[1]?而他所提出的边际生产率理论也涉及"分配正义的规范性原则",但正如塞缪尔·弗莱施哈克尔所言,他更愿意将注意力集中在"纯粹事实的领域",至于国家是否应该根据需要突破财产权的限制以在经济上救济穷人等方面的问题,则因为问题的"伦理"属性而被排除在该研究的探索主题的范围之外[2]。因为,他所"要研究的是经济的实际问题,而不是纯粹伦理上的问题"[3]。

二、理论探索的必要性

无知的热心,犹如在黑暗中远征!为了克服理想天堂最终被沦为人间地狱的危险,维克多·雨果的警言无疑是值得我们时刻铭记的。就这里所关心的问题来说,收入分配的政策选择与制度设计应该以应有的"知"——有关收入分配状况及其形成原因的"是"——作为其决策基础。因此,强调收入分配的实证研究并加强其理论探索的力度,这怎么说都是不为过的。毕竟,从"是什么"的角度就收入分配的现状及其规律做出探索是社会科学作为一门科学的应有之义。

但是,对收入分配实证研究的强调并不等于应该将伦理规范问题置于某种从属地位,更不是要将其完全搁置一边。在政治哲学的一般理论层面,政治究竟能否成为一种有理性可言的活动,关键在于我们能否寻找到一种普遍的、能就政治活动进行规范评价的政治价值抑或政治原则。而就收入分配这一特殊的政治实践活动来说[4],收入分配政策的理性选择要以收入分配规范标准的确立为基本前提。否则,即便我们占有了有关收入分配现实的所有信息和资料并掌握

---

[1] 约翰·贝茨·克拉克.财富的分配[M].彭逸材,等译.北京:人民日报出版社,2010:7.
[2] 塞缪尔·弗莱施哈克尔.分配正义简史[M].吴万伟,译.南京:译林出版社,2010:130.
[3] 同[1].
[4] 由于涉及的是物质财富的分配,现代经济学一般将分配问题归为一个与资源配置相并列的经济问题。这里之所以将收入分配问题归为政治问题,是因为收入分配关乎人际的利益调整,即"政治性"的关系。也就是说,这里所讲的政治是广义意义上的,是人际关系意义上的政治而不是我们通常所讲的局限于政治权力和(或)权利分配意义上的狭义上的政治。应该说,广义的政治概念在学理上完全是说得通的。毕竟,政治哲学所要探究的规范并不局限于在狭义的政治权力的分配范围之内,而是涉及人类利益冲突的各个方面。

了收入分配的所有规律和原理,我们依旧无法保证收入分配政策应有的合理性、正当性。在此方面,戴维·米勒就指出,对正义的科学研究和哲学研究,它们必然是相互依赖的,而为了把那些由正义指导和不由正义指导的信念和行为区分开来,对正义的经验研究必须依赖于规范的正义理论[1];缺乏有关规范评价的价值尺度和标准,我们就无从对现实的好坏与否做出判断,同时也不可能对现实的改进提出任何有价值的见解。

当然,反过来,如果有关收入分配的实证知识是以收入分配的伦理规范为基础并基于现实究竟是"接近"还是"偏离"规范来展开的,基于实证研究的结论来推导政策建议完全是可能的,而"休谟的铡刀"——它将"是"与"应该"两者截然分开——则是失效的:在伦理规范得以确定的基础上,我们完全可以基于"是"(事实对于规范的偏离或逼近状况)而得出"应该"(就收入分配给出规范建议)。比如,如果我们知道 A 政策运行的结果比 B 政策更能趋近社会的规范目标,那在政策选择上我们就应该选择 A 而不是 B。关系上,既然规范与实证并非截然对立而是相互依存的,当罗宾斯断言"在实证研究和规范研究的法则之间有一条明确无误的逻辑鸿沟,任何聪明才智都无法掩盖它,任何空间或时间上的并列也无法跨越它"[2]时,他实在是过于武断和绝对了。

如果经济学及其实证研究的目的仅在于发现客观的事实和规律而不需要为收入分配等提供某种改革建议,那将关注点放在事实的描述和分析上而将伦理标准问题搁置一边完全是可以理解的。然而,就实证研究的目的而言,实际的情况则如阿瑟·塞西尔·庇古所言:"在有关人类社会的科学中,这些科学作为知识载体其吸引力并没有那么大,值得我们关心的是获得成果的可能性而不是知识本身。""我们的动机不是哲学家的动机,即为知识本身去掌握知识,而是生理学家的动机,即为寻找有助于治愈疾病的知识。"[3]类似地,对于哲学家将关注点放在问题解释上的倾向,马克思曾在《关于费尔巴哈的提纲》中批判性指出:"哲学家们只是用不同的方式解释世界,而问题在于改造世界。"[4]既然社会科学知识获取的意义在于其现实应用而不限于满足人类的好奇心,基于经济学的"知识"获取任务而将收入分配等伦理标准人为地排除在学术探索领域之外就完

---

[1] 戴维·米勒.社会正义原则[M].应奇,译.南京:江苏人民出版社,2001:46.
[2] 莱昂内尔·罗宾斯.经济科学的性质和意义[M].朱泱,译.北京:商务印书馆,2001:120.
[3] A.C.庇古.福利经济学[M].朱泱,等译.北京:商务印书馆,2006:8—9.
[4] 马克思恩格斯选集:第1卷[M].北京:人民出版社,1972:19.

全不可取了:伦理规范问题是包括经济学在内的所有社会科学的重要组成部分[1]。

实际上,在学术传统方面,正如塞缪尔·弗莱施哈克尔评价所言,即便是"实证主义"术语的发明者——克劳德·昂利·圣西门及其追随者奥古斯特·孔德——也并未将道德伦理问题抛弃在科学的体系之外:一方面,圣西门、孔德以及后来的实证主义者倾向创造一种社会科学,以告诉政策制定者如何改造周围的社会,而政策的制定必然会涉及对于政策好坏的伦理评价;[2]另一方面,在道德伦理层面,"圣西门认为:即使应该抛开基督教神学和形而上学,我们也应该继续尊重和效忠基督教的道德原则";孔德则"提出了实证主义新宗教,期待科学伦理学的到来"。特别地,就这里所关心的收入分配问题来说,圣西门和孔德其实都曾"站在原始社会主义的立场去批评资本主义过分强调个人、冷酷对待穷人"。[3]

欧根·杜林试图脱离现实的社会关系而从概念或所谓"社会"的最简单的要素构成道德和法,恩格斯批判指出:"我们的玄想家可以随心所欲地兜圈子,他从大门扔出去的历史现实,又从窗户进来了。"[4]与欧根·杜林的故事具有某种相似,罗宾斯传统的经济学尽管试图将伦理问题排除在经济学的研究体系之外,但是,当经济学家普遍采用帕累托效率准则来就资源配置恰当与否做出判断时,经济理论家其实就是在大大方方地将"伦理规范"扔出经济学的"大门"之后,又将它从经济学的"窗户"中偷偷地捡了回来:由于涉及好坏的评价及效率的价值基础等方面的问题,帕累托效率同样涉及伦理评价。[5]

既然帕累托效率准则本身也是一个伦理规范,收入公平分配的目标规范之所以未能获得应有的重视,这绝不是因为经济学的理论研究需要摒弃伦理问题,而在于经济学家认为应该将研究的重点放在效率方面。在此方面,正如阿马蒂

---

[1] 对于将经济学与伦理学割裂开来的做法,罗宾斯在其著作中补充指出,这"并不是说经济学家不可以把不同的价值判断当作先决条件,假设这些判断是正确的"。同时,这也"不是说经济学家不应对道德问题发表意见。……相反,人们热切希望经济学家长期而广泛思考道德问题,因为只有这样他们才能辨析各种给定目的的含义,解决他们面前的问题"。他之所以这么做,只是因为在他看来,"经济学和伦理学这两者之间没有逻辑关系"(莱昂内尔·罗宾斯.经济科学的性质和意义[M].朱泱,译.北京:商务印书馆,2001:121.)。

[2] 塞缪尔·弗莱施哈克尔.分配正义简史[M].吴万伟,译.南京:译林出版社,2010:130—131。

[3] 同[2]:130。

[4] 马克思恩格斯选集:第3卷[M].北京:人民出版社,1972:136。

[5] 蒋洪.公共经济学(财政学):第3版[M].北京:高等教育出版社,2012:22.

亚·森和詹姆斯·福斯特所指出的,现代福利经济学关注的是那些不涉及诸如收入分配判断的问题(比如福利经济学的基本定理所关注的只是竞争性均衡和帕累托最优之间的关系),即所涉及的是不同个体(或者是不同群体或不同阶级)之间无冲突的问题;以帕累托最优为尺度的现代福利经济学所选择的规范标准只是效率方面的,而帕累托最优这个概念的提出与发展也恰正是出于消除分配判断的需要。进而,对于那些对不平等问题感兴趣的人来说,期待分配公平就像期待让空气充电一样不可能[1]。

撇开效率与公平究竟谁更重要的问题不谈,如果资源配置效率目标可以独立于利益的公平分配而实现,那将公平正义问题撇开在经济学的研究领域之外也是无可厚非的。毕竟,资源的有效配置同样是社会的重要目标,而对效率问题的关注又可以保证经济理论研究的纯粹性。但问题是,公平分配不仅是社会所追求的目标,同时也是实现资源有效配置的前提和基础。因为,在经济领域内,资源配置之所以会存在帕累托低效意义上的配置失灵,说到底,这与社会合作中利益分配的失衡与不公有关——利益分配的不公引致了个体行为的偏离并带来社会的内耗,降低了资源配置效率与经济发展的水平。相反,一旦社会合作中的利益分配冲突得以公正解决,理性个体对于自我利益的追求会引导社会走向最有益的结果。因为,个体都是理性的,每一个体对于资源配置效率与经济增长都存在持久的、永恒的动力和追求,理性个体不会容忍任何形式的配置低效问题的存在[2]。既然公平和正义对于资源的有效配置也是不可或缺的,哪怕我们只是关心资源配置的效率,也需要就收入公平分配的伦理规范做出探索。

修昔底德说:"强者为所欲为,弱者委曲求全。"而柏拉图《理想国》中的色拉叙马霍斯也断言:"正义不是别的,就是强者的利益。"[3]在现实实践层面,如果完全如古希腊的智者所言,政治过程是一个强者完全统治的游戏,或者,强权者能够无视伦理规范而肆意进行决策,那就收入分配等伦理规范做出探索,这最多只是塑造一个供人顶礼膜拜的神灵,它对于现实的实践并无多大的指导

---

[1] 阿马蒂亚·森,詹姆斯·福斯特.论经济不平等[M].王利文,等译.北京:中国人民大学出版社,2015:8.

[2] 曾军平.自由意志下的集团选择:集体利益及其实现的经济理论[M].上海:格致出版社,上海三联书店,上海人民出版社,2009:82—86;曾军平,刘小兵.2012中国财政发展报告——经济社会转型中的财政公平分析[M].北京:北京大学出版社,2012:2.

[3] 柏拉图.理想国[M].郭斌和,等译.北京:商务印书馆,2002:18.

意义[1]。但实际上,尽管现实的实践会受到强权政治及其他因素的肆意干扰和影响,伦理规范本身的影响力和约束力依旧是存在的。毕竟,即便是具有绝对权力的专制统治者,他们同样需要基于伦理规范来为其所作所为做出伦理辩护。

对此,钱永祥就认为:"一个极为根本的问题,就是要求对各种现实的(或者理想中的)体制、政策进行排比评价,做出好、坏、对、错的分辨。即使最功利现实、最讲求投机策略的政治人物,只要他还需要为自己的作为找理由(所谓找理由,当然就是认定所找到的理由是'对或好'的),就不得不介入这种涉及比较与评价的思考。"[2]既然政治强者也试图就收入分配等方面的政策合理性进行辩护,强权政治的现实存在同样也不能成为反对就收入分配伦理规范进行探索的理由。反过来,其实正是因为现实运作中所存在的强权等方面的问题,作为彼岸世界的伦理规范就显得尤为可贵:作为彼岸世界的光芒,它可以映照现实世界的黑暗与瑕疵,并进而削弱纯粹意识形态愚弄的可能性,使得政治理性在现实中真正成为可能。

三、理论探索的可能性

实际上,由于伦理规范是人类行动的指南和标准,以公平正义为核心主题的政治哲学在学术史上有过极其辉煌的历史:它曾经与古希腊的苏格拉底、柏拉图与亚里士多德,古罗马的西塞罗,17世纪的霍布斯、洛克,18世纪的休谟、卢梭、康德以及19世纪的边沁、黑格尔、马克思与约翰·密尔(穆勒)等伟大的思想家的名字联系在一起[3]。诸多的经济理论研究之所以依旧将收入分配的伦理规范置于其研究体系之外,其原因可能并不在于经济理论家认为伦理规范问题不重要,而在于收入分配伦理规范得以科学界定的可能性。在此方面,马丁·布朗

---

[1] 也正因为"政治"与生俱来所具有的"权力"性质,人们甚至可能会怀疑政治哲学这一称呼本身的合理性:政治哲学将基于"强权"的政治与基于"说理"的哲学组合在一起,这似乎无异于将水火组合在一起,是滑稽可笑的。

[2] 钱永祥.为政治寻找理性:威尔·金里卡《当代政治哲学》推荐序[M]//威尔·金里卡.当代政治哲学[M].刘莘,译.上海:上海译文出版社,2015:6.

[3] 上述思想哲人都曾撰述经典著作,相关的著作共同奠定了西方政治哲学的基本面貌并进而引导和影响西方(以及东方)历史的进程与方向(钱永祥.为政治寻找理性:威尔·金里卡《当代政治哲学》推荐序[M]//威尔·金里卡.当代政治哲学[M].刘莘,译.上海:上海译文出版社,2015:2.)。

芬布伦纳认为道德层面的"分配不公"问题是永远得不到最终答案的分配正义问题[1]。在怀疑论者看来，鉴于其本身的主观性、相对性，伦理规范不可能得以科学界定：一方面，人们头脑中有关公平分配的伦理规范纯粹只是一个个体主观观念的问题，公平正义的主张所表达的往往是作为这种断言的人的情感——它表达的是个体有关道德价值的个人信念。另一方面，从社会科学的科学主义视角看，既然只是个人的偏好，而个体的偏好既不可能正确，也不可能错误，伦理规范缺乏科学知识所应有的客观实在性：与科学结论的客观、确定性相比，政治哲学有关公平正义的伦理界说总是会陷于主观、相对的泥沼中[2]，理论上不可能进行合乎理性的评判[3]。其实，也正是因为公平正义有关的伦理规范的主观性与相对性，到20世纪中叶，政治哲学的历史辉煌在实证主义兴起的光芒中逐渐退了。

应该说，即便科学研究要兼顾知识的现实应用，但如果伦理规范纯粹是不可捉摸、毫无章法的主观臆断，而伦理学、宗教、形而上学也如果真如其批评者——实证主义者——所言的，它们其实是科学的冒险，是缺乏理性的空洞，那将收入分配规范之类的伦理问题排除在经济学的研究体系之外，这依旧是可以理解的：如果我们仅仅为了评价而胡乱地引入并不可靠的标准，那指引社会前行的只是虚假的幻想，而不是安全的引航灯。但实际上，正如真和假、正和负、动和静、生和死并非完全对立的两极而其实是彼此相互联系一样[4]，主观和客观也不是泾渭分明的：一方面，客观的认识——不管是针对自然世界的还是针对历史和精神世界的——都不可避免地带有人的主观性，毕竟，人类所认识的客观实在都只是人的一种主观感受，是外在世界在人的各种感觉器官上的映像和投影。另一方面，也是这里需要强调的一方面，人的主观认识、观念与意识虽然是主观的，但主观观念本身也是一种不以人的意志为转移的客观实在。进而，有关收入分配目标规范及其相关的公平正义原则——人类所富有的这样一种特殊的主观意识和情感——等伦理问题的研究，它本身就是对客观实在问题的探讨，是对主观世界的客观表达。也正因为如此，基于伦理规范具有主观性而将科学与伦理规范对立起来的观点是狭隘的。因为，既然公平分配等伦理观念是客观的，问题的关

---

[1] 马丁·布朗芬布伦纳. 收入分配理论[M]. 方敏，等译. 北京：华夏出版社，2009：93.
[2] 钱永祥. 为政治寻找理性：威尔·金里卡《当代政治哲学》推荐序[M]//威尔·金里卡. 当代政治哲学[M]. 刘莘，译. 上海：上海译文出版社，2015：3.
[3] 威尔·金里卡. 当代政治哲学[M]. 刘莘，译. 上海：上海译文出版社，2015：8.
[4] 参见马克思恩格斯选集：第3卷[M]. 北京：人民出版社，1972：60—63.

键不在于伦理观念是否具有主观性,而在于我们能否就主观的观念做出恰当的表达[1]。

其实,伦理和宗教不仅具有某种客观性,同时,经验表明,就公平分配规范等伦理标准进行探索也并不是非理性的和根本不可救药的。学术上,亚当·斯密对于经济问题的分析在很大程度上就是以伦理规范为基础并基于现实究竟是符合还是偏离伦理诉求的思路而加以展开的,比如他基于税收公平等原则而就税收征收问题所做的讨论[2]。而杰里米·边沁、詹姆斯·穆勒与约翰·斯图亚特·穆勒等功利主义者更是创立了他们所认为的科学伦理学,功利主义者(比如边沁)建议人们把伦理学理解为以人类幸福的最大化为目的的技术,他把所有的伦理问题简化为用数学公式来表达的值得尊敬的科学形式:行为是否正当,制度是否合理,这取决于该行为、该制度是否比其他方式更好地实现人类幸福的最大化。再到后来,虽然逻辑实证主义者——以莫里茨·施利克和阿尔弗雷德·艾耶尔等为代表——否定了伦理学和宗教命题的意义[3],但随着罗尔斯的《正义论》在20世纪70年代的出版及其所引起的政治哲学的革命,古典的规范政治哲学开始复兴了[4]。基于罗尔斯的学识传统,伦理规范问题,我们可以把它理解为理想环境——如罗尔斯"无知之幕"意义上的"原初状态"——下的理性选择问题。而理想环境下的理性选择问题,由于涉及的是社会基本原则和基本制度的抉择,从某种意义上来说它是经济学领域内最富有挑战性和价值的选择问题:人类的理性选择不仅涉及个体利益最大化的抉择,更是涉及有关人类整体利益——与公平正义规范有关——的理性选择[5]。

---

[1] 事实上,由于现代经济分析普遍采用的效用也是个体的一种主观感受,以个体效用为基础的帕累托效率原则本身也是主观的(不管个体的效用表达在形式上是基数的还是序数的),但帕累托效率原则的主观性并不影响其客观表达及其现实应用。

[2] 亚当·斯密.国民财富的性质和原因的研究:下册[M].郭大力,等译.北京:商务印书馆,1997:384—469.

[3] 塞缪尔·弗莱施哈克尔.分配正义简史[M].吴万伟,译.南京:译林出版社,2010:131—132.

[4] 罗尔斯《正义论》的发表对于现代政治哲学的发展及其他相关领域的探索所具有的意义是不言而喻的。金里卡评论指出:罗尔斯的《正义论》为当代政治哲学提供了一个原点(ground zero)并意味着规范政治哲学的复兴:"要想了解当代的各种正义理论,罗尔斯的理论是一个自然的出发点;罗尔斯的理论支配着当代政治哲学的论争,并不是因为人人都接受他的理论,而是因为其他的不同观点通常是在回应罗尔斯理论的过程中产生的。"参见威尔·金里卡.当代政治哲学[M].刘莘,译.上海:上海译文出版社,2015:12。

[5] 罗尔斯明确指出:"正义论是理性选择理论的一部分,也许是它最有意义的一部分。"参见 J. Rawls. A Theory of Justice[M]. Cambridge: The Belknap Press of Harvard University Press, 1971:16。

当然，即便我们意识到公平正义等伦理观念本身所具有的客观实在性，有论者还是可能对伦理规范得以界定的可能性持质疑态度。在他们看来，对于公平正义，不同的人往往有其自己不同的理解，人们难以就公平的收入规范标准达成一致认识。与此同时，"人们关于公平正义的'信念'纯粹是习俗性的，它反映的往往是特定的社会习惯和实践：当社会的安排发生改变时，人们对这些安排的正义性的信念也会相应地改变"[1]。在此方面，以阿拉斯代尔·麦金泰尔（有的译著也将其译为麦金太尔）为代表的社群主义者就认为，受地域限定性与历史局限性的影响，不同个体对于正义的理解是千差万别的："有些正义概念把应得作为中心概念，另一些正义概念则根本否认应得与正义有任何的相关性；有些正义概念求助于不可转让的人权，另一些则求助于某种社会契约概念，还有一些正义概念则求助于功利标准。"[2]而在个体观念存在冲突且标准不断变化的情况下，试图就公平分配规范进行界定似乎是不理智的。

在此方面，克吉尔·托恩布鲁姆（Kjell Tornblom）在为关于分配正义的社会心理学研究的一个大型调查所写的导论中写道："这里不会试图去定义正义。这似乎是一项'无望的和自负的工作'……是'超出了任何科学分析的能力之外的'……以往的调查已经令人信服地表明，正义概念在不同的环境中、对不同的人似乎意味着不同的东西。"[3]但实际上，只要我们真正理解公平正义的含义，基于个体间观念的冲突性以及公平观念的所谓的变动性而否定伦理规范科学性的论点其实是无关宏旨的：因为，诸多个体在诸多时候所表达的公平正义不是真正的、作为伦理规范的公平正义，而作为伦理标准的真正的公平正义，正如本研究后面的分析所表明的那样，它是普遍的、永恒的，是每一个理性的人所共同的观念，是人之所以为人的基础[4]。

四、已有研究的简要述评

需求创造供给，这一由穆勒开始提出并由萨伊的名字来命名的市场定律，它不仅适合于商品与服务的买卖，同时也是学术研究市场的现实写照：尽管实证主义者试图将收入分配的目标规范排斥在收入分配理论讨论的范围之外，但由于

---

[1] 戴维·米勒. 社会正义原则[M]. 应奇, 译. 南京：江苏人民出版社，2001：23—24.
[2] 阿拉斯代尔·麦金泰尔. 德性之后[M]. 龚群, 等译. 北京：中国社会科学出版社，1995：1.
[3] 戴维·米勒. 社会正义原则[M]. 应奇, 译. 南京：江苏人民出版社，2001：45—46.
[4] 有关公平正义的理论阐释，请参见第3章的分析。

收入分配伦理规范对于收入分配的理论研究与政策选择所具有的价值和意义，政治哲学家、伦理学家与部分的经济学研究者还是力图对此做出探讨，或者以特定的伦理规范作为实证研究和政策讨论的规范前提。相关的研究包括：

其一，对收入分配伦理规范实体形态的界定。具体形态上，公平有规则公平与结果公平之分。收入分配所追求的究竟是公平的规则还是公平的结果？鉴于涉及收入分配的目标导向，有关收入分配伦理规范的探索对伦理规范的具体形态做出了分析。在此方面，正如经济学、财政学的教科书所表明的，讨论分配的理论分析往往将收入分配规范与公平的分配结果联系在一起。与之不同，詹姆斯·M. 布坎南则认为结果的公平性是由产生结果的规则所决定的[1]。

其二，对收入分配伦理规范价值原则的诠释，如自由（至上）主义基于自由、均等主义基于平等以及功利主义与罗尔斯主义基于博爱[2]而对公平正义所做的界定等。因为，规范性上，收入分配的目标规范是以公平正义为伦理原则的，就公平正义做出定义就成为收入分配规范理论研究的一部分并成为进一步研究的基础。

其三，对收入分配伦理规范具体形态的探索。这主要是在收入分配的伦理原则与实体形态得以界定的基础上，就实体形态的具体状态和（或）结构做出探索：确定收入公平分配的具体结果和（或）确定公平分配规则的具体结构。比如，在确定了两个正义原则——平等自由原则和差别原则——之后，罗尔斯（Rawls，1971）将公平的分配制度与平等自由、机会均等、义务教育、自由市场与最低保障的制度安排联系在一起，认为此等制度是适应于其差别原则等正义的[3]。

基于方方面面的分析，学术界对于收入分配伦理规范已经做出了卓有成效的探索，而相关的探索也富有真知灼见。但是，理论研究的存在及其贡献并不等于相关研究就收入分配伦理规范的探索业已取得了彻底的成功。因为，关于收入分配规范的实体形态，理论界一直存在所谓的规则公平与结果公平之争，问题并没有很好地得以解决：一方面，对于结果公平论而言，如果收入分配所追求的

---

[1] J. M. Buchanan. Liberty, Market and State: Political Economy in the 1980s[M]. Brighton: Harvester Press, 1986: 123-139.
[2] 以博爱来表达的公平所蕴含的是考虑所有个体——自己和他人——利益的公平理念。功利主义认为公平需要给每一个人的福利予以同等的重视。相似地，罗尔斯立足于"无知之幕"而发展出的"作为公平的正义"理论同样以平等对待每一个人的博爱思想为基础。
[3] J. Rawls. A Theory of Justice[M]. Cambridge: The Belknap Press of Harvard University Press, 1971: 65-75. 也可参见廖申白.《正义论》对古典自由主义的修正[J]. 中国社会科学，2003(5).

是公平的结果,那何种结果才是公平的呢?公平的分配结果可以脱离分配的过程而得以外生确定吗?另一方面,对于规则公平论,强调规则对于结果的决定作用,这是否意味着公平分配所追求的是公平的规则而不是具体的结果呢?如果认为公平分配追求的是公平的规则,那如何解释公平分配总和具体结果联系在一起的客观事实呢?与此同时,在方法论方面,如果收入的公平分配所追求的是公平的规则,那公平的分配规则又是如何确定的?公平的规则能够脱离结果而存在吗?理论上,由于对于规则公平、结果公平及其相互关系认知上所存在的混乱,理论界一直未能就收入分配的实体形态给出明确而合理的说明。

其次,在对收入分配目标规范原则——公平正义原则——的理解上,理论界存在巨大的观点分歧。而相关的论点,不管是自由(至上)主义与均等主义的,还是功利主义与罗尔斯主义的,正如它们彼此间的争论所表明的,它们均存在这样或那样的不足和问题。其实,也正是价值原则认知上的偏差并受实体形态表述不清等因素的影响,理论界对于收入分配伦理规范具体形态的认知存在很大的混乱:有的研究仅仅停留在价值原则层面而无法就规范的具体形态做出进一步的确定(由于价值原则的具体应用对于信息的占有提出了很高的要求)[1];有的研究就具体形态做出了分析,但由于价值原则本身有局限,问题依旧存在。收入分配伦理规范问题依旧悬而未决。

比如,主流经济学、财政学将收入公平分配与收入差距缩小联系在一起的理论观点,它对收入公平分配目标的理解就存在方向性的偏差:其一,收入差距缩小目标无法具体确定,不管是收入差距的整体水平还是具体格局,都是如此;其二,在一个允许个体自由选择的社会中,收入差距缩小目标难以维持:个体间的自由交易和转让会打破任何可能的分配模式[2];其三,在规则公平的前提下,事后再缩小收入差距的做法因破坏了事先的契约基础而违背了公平的要义;其四,在规则的制定阶段,鉴于差距缩小目标的不确定性并出于对个体自由保护的考虑,公平的收入分配规则其实也不是那种试图缩小差距的规则。既然收入差

---

[1] 以国内的研究为例来说,已有研究侧重于探索收入分配的操作原则:究竟是按劳分配、按贡献分配、按德才分配、按需求分配、按要素分配,还是按人头分配[参见王海明. 平等新论[J]. 中国社会科学,1998(5);王海明,孙英. 社会公正论[J]. 中国人民大学学报,2000(1);周为民,陆宁. 按劳分配与按要素分配——从马克思的逻辑来看[J]. 中国社会科学,2002(4);姚大志. 分配正义:从弱势群体的观点看[J]. 哲学研究,2011(3);段忠桥. 关于分配正义的三个问题——与姚大志教授商榷[J]. 中国人民大学学报,2012(1)]? 至于基于原则来推导具体的制度规范,这往往被相关的理论研究所忽视了。

[2] R. Nozick. Anarchy, State, and Utopia[M]. New York:Basic Books, 1974:164.

距缩小意义上的伦理规范难以在人类理性的法庭前为其合理性做出应有的辩护,遵循启蒙运动所尊崇的理性传统,它只有"放弃存在的权利"(恩格斯语)。

斯宾塞曾经指出:"一条规则、原理或公理,假定它在其他地方都令人满意的话,也只有在表达它的词句意义明确时,才有价值。"[1]斯宾塞是在对边沁的"最大多数人的最大幸福"原则进行评价时发表这一看法的,但这一表述在一定程度上也适合于刻画收入分配伦理规范认知局限所引致的应用困境:由于具体形态的含糊不清,已有理论所给出的伦理规范难以为收入分配的政策选择与制度安排提供明确的规范指导。特别地,由于理论界对于公平正义等价值原则所存在的认识论偏差,已有目标规范的应用甚至可能会使得收入分配的政策制定与制度选择偏离社会应有的目标。

五、本研究的思路及方法

鉴于此,为了保障收入公平分配目标的切实实现,本研究拟就作为收入分配目标导向的伦理规范做出新的理论探索。至于理论探索的思路,导论之后的第2至第4章依次从实体形态、价值原则(包括原则的直接表述与间接比较)等角度就作为目标导向的分配规范做出探讨:作为目标导向的收入分配规范究竟是何种具体形态和何种公平正义原则意义上的规范?由于作为目标导向的分配规范是可逆性检验一致有效的收入分配规则(由第二至第四章分析所得出的结论),第五章分析了公平规则得以产生与切实运行的程序条件。第六章和第七章则进一步分析了可逆性检验一致有效意义上的公平收入分配规则的具体结构。其中,第六章讨论公平分配规则的基本构件,第七章在公平分配规则基本构件分析的基础上,确定公平收入分配规则的基本框架。鉴于可逆性检验一致有效的公平收入分配规则是以市场为基础并对市场进行一定修正和调整的规则(第六、第七章的结论),第八至第十章则围绕起点设定、过程控制与结果调整等方面的问题就可逆性检验一致有效的公平分配规则做出具体界定。最后的第十一章是有关收入分配伦理规范的理论界定对于收入分配政策选择及相关的理论研究所具有的规范意蕴。

至于就收入分配伦理规范进行探索的方法,涉及两方面的问题:其一,判别工具,即用以评判结论正当与否的依据是什么?在这里,理论识别的基本工具是

---

[1] 赫伯特·斯宾塞.社会静力说[M].张雄武,译.北京:商务印书馆,1996:3.

直觉。至于其中的原因,则在于:伦理规范问题是一个有关终极目的的问题,而有关终极目的的探讨,正如穆勒(密尔)所言,它与有关人类知识前提的探索一样,不可通过推理而证明,而只能依赖于个体的直觉来加以判别[1]。当然,恰如金里卡所言,"直觉可能是没有根据的,而哲学史也充斥着不诉求我们关于对错的直观感受的各种论证,但我不相信除此之外还有什么看似合理的论证方式"[2]。其二,判别的标准,即在何种意义上,我们可以说有关收入分配伦理规范的研究取得了成功?在这一问题上,罗尔斯与金里卡等论者所确定的政治哲学的目标和(或)有关政治哲学成功与否的标准是值得借鉴和采纳的。罗尔斯指出,其正义论的目标就是"将那些我们经过必要的考虑认为是合理的原则"整合成一种相互融贯的、能够经得起人类理性检验的观念[3]。而金里卡则认为:"如果一种正义理论与我们深思熟虑的直觉相吻合,并且这种正义理论还能够把这些直觉组织起来以引出它们的内在逻辑,那么,我们就有强有力的理由支持这种理论。"[4]从罗尔斯等人的表述看来,政治哲学的成功需要满足三个标准:(1)直觉的一致性条件,即我们所确定的规范要与我们的直觉相吻合;(2)直觉的理性基础条件,即直觉应该以理性为基础,将判断建立在人类理性的慎思之上;(3)逻辑的一致性条件,即理论要能够把直觉有逻辑地组织起来。直观上看,这三方面的条件是必要的,同时,从某种意义上来说也是充分性。进而本研究有关收入分配伦理规范的探索就采用此等要求作为理论界定成功与否的标准[5]。

---

[1] 穆勒认为:"通常意义上的'证明',并不适用于有关终极目的的问题。不可能通过推理而证明,这特点适合于所有的基本原理,不仅适用于人类知识的基本前提也适用于人类行为的基本前提。"参见约翰·穆勒.功利主义[M].叶建新,译.北京:中国社会科学出版社,2009:6—7,57.
[2] 威尔·金里卡.当代政治哲学[M].刘莘,译.上海:上海译文出版社,2015:7.
[3] 约翰·罗尔斯.正义论[M].何怀宏,等译.北京:中国社会科学出版社,2003:21.
[4] 同[2].
[5] 至于如何基于上述工具和标准来就作为目标导向的伦理规范做出具体确定,正如后面的分析所表明的,在实体形态和基本价值原则得以界定之后,理论丰富将逐步加以完善,具体请参见本研究第二章第三节和第三章第三节的相关内容。

第二章
实体形态：结果还是规则？

一、导言

人的生命有机体是以人的"肌体"和（或）"肉身"作为物质基础和外在表现的。相似地，作为一种用以指导公共政策制定与制度选择的目标准则，收入分配的伦理规范也需要且必然会以某种具体的实体形态来体现。因此，要确定收入分配的伦理规范，理论上首先需要探究伦理规范的实体形态：收入分配伦理规范得以显示的外在形态具体如何？

关于收入分配公平，学术界一直存在所谓的结果公平和规则公平之争[1]。其中，支持结果公平的论者往往认为收入公平分配的关键点是结果而不是规则。在此方面，当经济学家以极差、相对平均差、方差、变差系数、对数标准差、基尼系数、相对平均差、泰尔熵以及阿特金森指数等数学指标就收入的不平等程度进行度量并以此来就收入的公平与否做出规范性判断时[2]，他们其实就或明或暗地将收入分配的目标规范与公平的分配结果联系在一起。

相反，支持规则公平的论者则强调了规则的价值和意义，认为收入分配结果的公平性是由规则的公平性来保证的，比如，诺奇克的资格理论（entitlement theory）。在对分配正义的理解上，资格理论有关持有正义的一般纲领认为，如

---

[1] 徐梦秋则认为：从公平结果往往是根据一定的公平原则进行操作而产生的结果这一角度看，公平可以分为原则的公平、操作的公平和结果的公平。参见徐梦秋.公平的类别与公平中的比例[J]. 中国社会科学,2001(1).

[2] 关于收入分配不平等的测度指标及其含义,可参见阿马蒂亚·森,詹姆斯·福斯特.论经济不平等[M].王利文,等译.北京:中国人民大学出版社,2015:24—44.

果根据获取正义原则、转让正义原则以及不正义的矫正原则(它由前面两个原则所规定)对其持有是有资格的,那么,有关持有的总体(分配)就是公平正义的[1]。

与诺奇克的资格理论具有相似性,布坎南有关收入公平分配的主观主义——契约主义观点也认为收入分配结果的公平性是由产生结果的规则和(或)过程来决定的。在布坎南看来,个体对于收入的权利是由竞争的过程来定义的:个体对占有物的权利可以被解释和理解为公平竞争的结果的一个组成部分[2]。由于认为收入分配结果的公平性是由产生结果的规则所定义,布坎南等论者所认可的分配规范的实体形态可以被认为是规则方面的,尽管他们只是强调过程和规则对于结果的决定性作用而没有将收入公平分配的目标明确定义在公平规则方面。

既然如此,那在实体形态上,作为目标导向的收入分配规范究竟是结果意义上的还是规则意义上的？就已有的研究而言,虽然它们在一定程度上都将目标规范与特定的实体形态——收入分配的规则或结果——联系在一起,但由于它们未能就其实体形态的理由给出应有的论证和说明,这在理论的讨论上引起了一定的混乱。而有的研究则只是讨论伦理规范的价值原则(一般以公平正义内涵的诠释为主题)而忽视了原则所适用的实体形态,相关原则于是就成为没有实体依靠的幽灵,这不仅不利于伦理规范的具体界定,同时也不利于价值原则本身的理论表述。鉴于此,作为理论研究的一部分并作为进一步界定的认识论基础,我们首先有必要就收入分配伦理规范的实体形态做出明确的界定并在理论上做出应有的论证。

二、分配的关联结构

规范上,收入分配的伦理规范是以公平正义为核心价值原则的,而公平正义问题,不管是何种利益主体——个体和(或)组织——去参与分配,也不管利益主体所要分配的客体对象具体如何(是财富、权利、机会、服务、胜负、赏罚、劳作、义务、责任还是其他方面的付出)以及在何种情势和(或)环境下进行的分配,公平正义所涉及的都应该是每一利益主体之所得与"决定"所得相关因素(比如个体

---

[1] 罗伯特·诺奇克.无政府、国家和乌托邦[M].姚大志,译.北京:商务印书馆,2008:183—184.
[2] 詹姆斯·M.布坎南.自由、市场与国家——80年代的政治经济学[M].平新乔,等译.上海:上海三联书店,1989:181.

先天的禀赋、运气、阶层、需求偏好以及与个体选择有关的时间与精力等方面的付出、努力与所承担的风险和代价等等)之间的"关联结构"的恰当性、合理性[1]。

进而,作为价值判准的收入分配规范,在实体形态方面,它只能是公平的"关联结构",而不可能是纯粹目的-结果原则(end-result principle)抑或最终状态原则(end-state principle)意义上的、与"决定"因素完全无关的单纯的收入分配结果。逻辑上,对于单纯的收入分配结果(比如,一个人拥有1单位的收入而另一个人占有99单位收入的分配状况),由于它完全切断了个体之所得与"决定"所得相关因素之间的联系,它只关注作为结果的单纯分配矩阵而不需要注入任何其他的信息,我们无从就其公平与否发表任何有价值的判断和见解。

相应地,在价值规范的理论表述上,既然公平正义的分配需要考虑决定结果的相关"关联"因素,收入分配的目标规范只能是公平的"关联结构",即保证隐藏于收入分配结果背后的、有关分配的"关联方式"是公平正义的。也正因为如此,在就分配的正义原则做出表述时,尽管社会哲学家所考虑的决定结果的因素存在分歧(见表2.1),但他们都将公平的分配与决定结果的相关因素——需要、努力、选择、才得、贡献和功绩等——联系在一起。比如,在政治权利的分配方面,亚里士多德就指出:"合乎正义的职司分配('政治权利')应该考虑到每一受任的人的才德或功绩('公民义务')。"[2]考虑才德和功绩,其实就是考虑决定职务分配的因素。至于目的-结果原则抑或最终状态原则意义上的纯粹的结果公平,由于它忽视了分配的"决定"因素及其与最终分配结果之间的对应关系,不是说它伦理上不合理,而是根本就没意义。

表2.1 代表性的分配正义原则

序号	论者、文献	正义原则
1	彼彻姆[3]	六原则:分配给每个人相等的份额;按照个人的需要分配;根据个人权利分配;按照每个人的成果进行分配;根据每个人对社会的贡献进行分配;按照劳绩进行分配
2	艾尔斯特[4]	六原则:平等主义原则、与时间相关的原则(如排队)、以地位(例如资历)为基础的原则、由其他个别的性质确定的原则(如需要、应得)、以权力为基础的机制以及混合的制度

---

[1] 曾军平.促进收入公平分配的财税政策:从结果公平转向规则公平[J].税务研究,2014(7).
[2] 亚里士多德.政治学[M].吴寿彭,译.北京:商务印书馆,1997:136.
[3] 汤姆·L.彼彻姆.哲学的伦理学:道德哲学引论[M].雷克勤,等译.北京:中国社会科学出版社,1990:340.
[4] 转引自戴维·米勒.社会正义原则[M].应奇,译.南京:江苏人民出版社,2001:48.

(续表)

序号	论者、文献	正义原则
3	范伯格[1]	五原则：完全平等原则；需要原则；品行和成就原则；贡献原则与努力原则
4	王海明、孙英[2]	五原则：按贡献分配原则、按品德分配原则、按才能分配原则、按需要分配原则与平等原则（每个人相同）
5	Frankena[3]	三原则：根据人们的应得或优点来对待他们；把人作为平等者对待；根据人们的需要、能力或两者的组合来对待他们

在实体形态方面，将收入分配的目标规范与公平的"关联结构"而不是单纯的分配结果联系在一起，除了公平正义内在形式要求的根本原因之外，这还可以从分配规范合理应用的角度得到进一步说明：如果分配规范所涉及的是单纯的分配结果，那具有相同结构的两种分配结果——如 $D_1(1,99)$ 与 $D_2(99,1)$ ——是完全等价的、无差异的。进而，由 D_1 调整至 D_2 抑或由 D_2 调整至 D_1 均不会违背公平正义。但实际上，正如诺奇克所言，结构相同的两种分配模式所具有的意义可能完全不同，而"由一种分配变为另外一种具有相同结构的分配，这也可能造成不正义，因为第二种分配尽管外形相同，但可能侵犯人们的资格或应得"[4]。

关于纯粹结果公平规范应用问题的具体情况，我们可以考虑一个由甲乙两人出资组成的合伙企业，假设他俩出资的比例分别为1%和99%。现在，企业的利润（假设为100万元）需要在他俩之间进行分配。理论上，假若公平分配所指向的是单纯的分配结果，那意味着：甲和乙分别获得1万元和99万元的分配方案 $D_1(1,99)$ 与甲和乙分别获得99万元和1万元的分配方案 $D_2(99,1)$ 的公平性是等价的、无差异的，但这显然与我们直观上的公平正义理念是相违背的[5]。

上述分配状况之所以与公平正义的理念相冲突，这是因为：利润公平分配的结果不应该是与出资结构无关的。而纯粹的结果公平规范在应用上之所以会存在如此明显的问题，其原因就在于此等规范所确定的目标模式只关注最后的分

---

[1] 乔尔·范伯格.自由、权利和社会正义：现代社会哲学[M].王守昌，等译.贵阳：贵州人民出版社，1998：158.
[2] 王海明，孙英.社会公正论[J].中国人民大学学报，2000(1).
[3] W. J. Frankena. Ethics[M]. 2nd ed. Englewood Cliffs, NJ: Prentice-Hall, 1973：41.
[4] 罗伯特·诺奇克.无政府、国家和乌托邦[M].姚大志，译.北京：商务印书馆，2008：186.
[5] 曾军平.促进收入公平分配的财税政策：从结果公平转向规则公平[J].税务研究，2014(7).

配结果而完全忽视"决定"结果的相关因素(比如上例中合伙企业中甲乙双方的出资比例);由于人为地将"决定"因素撇开在分配规范之外,我们就可以对分配矩阵中的各个因素——个体的占有量——进行随意的调整,而这就使得最后的分配结果与"决定"结果的相关因素之间应有的"关联结构"受到人为的破坏。

与之不同,如果作为目标导向的伦理规范是"关联结构"意义上的,那对结果进行随意调整的行为以及由此所带来的应用问题就从形式上得到了根本性的限制和禁止。就上面所讨论的利润分配问题来说,从纯粹结果公平的角度看,由 D_1 调整至 D_2 不违背公平、正义。但在"关联结构"意义上的公平分配规范视域内,由于公平的分配需要将个体的所得与"决定"所得的相关因素(这里是甲乙各自的出资份额)联系在一起,随意的调整是受到限制的。进而,纯粹结果公平规范在应用上所存在的对于公平正义的破坏问题就得到了克服和避免。

性质上,将收入分配的目标规范与公平的"关联结构"而不是单纯的收入分配结果联系在一起,这除了公平正义的形式要求以及规范应用合理性方面的原因之外,这还与从单纯结果与"关联结构"这两个角度就收入分配规范做出界定的可能性有关:在一个允许个体自由选择的社会中,要在理论上就单纯的公平分配结果做出具体确定是不可能的。因为,个体的自由选择使得我们无法从单纯结果的角度来就收入的公平分配规范做出具体确定。

至于其中的原因,正如诺奇克所指出的那样,自由选择——个体间所进行的交换物品和服务的行为以及个体之间的自愿转让与馈赠(比如慈善性的救济与施舍等)——可以打破任何事先给定的公平分配结果抑或分配模式:"每一种模式化的(或最终-状态)原则都注定被个人的自发行为所破坏。"[1]关于自由打乱模式的逻辑,诺奇克曾假想了一个有关球迷观看篮球明星威尔特·张伯伦比赛的例子而就此做出了形象的论证和说明:对于给定的公平分配状态抑或公平的分配结果(假设为 D_1),市场的自由交易过程(比如球迷通过买票去观看篮球比赛而支付给张伯伦一定的报酬)会彻底打乱分配模式 D_1(我们假设打乱之后的分配模式为 D_2)。而在自由选择会打乱人为给定的分配模式的必然逻辑下,如果我们认为 D_1 是唯一公平的分配方式,那就唯有对个体的自由选择进行彻底的限制和禁止;反过来,如果我们认为打乱后的模式 D_2 也是公平正义的,那就意味着单纯结果意义上的收入分配规范数量在理论上是无穷无尽的,因为交换与转让等自由选择过程会衍生出无数可能的分配状态来。进而,这也就意味着我

---

[1] 罗伯特·诺奇克.无政府、国家和乌托邦[M].姚大志,译.北京:商务印书馆,2008:196.

们无法从单纯分配结果的角度来就收入分配的规范模式做出具体确定。

其实,单纯结果意义上的收入分配规范,它不仅难以与个体的自由选择相兼容,还存在无法适应社会经济发展变化(比如经济的繁荣与萧条)与社会结构不断调整(如人口总量与结构的变化)方面的问题。一般地,社会经济的发展变化会不断地改变社会收入的整体规模和水平,而在纯粹结果导向型的收入分配规范模式下,经济总量的变化必然要求就作为收入分配目标的伦理规范做出相应的调整。与此同时,人口总量与结构的变化也自然会对具体的分配结构变化直接提出要求。特别地,经济总量的变化、人口规模与结构的调整是经济社会发展的常态,它每时每刻都在发生着,经济社会发展变化及其变动频率对目标规范调整的及时性提出了极高的要求。在此情况下,为了适应经济社会的总量变化与结构调整,作为目标导向的分配规范又该如何去进行结构性的调整呢?公平的分配要求个体的收入水平等比例变化吗?还是采用其他的规范标准?可以看出,即使我们撇开调整及时性方面的要求不谈,哪怕是在完全静态的社会经济结构中,试图从单纯的结果角度去确定收入分配规范在技术上完全是超越于人的理性范围之外的、是不可能的。

然而,与从单纯分配结果的角度来确定伦理规范所存在的技术可能性问题不同,一旦我们从"关联结构"的角度来探求收入分配的目标规范,相关的技术问题在很大程度上就会迎刃而解,而有关收入分配规范的确定在技术上则是完全可能的:如果作为目标导向的分配规范是"关联结构"意义上的,我们所关注的是个体所得与"决定"所得相关因素间"关联结构"的合理性、正当性,那么,只要"联结"分配结果和决定结果相关因素的"关联结构"是合理的、恰当的,任何可能的分配结果都是公平正义的。在此情况下,自由选择本身就不会对目标规范的确定形成干扰和影响:由于个体的自由选择本身也是一种可能的分配方式(即收入分配的结果由个体的自由选择来决定),只要作为目标导向的收入分配规范将此等"关联结构"适当地纳入到收入分配的伦理规范之中,自由选择对于分配规范确定所带来的技术性障碍就能完全得以避免。特别地,与单纯结果规范所固有的单一性、僵化性不同,"关联结构"意义上的收入分配规范往往具有很大的弹性和可塑性;基于人类的理性,我们完全有可能去寻求那种具有普适性和准永久性的、作为收入分配目标和价值判准的"关联结构",以使得其合理性不会受到社会经济发展变化和人口结构调整等因素的干扰和影响。

当然,在形态认知方面,与这里彻底否定纯粹结果公平规范本身的可界定性及其价值和意义不同,理论界一直在这样或那样地对目的-结果原则意义上的结果公平做出确定(比如均等主义者所强调的结果均等),而由此所确定的目标规范在直观上让人们感觉是有意义的(至于相关的结果公平是否具有伦理的正当性、合理性我们姑且不论)。相应地,在实践上,结果公平规范的运用在诸多时候似乎也没有出现诺奇克所指出的与随意调整有关的对于个体权利的肆意侵犯问题。其中的原因在于:虽然强调的是分配的结果,但此等目的-结果原则应用所涉及的公平其实也是"关联结构"意义上的而不是单纯的公平分配结果。

在此方面,当均等主义者基于收入占有的差异而支持收入的均等化时,其潜台词就是"社会的收入应该考虑人头因素而按人头来进行分配",即将"人头"作为分配公平的决定性因素而在"人头"与"结果"间建立起"关联"关系。另外,当功利主义者主张基于社会加总福利的最大化来就收入进行再分配时,尽管他们所考虑的是分配的结果,但其所涉及的公平也可以从"关联结构"的角度来加以理解,即主张基于收入给个体所带来的福利水平来进行分配。也就是说,当人们就某一种分配结果是公平还是不公平做出判断时,表面上是在评价分配的结果,但实际上都是在评价隐藏在结果之中的、有关分配关系的"关联结构"。实体形态上,在讨论收入公平分配问题时,如果我们完全将"人头"与"福利"等方面的因素彻底抽掉,那我们无从就结果的合理性进行评价,进而,纯粹"目的-结果"原则抑或"最终-状态"原则意义上的、与"决定"因素完全无关的单纯的分配结果公平就没有任何意义,而依此在理论与政策上所进行的规范应用就会出现问题。

三、公平的分配规则

在有关结果公平与规则公平的选择与判断上,一旦我们从分配的"关联结构"而不是单纯分配结果的角度来理解收入分配的目标规范,我们就会进一步将收入分配的目标规范限定在决定结果的规则上,因为结果公平性所关系的"关联结构"是由决定分配结果的规则所决定和体现的。一方面,对于特定的收入分配,其所蕴含的分配的"关联结构"如何,这是由确定结果的分配方式抑或说规则所决定的。另一方面,对于特定的收入分配状况,它所包含的"关联结构"往往是隐藏的、不外露的,无法被我们的肉眼所观察到,哪怕是我们借助显微镜等科学研究仪器,情况同样如此:"关联结构"意义上的公平正义只有在外在的制度和规则层面才能得以体现,制度规则是公平正义的唯一外在表现形式。在此情况下,要对收入分配结果的公平与否进行判断,就必须求助于决定结果的规则与制度,并将单纯结果无法体现的相关决定因素考虑进来[1]。实际上,也正因为收入分配结果的公平性必然是由规则的公平性来体现和表达的,尽管单纯结果意义上的分配规范大都可以从"关联结构"的角度来加以理解,如将"人头"等因素纳入其中而不只考虑单纯的结果,明确指出收入分配的目标规范所涉及的是公平的"关联结构"而不是单纯的结果,这就具有深层次的价值和意义:它促使我们进一步将分配的目标规范聚焦在公平的分配规则上,而不是试图去确定某一所谓的公平的分配结果。

既然收入分配结果及其所对应的"关联结构"的公平性是由确定分配结果的规则所决定的,而分配"关联结构"的公平性又只能在规则层面而不是单纯的结果层面去考量,将收入分配的目标规范与公平的分配规则联系在一起是极其自然的。但问题并未因此而结束。因为,如果我们将收入分配的目标规范与公平的分配规则联系在一起,从结果公平角度来理解收入分配规范的论者可能会质疑:如果收入分配结果及其所蕴含的"关联结构"的公平性是由产生结果的规则所决定的,那公平的收入分配规则又是由什么来确定的呢?在就可供选择的收入分配规则进行抉择时,我们判断相关备选对象——各种可行的收入分配规则——公平与否的依据又为何呢?如果作为目标导向的分配规范是公平的收入分配规则而不是具体的分配结果,那这是否意味着我们可以离开结果来就公平的收入分配规则做出确定呢?或者,公平收入分配规则的选择与判断是否是独立于规则运行的结果来进行的呢?反过来,如果公平收入分配规则的确定需要考虑规则运行的结果,或者说,规则的公平性是由规则运行的结果来确定的,那从结果公平角度来理解收入分配规范的论者就会争辩说,作为目标导向的收入分配规范其本质还是结果意义上的,毕竟,是结果分布状况的公平性决定了规则而不是相反。

在一般的方法论层面,决策合理与否,需要考虑决策带来的影响并基于决策的影响抑或说结果来进行选择,这不管是对纯粹的个体选择,还是规则选择等方面的社会选择,都是如此。也正因为如此,在对功利主义的后果论进行评价时,金里卡一方面对于功利主义以"改善人们生活为道德标准"表示了认可,另一方面则对无视后果的其他道德理论与方法进行了批评。金里卡认为:其一,无视后

---

[1] 进而,当布莱恩·巴利认为正义的主题不是制度本身而是存在社会中的权利、机会和资源的分配时,他在很大程度上误解了公平正义的本质含义。毕竟,社会中权利、机会和资源分配的公正性都由制度规则所界定并由制度规则来具体体现和表达的,参见布莱恩·巴利. 社会正义论[M]. 曹海军,译. 南京:江苏人民出版社,2012:21.

果的其他道德理论"虽然以关照人类幸福为初衷,也可能只是由一系列要求服从的规则所构成,而无视这些规则的后果"[1];其二,"与要求我们遵循传统或神圣法律而不理会后果的那些理论相比较,承认从后果的角度去检查人类福祉,正是功利主义的吸引力之一"[2]。因为,基于功利主义的方法论原则,所有的习俗和权威都应该接受功利原则——是否有利于社会功利的最大化——的理性检验,而不应该盲目地服从。而对于罗尔斯来说,在就功利主义与他自己所提出的"作为公平的正义"(justice as fairness)进行比较时,尽管他将自己的理论归为义务论的理论——"一种不脱离正当来指定善的理论"抑或"不用最大量地增加善来解释正当的理论"——而非目的论的理论,但他又明确指出:"我们在此把义务论定义为非目的论的理论,而不是定义为把制度和行为的正当看作是独立于它们结果的性质的观点,所有值得我们注意的伦理学理论都须在判断正当时考虑结果,不这样做的伦理学理论是奇怪的和不可理喻的。"[3]

逻辑上,既然决策的合理性需要以决策的结果作为评判的依据:我们在考虑制度、政策与行为的正当性、合法性时要考虑它们的后果,规则公平性的判别,其方法必然也是后果论意义上的:某一制度、政策与行为正当与否,这取决于它们是否能够产生我们所欲的某些结果,并对不可欲的结果进行限制甚至是禁止。方法论上,考虑运行的结果,这一方面是公平收入分配规则得以确定的客观需要:离开了结果,公平规则的确定就丧失了评价其公平与否的依据,公平分配规则的具体形态也就无法得以确定。另一方面,基于结果来确定规则也是保证分配规则正当性的必然要求:公平的收入分配规则必然要以其结果的公平性为保障前提。

然而,尽管基于结果来评价和确定规则是极其自然的,但对诺奇克来说,他的资格理论却并没有将规则的选择建立在规则运行的结果之上,这使得其资格理论其实无法就作为目标导向的分配规则做出具体确定。当然,从诺奇克完全反对政府收入再分配的自由至上主义立场来看,资格理论所理解和支持的公平收入分配规则可以被认为是纯粹的市场分配规则。因为,资格理论有关持有正义的一般纲领认为:(1)只要市场的交易和转移过程是公正的,由此所导致的分配结果就是公正的,而不管这一分配结果具体如何;(2)除非个体所自愿进行的

---

[1] 威尔·金里卡.当代政治哲学[M].刘莘,译.上海:上海译文出版社,2015:14.
[2] 同[1]:27.
[3] 约翰·罗尔斯.正义论[M].何怀宏,等译.北京:中国社会科学出版社,2003:29.

再分配,任何强制性的收入再分配——不管强制性的收入分配是基于何种途径和方式进行的——都会侵犯个体的权利[1]。但问题是,在收入分配规则的可能性集合内,可供选择的规则有无数种可能的类型,为何公平的收入分配规则就是纯粹的市场规则呢?我们暂且不论诺奇克最后的结论是否正确,基于获取正义原则和转让正义原则而将收入分配的目标规范与自由市场规则相等同的论点是有逻辑局限的:即便公平的分配规则是市场规则,我们也需要就市场规则的公平性做出理论论证与伦理辩护。但是,令人遗憾的是,由于缺乏判别规则合理与否的依据,诺奇克的资格理论只是先验地认可了市场规则的公平性而未能就其公正的逻辑给予应有的理论论证。

当然,与资格理论缺乏具体的评价依据不同,布坎南的主观主义——契约主义观点倒是给出了判别规则公平与否的程序性方法:公平的收入分配规则是大家一致同意的规则类型。至于规则的具体形式,由于强调了转让税与公立教育等在收入公平分配中的作用,布坎南对公平收入分配规则的具体形式做出了探索,他所理解的公平收入分配规则并非诺奇克所支持的纯粹的市场规则,而是对市场机制进行调整的修正模式[2]。但尽管如此,问题依旧存在。因为,当我们基于程序性的方法来就规则的公平与否进行判断时,表面上看,有关规则公平与否的判断可以脱离规则运行的结果,但实际上并非如此。一方面,一致同意规则之所以得以采纳,这就需要以一致同意规则运行的结果为依据,比如,克服托克维尔与布坎南等非常关心的民主决策规则中的"多数暴政"抑或说"多数歧视"的现象与行为。另一方面,在"同意"的过程中,决策者同样需要考虑分配规则的运行结果。理论上,我们很难想象,决策者不考虑结果而去进行决策的情形。也正因为如此,在就诺奇克的思路——将收入分配问题从寻找一个"好"的社会福利函数转移到寻找一个决定政府运作的"好"的规则集——进行评论时,哈维·罗森就批判性地指出:"如果离开了过程所产生的结果,而去判断这个过程是否合理,这是困难的。如果一个所谓'好'的规则集一贯产生出不必要的结果来,能说这些规则是好的吗?"[3]

方法上,既然规则公平性的判别依赖于规则运行的结果,那是否意味着作为目标导向的收入分配规范其本质上还是单纯结果意义上的呢?或者说,我们最

---

[1] 罗伯特·诺奇克.无政府、国家和乌托邦[M].姚大志,译.北京:商务印书馆,2008:202.
[2] J. M. Buchanan. Liberty, Market and State: Political Economy in the 1980s[M]. Brighton: Harvester Press, 1986: 123-139.
[3] 哈维·罗森.财政学[M].平新乔,等译.北京:中国人民大学出版社,2000:148.

终还是难以逃脱结果公平论所存在的理论困境呢？应该说，在公平收入分配规则的确定上，如果作为规则好坏判准的结果是与"决定"因素完全无关的单纯的分配结果，那么，即便收入分配伦理规范关注的是分配的规则，收入分配的目标规范在本质上依旧是目的-结果原则意义上的，比如基于功利主义与罗尔斯主义而确定的公平分配规则。对于功利主义与罗尔斯主义而言，在讨论社会的正义原则时，应该说，它们均认为正义原则所针对的是社会的制度规则。其中，边沁的功利主义明确将功利原理当作旨在"依靠理性和法律之手建造大厦的制度的基础"[1]。相似地，在讨论公平正义的基本原则时，罗尔斯也明确强调其正义理论所针对的是社会的制度规则抑或说社会的基本结构。因为，在他看来，"正义的主要问题是社会的基本结构，或更准确地说，是社会主要制度分配基本权利和义务，决定由社会合作产生的利益之划分的方式"[2]。但在应用他们所理解的正义原则而就公平分配规则进行具体确定时，罗尔斯主义与功利主义又均是以单纯的分配结果——收入和（或）收入所带来的福利分配——来就规则的合理性做出判断的。这就意味着，功利主义与罗尔斯主义所理解的公平分配规范本质上还是单纯结果意义上的、是单纯结果导向型的。

事实上，强调规则公平性对于规则运行结果的依赖性，这并不等于作为目标导向的收入分配规范就是纯粹结果意义上的。因为，对于规则运行的结果，理论上有两种看似相同、但实际上存在本质差异的类型：其一，是与"决定"因素完全无关的单纯分配结果；其二，是将"决定"因素也考虑在内的"关联结构"意义上结果，即对应关系意义上的结果。而公平分配规则得以选择的依据应该是"关联结构"意义上的结果：在就公平的分配规则进行选择时，规则的确定不应该看单纯的分配结果，而是要看给定规则下个体所得与"决定"所得相关因素的"关联结构"的合理性。比如，在足球等体育比赛规则的确定上，公平规则所考虑的结果不应该是具体的比分（对应收入分配的单纯的结果），而应该是踢球方式等得分模式，即"关联结构"意义上的结果。如果我们基于"关联结构"意义上的结果来就规则的公平与否进行判断，此等公平分配规范就是规则意义上的。

方法上，由于未能就结果的类型做出理论上的区分，基于结果来评价规则的理论方法难免陷入困境。比如金里卡，他一方面认可了功利主义结果论的合理性，另一方面他又指出："我们的直觉并不认为，在不可能满足所有偏好的情况

---

[1] 杰里米·边沁.道德与立法原理导论[M].时殷弘，译.北京：商务印书馆，2009：57.
[2] 约翰·罗尔斯.正义论[M].何怀宏，等译.北京：中国社会科学出版社，2003：7.

下,只要效用的总量一样,后果也就一样。功利主义过于简化了我们对于后果论的信奉。"[1]与之不同,如果我们就结果的类型做出区分并将选择和评判规则的结果界定为"关联结构"意义上的结果,上述相关的问题就迎刃而解。比如纯粹结果公平论者所提出的问题就在逻辑上得以避免。一方面,既然评价规则的依据是"关联结构"意义上的结果,作为目标导向的收入分配规范依旧是"关联结构"意义上的。另一方面,由于规则的选择是基于规则运行的结果来确定的,我们又能避免离开结果来就公平分配规则进行选择和判断的方法论问题。进而,这意味着,在实体形态上将收入分配的目标规范与公平分配规则联系在一起就是恰当的。相应地,在方法论上,下面就公平分配收入规则的确定是以"关联结构"意义上的结果而非单纯的分配结果为依据的。

四、分配规则的主客体

对于公平分配所指涉的客体对象,理论上有主张客观收入平等与主张主观福利平等这两种性质截然有异的观点。其中,"主张人们应在收入上更加平等的人声称,做到了收入平等的社会,才是真正平等待人的社会。相反,主张人们应享有同等幸福的人,对于什么样的社会才是名副其实的平等的社会,则提出了另一种与之抗衡的理论"[2],如主张幸福或者福利的平等[3]。其中,对于主观福利的平等,德沃金在一定程度上就表示了对此等目标的认可和支持。在德沃金看来,"如果我们决心做到平等,却又从资源与它们所带来的福利无关这个角度来界定平等,那么我们似乎是错误地把手段当成目的,沉迷于对我们只应作为工具看待的东西的拜物教幻想之中。如果我们真想把人们作为平等的人来对待,我们就必须设法做到,使他们的生活对于他们来说同等地值得欲求,或给予他们做到这一点的手段,而不只是让他们的银行账户有相同的数字"[4]。

与此相反,强调客观收入平等的论者则将福利平等排斥在公平分配的范围之外。在此方面,布莱恩·巴里认为:"正义的主题是权利和特权、权力和机会的

---

[1] 威尔·金里卡.当代政治哲学[M].刘莘,译.上海:上海译文出版社,2015:27.
[2] 除了福利分配的平等或均等,也有论者将公平的分配与福利的改善和提升联系在一起,使个体福利得到不断的改善。参见姚大志.分配正义:从弱势群体的观点看[J].哲学研究,2011(3).
[3] 罗纳德·德沃金.至上的美德——平等的理论与实践[M].冯克利,译.南京:江苏人民出版社,2012:3—4.
[4] 同[3]:7.

分配以及对物质资源的支配，"[1]此等正义主题并不涉及福利的分配。而在讨论公平正义原则所适用的客体范围时，戴维·米勒所给出的利益清单有两种类型：(1)金钱和商品、财产、工作和公职、教育、医疗、儿童救济金和保育事业、荣誉和奖金、人身安全、住房、迁移以及闲暇机会；(2)兵役、艰苦、危险和低级的工作以及照顾老人[2]。这里，米勒的利益清单也没有给个人心理状态的福利或幸福以地位。因为，清单所提出的对象是赢得福利的手段而不是福利的本身。与米勒的利益清单具有某种相似性，罗尔斯立足于社会基本物品（social primary goods）——自由与机会、收入和财富、自尊的基础——的分配而不是福利的分配去对正义原则进行理论解释[3]。另外，基于现代政治哲学研究的国际惯例，段忠桥对那种将公平分配与福利分配联系在一起的观点给出了明确的批评[4]。而在经济学领域，当经济学家以基尼系数等为指标来就收入分配的公平性进行衡量时，他们所认可的目标规范就是以客观的收入来表达的。

在分配客体对象的选择上，福利是目标，而收入和财富等只是实现福利目标的手段，将公平分配的目标与福利的公平分配联系在一起似乎是极其自然的，否则，我们似乎就会有本末倒置之嫌。与此同时，在现实的实践中，有诸多的分配原则其实就关系到福利的分配。比如，在家庭财产的处理上，相比其他身体健康的孩子，当父母给身体和智力存在缺陷的孩子相对更大的份额时，这在很大程度上就是出于福利方面的考虑：充分保障弱势孩子的福利水平。进而，从这个意义上来说，相比收入分配，以福利的分配为中心、围绕福利的公平分配来就公平分配规范进行探索似乎更为可取。

但另一方面，正如戴维·米勒所指出的，如果公平分配所涉及的是福利的分配，那"在可以获得的一种物品和由这种物品达到的幸福之间还经常有一个个体决定的问题"[5]——分配福利与主观感受会受到个体自由与偏好即个人价值的影响。而个体的偏好与自由，它一方面使得个体福利、效用在技术上不可度量并在人与人之间不可比；另一方面则在伦理层面引发种种不合理的问题。在此方面，罗尔斯就认为：对于同等数量的基本物品，偏好奢侈的人从中获得的福利

---

[1] 布莱恩·巴里.正义诸理论[M].孙晓春，等译.长春：吉林人民出版社，2004：374.
[2] 戴维·米勒.社会正义原则[M].应奇，译.南京：江苏人民出版社，2001：7—8.
[3] J. Rawls. A Theory of Justice[M]. Cambridge: The Belknap Press of Harvard University Press, 1971: 62.
[4] 段忠桥.关于分配正义的三个问题——与姚大志教授商榷[J].中国人民大学学报，2012(1).
[5] 同[2]：8.

就会少于偏好简朴之人,但个体间福利的差异并不意味着俭朴之人就应该为奢侈之人提供补贴,因为我们拥有"为自己的目标承担责任的能力"[1]。

已有理论探索之所以在公平分配客体对象的选择上陷入困境,这在很大程度上与相关探索都从结果角度来理解公平分配规范有关:不管是强调收入和(或)财富平等的客观说还是主张福利平等的主观说,它们所支持的平等都是纯粹结果意义上的,它们之间所存在的差异主要在于结果所指涉的对象——究竟是主观的福利还是客观的收入和(或)财富。在此情况下,对主观福利平等论而言,既然涉及的是福利的分配,公平分配就需要对个体的福利进行度量并加以比较。而主张收入和(或)财富平等的论者,他们之所以没有将福利分配作为公平分配的核心问题,甚至没有将其归为公平正义所要讨论的内容,这在很大程度上并不是他们认为福利平等不重要,而只是因为他们已经认识到福利平等操作上所存在的方方面面的问题:将问题的关注点放在收入平等上在很大程度上实乃不得已而为之。

但实际上,正如前面的分析所指出和强调的那样,公平分配的实体形态只能是"关联结构"意义上的规则而不是单纯结果:不管公平分配涉及的是客观收入还是主观福利,都是如此。我们不能将公平分配的目标与某个具体的收入分配向量联系在一起,同样,公平分配的目标也不是某个所谓的公平福利分配向量。理论上,一旦我们从"关联结构"意义上的规则的角度来理解公平分配的伦理规范,我们就会发现理论界就两类客体对象的批评从某种意义上来说都是无关宏旨的。

其一,就福利分配的相关问题来说,规则意义上的福利分配只需要确定福利得以分配的决定因素及其综合程式,而不需要对个体的福利进行度量并进行比较。与此同时,"关联结构"意义上的福利分配也能避免罗尔斯所批评的支持简朴的人去补贴奢侈之人的不合理问题:与追求单纯的福利分配结果不同,"关联结构"意义上的福利分配在伦理上完全可以拒绝此等补偿。

其二,就收入分配的相关问题来说,由于个体的福利会受到客观收入和(或)财富的影响,规则意义上的收入分配规范并不否定福利的分配,相反,收入分配的规则也可以被视为福利分配规则的组成部分,即探究福利得以确定的因素和方式。

理论上,既然针对两类客体对象的批评均存在不足,这反过来也就说明:不

---

[1] 威尔·金里卡.当代政治哲学[M].刘莘,译.上海:上海译文出版社,2015:96.

管是收入的分配还是福利的分配,其实都可以作为理论探索的对象。当然,就本研究的探索而言,鉴于研究的主题,我们这里以收入分配作为研究的中心。之所以如此,这纯粹是研究内容的自身限定,而并不在于客观收入分配论者所言的福利分配的局限性。

收入的公平分配,一方面是公平分配所指涉的对象——客体,另一方面,则是参与分配的主体。因此,在就公平分配的客体对象做出澄清和说明之后,我们最后就公平分配的主体做出简要说明。关于收入分配主体及其类型,与经济学有关收入分配类型所做的理论划分相对应,它涉及诸多的维度和方面,包括:(1)功能性分配理论所涉及的资本、土地和劳动。功能性分配理论讨论收入在资本、土地和劳动等生产要素间的分配,比如以亚当·斯密、大卫·李嘉图为代表的古典政治经济学家和马克思对地租性收入、劳动性收入和资本利润分配比例规律的探索,以及边际革命后新古典经济学家认为要素分配由边际生产力原理所决定的理论分析。在这里,参与分配的主体是资本、土地和劳动。(2)个人收入分配理论所针对的社会个体。自20世纪50年代起,经济学家开始使用基尼系数等指标来描绘分配的差异及其规律,比如库兹涅茨所提出的描述收入分配差异与经济发展水平关系的"倒U型"曲线[1]。由于个体收入分配理论是以单个的个体为基础的,其参与分配的主体就是社会个体。(3)其他扩展的分配理论及其所对应的分配团体。扩展的分配理论讨论收入在不同行业、不同职业群体间的职业性分配,收入在一个国家不同地区间的地区性分配、在不同族群间的种族分配、在不同性别间的性别分配以及在世界上不同国家间的国际性分配等[2]。此等研究所涉及的主体是地区、族群等特定的团体。由于资本、劳动和土地间的分配,其本质是人与人之间的利益分配,而团体性分配——不管群体为何——最终还是要落实到个体的收入分配方面,进而,本研究所涉及的收入分配规范是针对个体层面的而未对其他方面的分配问题做出明确的讨论[3]。

---

[1] S. Kuznets. Economic Growth and Income Inequality[J]. American Economic Review,1955,45(1):1-28.

[2] 有关收入分配类型的划分及其具体含义,可参见马丁·布朗芬布伦纳.收入分配理论[M].方敏,等译.北京:华夏出版社,2009:24—28.

[3] 收入分配规范所涉及的主体范围如何?仅仅是一个国家范围内的公民还是世界范围的?就本研究的结论来说,虽然我们倾向于将收入分配问题的讨论局限在一个政治共同体内,但鉴于真正意义上的公正原则是开放式的而不是封闭式的(参见本书第3章第2节的分析),收入分配的伦理规范可以且应该做更大范围的扩展和延伸。

第三章

价值原则:公平的理论界定

一、导言

正如一个完整的人是由"肉体"和"灵魂"有机组合而成的那样,作为目标导向的伦理规范涉及"肉体"意义上的实体形态与"灵魂"意义上的价值理念两个部分。因此,在从外在实体形态的角度就收入分配规范做出探索之后,我们接下来从内在价值理念的角度——公平正义本质内涵界定的视角——来就收入分配规范做出进一步的探讨:作为目标导向的收入分配规范究竟是何种意义上的公平正义的分配规则?毕竟,收入分配的伦理规范是以公平正义为核心价值原则的:公平正义是规范的内在灵魂,明确收入分配规范的价值原则是目标规范理论研究的重要组成部分。有关收入分配伦理规范的探索必须要明确作为伦理规范的公平分配规则究竟是何种公平、何种正义意义上的分配规则。

另一方面,在可能性集合内,社会可供选择的收入分配规则的类型有千千万万,有实体的,有程序的;有以人头为决定因素的,也有以需求和供给等方面的变量作为决定因素的(见表2.1)。而在方方面面的规则中,有公平的规则,也有不公平或公平性存在局限性的规则。进而,如果要科学界定收入分配伦理规范的具体形态,我们首先需要就有关公平分配规则进行评价和选取的公平正义标准做出界定。毕竟,学术上,尽管社会哲学家对于公平正义有诸多的理论探讨,但已有理论表述对于公平正义的认识还存在这样或那样的局限和问题,哈耶克甚至认为:"那些经常使用'社会正义'这个说法的人,就连他们自己也不知道这个说法的意思是什么。"[1]而公平正义原则理解上的局限实乃已有理论研究尚未就收入分配伦理规范做出明确而合理确定的另一重要认识论根源。

埃德加·博登海默指出:"正义具有着一张普罗透斯似的脸,变幻无常,随时可呈现不同形状,并具有极不相同的面貌。"[2]相应地,在公平正义原则的理论表述方面,恰如阿拉斯戴尔·麦金太尔所言,不同思想家、不同理论流派所理解的公平正义往往不同,有时甚至是彼此完全对立,"而且,具体体现这些对立概念的各种对立的正义理论,在对正义与人类其他善的关系,正义所要求的平等类型、执行正义的范围和正义考虑所与之相关的个人在没有一种上帝法则知识的情况下,正义的知识是否可能等问题上,也各持千秋"[3]。基于理论探索的认识论分歧,麦金太尔等社会哲学家认为就公平正义做出一般表述是不可能的[4]。在持此类观点的论者看来,公平正义往往都是相对的,社会哲学领域不存在一条适合于一切时间、地点和条件的公平正义原则[5]。进而,就本研究所关心的问题来说,这似乎意味着从公平正义一般原则角度来探究收入分配的伦理规范是徒劳的。

确实,在现实性上,公平、正义的表现形式是多种多样、千姿百态的:一方面,对于同一性质、类型的利益冲突问题,在不同的时间和(或)地点,公平分配的方式和结果往往会存在不同;另一方面,对于不同性质的问题,社会对于公平正义的要求更是迥然有异。而在理论表述上,哲学家对于公平正义的理解也往往存在很大的不同,但就公平正义原则做出统一的理论表述完全是可能的。对于马,尽管它们在品质上有优良之分并在颜色上有黑白之别,但不管是何种颜色的马,也不管马的优劣性如何,既然它们都被称为马,那各种类型的马的本质都是共同的,进而,我们可以用"马"这样一个概念将这一特定群体统一起来并做出一般的

---

[1] 弗里德里希·冯·哈耶克.法律、立法与自由(第二卷)[M].邓正来,等译.北京:中国大百科全书出版社,2000:序言.米勒与哈耶克有大致相同的看法。他认为:"即便在那些支持社会正义的人们中间,对它究竟意味着什么也并非完全清楚。"参见戴维·米勒.社会正义原则[M].应奇,译.南京:江苏人民出版社,2001:前言.

[2] 埃德加·博登海默.法理学:法哲学及其方法[M].邓正来,等译.北京:华夏出版社,1987:238.

[3] 阿拉斯戴尔·麦金太尔.谁之正义性? 何种合理性?[M].万俊人,等译.北京:当代中国出版社,1996:1—2.

[4] 恩格斯批判了蒲鲁东主义所主张的永恒公平观念。在恩格斯看来:"希腊人和罗马人的公平观认为奴隶制度是公平的;1789年资产阶级的公平观则要求废除被宣布为不公平的封建制度。在普鲁士的容克看来,甚至可怜专区法也是破坏永恒公平的。所以,关于永恒公平的观念不仅因时因地而变,甚至也因人而异,它是如米尔伯格正确说过的那样'一个人有一个理解'。"参见马克思,恩格斯.马克思恩格斯全集:第18卷[M].北京:人民出版社,1995:310.

[5] 徐梦秋.公平的类别与公平中的比例[J].中国社会科学,2001(1).

定义和表述。同样的,关于公平正义,尽管不同问题的公平分配方式在外在表征上有"极不相同的面貌",但各种正义诉求的本质理念应该是一致的。套用保罗·萨缪尔森有关经济学一般理论的存在性观点[1]来说,不同公正问题"共性"的存在,意味着一般公平正义原则——它是各种具体公正原则的基础并将各种特殊公正原则的主要特征统一起来——的存在。

这意味着,尽管公平正义的外在具体形态是多样化的、动态的、历史的,但我们可以就公平正义原则做出一般的理论表述。至于有关公平正义的相对性观点,它们之所以否定一般公正原则的存在,其根源在于它们混淆了公平正义的本质与公平正义的外在形式:受社会复杂性的影响,公平正义的形式多种多样,具有一定的相对性,但其本质内涵却是绝对的,否则相对论也没有相对的参照和依据[2]。进而,从一般价值原则层面来就收入分配的伦理规范做出探索是完全可能的。

二、利益分配的平等待人

公平正义涉及社会生活的方方面面,但大体而言它与社会交往过程中人际的利益冲突及其解决有关。其中,关于利益,它可以是收益,也可以是与收益相关的成本,可以是人们所追求的东西,如金钱、权力、奖赏和荣誉,也可以是人们所试图规避的东西,比如惩罚、负担。在此方面,戴维·米勒就将社会正义的主题理解为"生活中的好东西和坏东西应当如何在人类社会的成员之间进行分配"的问题[3]。至于利益的类型,艾里斯·杨将公平正义原则的适用范围限定在所谓的"分配的范式"之内:将理论应用的对象理解为物质的分配。[4]但实际上,公平正义所关乎的利益涉及人际生活的方方面面,杨的理解有一定的狭隘性。相反,当有的论者将公平正义原则的适用范围从物质领域扩展到诸如权力、统治和压迫之类的现象时,他们是有其合理性的。实际上,正是因为公平正义原

---

[1] 萨缪尔森认为:"各种不同理论的主要特征之间的相似性的存在,意味着一般理论——它是各种特殊理论的基础,并且将各种特殊理论的主要特征统一起来——的存在。"参见保罗·萨缪尔森.经济分析基础[M].甘华鸣,等译.北京:北京经济学院出版社,1990:1.

[2] 除了混淆了公平正义的本质与外在形式之外,相对论观点往往还混淆了公平正义的目标与公平正义本身的可实现程度:受历史与现实的制约,公平正义的实现程度在诸多时候是相对的,但其价值原则本身则是绝对的而不以现实可实现程度为转移。

[3] 戴维·米勒.社会正义原则[M].应奇,译.南京:江苏人民出版社,2001:1.

[4] 同[3]:7.

则是普遍适用的,在就收入分配伦理规范做出具体界定时,我们不仅可以基于所确定的公平正义原则去确定收入的分配规则,同时也可以此来探讨与收入分配相关的先天禀赋、自然资源与社会关系等方面的公平规则问题。

与这里从一般意义上来理解公平正义所涉及的利益范围不同,理论界有关公平正义的分析往往将利益限定在稀缺资源的范围之内。在此方面,约翰·罗默将分配正义问题归结为"社会或团体应该如何在具有竞争性需求或诉求的个体间分配稀缺资源或产品"[1]的问题。类似地,在休谟看来,在个体最贪婪的嗜欲与最奢豪的想象都能得到充分满足的社会,如莫尔"匿名的幸福岛"(Island of Content)和摩莱里的"理想社会",由于没有因资源稀缺而引致的利益分配及其冲突,"正义就是完全无用的,它会成为一种虚设的礼仪,而绝不可能出现在德性的目录中"[2]。相似地,徐梦秋认为:当社会产品像空气一样极其丰富、人人都可以各取所需、人人的需要都可充分满足的时候,就不会有人来计较公平与不公平,那时公平问题也就消失了[3]。

对于上述观点,应该说,这有其一定的道理:如果所有资源都是极其丰富的,人类就不存在因稀缺而产生的冲突及其相关的正义问题。但另一方面,如果公平正义以稀缺为绝对条件,这又存在一定的局限。因为,对于某些资源,比如阳光,它在诸多时候是非稀缺的,大家都可以自由使用。但其利用过程中还是可能存在公平正义的问题:如果有个体或组织将阳光认定为自己的私有财产而排斥其他个体的使用,或者以此而向使用者收费,公平正义问题就出现了。也正因为如此,有关公平正义原则及其相关分配规则的探索,并不以稀缺资源为绝对限定条件,而是探讨存在人际利益矛盾和冲突的方方面面:对于社会领域内方方面面的人际利益冲突,比如这里重点关注的收入分配问题,它们要如何解决才是公平正义的?

形态上,依据所涉问题的不同来划分,公平正义有多种不同的类型:经济利益分配上的公平正义与政治权力(利)分配方面的公平正义;作为个人行为规范的公平正义和作为社会制度判准的公平正义;惩罚性的公平正义与奖励性的公平正义;国内的公平正义与世界的公平正义等。但不管原则具体所涉及的问题如何,直观上看,对于各方面的利益冲突和矛盾,如果其得以化解的方式是公平

---

[1] J. E. Roemer. Theories of Distributive Justice[M]. Cambridge: Harvard University Press, 1998: 1.
[2] 大卫·休谟. 道德原则研究[M]. 曾晓平,译. 商务印书馆,2004:36.
[3] 徐梦秋. 公平的类别与公平的比例[J]. 中国社会科学,2001(1).

正义的,它必然含有平等地兼顾所有当事人——男人和女人、富者和穷人、资本家和工人、本国人和外国人、受害者和施暴者、智者和笨伯——利益的意思。而不公平、不正义则意味着某些个体和(或)组织的利益没有得到应有的考虑:从社会歧视、经济剥削到政治领域的独裁与阶级统治,概莫能外。相应地,在理论的诠释方面,对于历史上有关公平正义的诸多表述,比如梭伦的"盾"——"保护两方,不让任何一方不公正地占据优势"[1]与墨子的"义"——"大不攻小、强不侮弱、众不贼寡、诈不欺愚、贵不傲贱、富不骄贫、壮不夺老",它们都要求把人"当作平等者"。理论上,既然公平正义都要求在道德与法律层面把每一利益主体均视为具有平等社会地位的个体,正如经济学可以以帕累托效率即帕累托最优来就资源配置的静态效率原则做出一般理论表述那样[2],我们可以将公平正义一般地表述为利益分配上的平等待人[3]。进而,在基本的价值原则层面,作为价值导向的收入分配伦理规范其实是把人"当作平等者"的、平等待人的分配规则。

关于平等待人,在其基本意义上,它是一种个体道德行为的一般准则:在非正式制度的道德规范层面,如果个体的行为是公道的,那个体在对待自己的利益与周围其他人的利益方面必定需要抱一视同仁的态度——"我"所想要和要求得到的,必须根据完全相同的思想允许他人想要和要求得到;无论何时"我"的利益牵涉到了他人的利益,"我"就被触动对自我的要求和他人的要求以同样的看待[4]。否则,相应的行为就谈不上公道。但实际上,平等待人不仅是一种规范性的道德哲学,同时,它也是一种规范性的政治哲学、经济哲学和法哲学,是对道德、政治、经济与法律诸领域的公平正义原则做出统一表述的一般社会哲学。在此方面,罗尔斯虽然把体现公平正义的两个原则的观念主要看成政治正义的观念,但他并不否认它也是道德的观念[5]。规范性上,既然政治法律制度与个体行为规范分享相同的价值原则,与个体的道德行为规范一样,政治和法律等有关的正式制度安排需要将每一个体均视为具有平等人格的主体,并以此来分配相

---

[1] 亚里士多德.雅典政制[M].日知,等译.北京:商务印书馆,1999:14.
[2] 从严格意义上来说,帕累托效率对于效率的定义是有局限的,它只是涉及资源配置的静态效率(给定资源的最优利用)而不涉及动态效率(帕累托效率边界的拓展)。
[3] 曾军平.利益分配的平等待人——关于公平原则的一个理论注解[J].上海财经大学学报,2006(6).
[4] E.A.罗斯.社会控制[M].秦志勇,等译.北京:华夏出版社,1989:18.
[5] 罗尔斯认为一种完善的正当理论不仅涉及社会基本结构的原则,同时也包括对个人的原则。基于这一认识论前提,在对两个正义原则做出分析之后,罗尔斯就个人原则做出了探讨,包括公平的原则与自然义务两个方面。参见约翰·罗尔斯.正义论[M].何怀宏,等译.北京:中国社会科学出版社,2003:108—117.

关的利益,比如这里所关注的社会收入的分配。

政治法律制度之所以要以作为个体行为规范的平等待人原则为基本标准,这在于:其一,在诸多的场合,制度规则存在的价值和意义都在于公平协调社会合作中的人际利益和冲突,而用于人际利益协调的根本原则就是把人当作平等者的利益分配的平等待人原则。其二,政治、法律制度其实是个体道德规范的正式化,进而,其合法性同样应该以个体行为的道德规范为基本价值准则。在此方面,诺奇克指出:"道德哲学为政治哲学设定了背景和边界。人们相互之间可以做什么和不可以做什么的道德范围,限定了通过国家机器作用于他人的政治边界。具有约束力的道德禁令是国家强制力最根本的合法性源泉。"[1]

对于诺奇克的上述观点,金里卡明确表示认可。在金里卡看来,"道德义务存在于我们之间,其中一些是通过公共机构进行强化的公共责任,另一些则是涉及个人行为规则的私人责任。政治哲学关注的焦点是那些使得公共机构的运作具备合法性的道德义务。虽然不同的理论以不同的方式区分着公共责任和私人责任,但我同意诺奇克的观点,这些责任的内容以及公私责任的界限,都必须诉求更深刻的道德原则才能确定"[2]。实际上,也正是因为正式的政治法律制度与非正式的个体道德行为准则分享相同的规范原则,在就决定公平的收入分配规则进行探索时,尽管我们会对非正式的道德规范与正式的政治——法律规范的职能范围进行划分(比如个体基本生活保障究竟是依靠国家法律制度还是依靠个体自发救助的问题),但并不将它们彼此对立起来而是将它们纳入一个统一的体系中。

规范性上,公平需要平等地对待每一个人。但在现实实践中,受 18 世纪社会哲学家——比较有代表性的有大卫·休谟、亚当·斯密和伯纳德·曼德维尔等——所强调的个体"自爱"因素的影响,人们往往倾向于从自我利益的角度来就利益分配公平与否发表意见和看法。比如,在土地分配方面,封建帝王往往会主张"普天之下,莫非王土;率土之滨,莫非王臣",而王小波与李自成等农民起义领袖则认为"均田赋"与"均田免粮"才算得上公道[3]。相似地,在古希腊城邦政体的构建上,平等主义者认为正义在于大多数人的意志,城邦应该组建平民政体。而寡头主义者则声称正义在于大多数财产所有者的意志,政事裁决的权力

---

[1] R. Nozick. Anarchy, State, and Utopia[M]. New York: Basic Books, 1974: 6.
[2] 威尔·金里卡. 当代政治哲学[M]. 刘莘,译. 上海:上海译文出版社,2015:6.
[3] 李凤圣. 论公平[J]. 哲学研究,1995(11).

分配应该凭资产的数额来决定，于是他们认为只有实行寡头政治才为恰当。鉴于个体观念的分歧，诸多论者于是就否定一般公平正义原则的客观存在。

但实际上，在利益冲突的解决过程中，如果某一个体所给出的分配方式偏向于考虑自我的利益，那其所宣称的所谓的公平分配其实并不是真正意义的公平分配[1]。关于这一点，在对平等主义者和寡头主义者基于他们自己的利益而提出的政治构想进行评价时，亚里士多德就曾批评指出："两方的答复都违背了正义而失却了平等的真谛。"[2]进而，我们不能简单地基于个体公平观念的分歧而反对一般的公平原则及其所引申出的公平收入分配规则的客观存在性：公平正义原则的意义恰在于克服和消除个体私利对于利益公平分配的扭曲和影响。相应地，作为目标导向的公平收入分配规则是那种利益扭曲得以克服和避免的规则类型。

鉴于真正意义上的公平正义不能只考虑自己的利益而需要考虑其他人，作为理论逻辑的进一步推演和引申，完全意义上的公平正义需要考虑所有相关的利益群体，而不应该局限在特定的政治结构抑或区域范围之内，因为，结构与区域之外的个体同样也是人。然而，在现实的生活中，人们往往在自己人之间、处理内部事情的权威总要求以正义为依据，但是，对于他人（异族异邦的人），往往采取在自己人之间认为不义或不宜的手段而不以为可耻。亚里士多德评价说："这样的行径是荒谬的。"[3]此类行为之所以荒谬，其根本原因就在于这样的行为没有兼顾到作为"异族异邦"的其他个体的利益。类似地，在市场中，合谋企业按比例减少产量来控制价格对各个企业来说可能是公平的，但以垄断价格形成为目的的合谋行为由于没有恰当考虑到消费者的利益，所以它可能是不义之举，需要用《反垄断法》之类的法规来加以管制和限制。而盗贼团伙在分赃时，尽管《庄子·胠箧》有云："出后，义也""分均，仁也"，但盗窃行为是建立在被盗者利益完全被忽略的基础之上的，因而，无论团伙内部的成员如何讲义气，盗窃行为的本质始终是非仁义的。这也就是说，真正意义上的公平正义应该是亚里士多德、斯密与森等人所主张的考虑所有利益相关者的"开放的中立"[4]，而不是局限

---

[1] 曾军平.利益分配的平等待人——关于公平原则的一个理论注解[J].上海财经大学学报，2006(6).

[2] 另外，亚里士多德还补充指出："如果以少数（富有财产的）人们的意志为正义，则某人的财富要是超过其他富室各家财产的总和，就该要求由他一人单独为政了，扩充这种寡头性质的正义观念，势必导向僭政。反之，如果以大多数人的意志为正义，……这个多数就会施行不义，没收少数富室的财产。"参见亚里士多德.政治学[M].吴寿彭，译.北京：商务印书馆，1997：315.

[3] 亚里士多德.政治学[M].吴寿彭，译.北京：商务印书馆，1997：347.

[4] 阿马蒂亚·森.正义的理念[M].王磊，等译.北京：中国人民大学出版社，2012：115—139.

于小集团和小团体的封闭式的公平正义。相应地,平等待人意义上的收入分配规则应该是平等考虑所有相关利益个体的规则类型。

然而,与亚里士多德、斯密和森等人所强调的"开放性"特质不同,诸多的社会正义理论家有关公平正义原则的探讨往往是有边界的。他们假定他们是在政治组织起来的社群——主要是民族国家——内来讨论社会正义问题的;他们通常假定具有确定成员的有边界社会,这一社会形成了一个分配领域[1]。在此方面,罗尔斯明确将其所确定的公平正义原则的应用范围限定在民族国家的边界之内。因为他所要确定的正义原则所适用的是一个封闭性的系统:该社会"它自我包容,与其他社会没有任何关系,……我们只能通过生而进入政治社会,也只能通过死而离开它"[2]。相似地,沃尔泽认为:"分配正义的思想假定了一个有边界的分配世界……当我们思考分配正义时,我们所考虑的是能够公正地或不公正地安排他们自己的分割和交换模式的、独立的城市或国家。"[3]照此逻辑,正义原则也只对共同体的、获得成员资格的人有效。

但实际上,作为公平分配的一般公平正义原则应该是"开放的"而不是"封闭的":如果公平正义原则只对政治共同体范围内的成员才有效,那按照同样的逻辑,我们可以认为它只对共同体内更小范围内的群体才有效,而依此推演的极端结果是,它最后只对自己的家庭甚至是单独的自我有效而对其他人无效,这显然与公平正义的一般价值理念相冲突。当然,公平正义原则的开放性特征,这并不否定理论讨论简化的限定性;为了就某些具体的问题进行探讨,理论上将公平正义所要解决的问题做出限定这完全可取。就本研究所关注的收入分配伦理规范问题来说,为了方便讨论,我们这里也会将问题的研究限定在民族共同体这一特定的政治结构范围之内[4]。但是,作为基本价值规范的公平正义原则本身应该是开放性的,而不是封闭性的。

因为没有兼顾到其他个体和集团的利益,仅仅考虑个体自己和(或)小集团

---

[1] 参见戴维·米勒.社会正义原则[M].应奇,译.南京:江苏人民出版社,2001:7.
[2] 参见约翰·罗尔斯.政治自由主义[M].万俊人,译.南京:译林出版社,2011:71.另外,罗尔斯在《正义论》中也指出:"作为公平的正义能运用于社会基本结构。正是这个观念可用来评价那些被看成是封闭系统的社会形态。"参见约翰·罗尔斯.正义论[M].何怀宏,等译.北京:中国社会科学出版社,2003:259.
[3] 迈克尔·沃尔泽.正义诸领域——为多元主义与平等一辩[M].褚松燕,译.南京:译林出版社,2002:38.
[4] 尽管这里就公平正义原则及其所推导出的收入公平分配的伦理规范适用的范围做出限定,但鉴于公平正义原则的开放性及其所蕴含的世界性特征,完全意义上的公平收入分配规则应该是世界性的,而不应该局限于特定国家与特定的政治共同体内。

利益的分配方式不是公平的。反过来,以他人利益为绝对导向而忽视自己和(或)小集团应得利益的行为与分配方式也不是正义的,因为公平不仅要求兼顾他人的利益,同时也要求兼顾自己及其所属的小集团的利益,因为自己及自己狭小圈子里的人同样也是人!与此不同,在义利关系的理解上,程伊川说:"义与利,只是个公与私也。"相似地,冯友兰先生也认为:求自己的私利,是求利;求公利,求别人的利,是行义[1]。理论上,程伊川与冯友兰将个体的私利与义分裂开来,将自我利益的追求排除在公平正义原则之外的论点是有局限的。毕竟,在社会范围内并不存在一个凌驾于个体之上、与个体的"私"相独立的"公"。"私"与"公"的关系,或者说我们通常所讲的个体和集体的关系,其实就是个体与其他个体、是自己的"私"与其他个体的"私"之间的关系[2],而不是个体与超越个体之上的某个组织和单位之间的关系[3]。在此情况下,义的本质不是求他利,而是在利益分配过程中平等地兼顾各方的利益而不厚此薄彼:偏袒其中任何一方的利益分配都会与公平正义的要求背道而驰。进而从这个意义上来说,作为目标导向的收入分配规则不仅是平等考虑"他",也是平等兼顾"我"的公平分配规则类型。

公平正义的核心理念所强调的是人的平等:每一个人都是一个具有平等身份的主体,没有人生来就相比其他人高人或低人一等;进而,也就没有人应该成为别人的所有物,被动地屈从于他人的意志,或者反过来作为别人的主人,去驱使着他人的意志。其实,也正是因为公平正义需要平等待人的规范性质,在现代社会中,任何合理的公平正义理论都是以人人平等作为其理论内核的:"如果某种理论声称某些人不如其他人重要,没有资格受到政府的平等对待,现代世界中的绝大多数人就会立刻拒斥这种理论。"[4]在此方面,戴维·米勒就认为,一个平等主义的社会是迈克尔·沃尔泽所谓的"平民的社会",他们使用共同的称呼模式,他们相互握手而不是鞠躬,他们根据共同的趣味和兴趣而不是社会等级选择他们的朋友,如此等等[5]。

当然,在历史上的相当长的时间里,许多群体都被否认享有这种平等。例

---

[1] 冯友兰.贞元六书[M].上海:华东师范大学出版社,1996:613.
[2] 曾军平.集体利益:一种理论假说[J].财经研究,2006(9).
[3] 马克思强调了人类历史的个体基础。他指出:"任何人类历史的第一个前提无疑是有生命的个人的存在。"马克思恩格斯选集:第1卷[M].北京:人民出版社,1972:24.
[4] 威尔·金里卡.当代政治哲学[M].刘莘,译.上海:上海译文出版社,2015:5.
[5] 戴维·米勒.社会正义原则[M].应奇,译.南京:江苏人民出版社,2001:268.

如,封建贵族认为农奴应该屈从于他们的观点与亚里士多德为奴隶制合理性所做的辩护。在亚里士多德看来,奴隶生来就比常人低劣:他们没有理性,他们不能统治自己而必须由他们的主人来统治。但实际上,奴隶之所以是奴隶,这完全是人为的,而不是自然的、天然的。对此,欧里庇得斯在其剧本上写道:"只有一件东西给奴隶带来耻辱,那就是'奴隶'这个名字;在所有其他方面,奴隶并不劣于自由人,所以他也有个公正的灵魂。"相似地,柏拉图对话集中的《高尔吉亚篇》也有关于"奴隶是强力造成的结果"的论证:"假如一个人具有充分的自然力量,……把我们成文的法令、欺骗和鬼话,以及违背自然的法律,都一概摒弃,并且置诸脚下,那么,这个人不但不能做我们的奴隶,而且还要超乎我们之上,做我们的主人。"[1]进而,从这个意义上来说,当我们试图从利益分配平等待人的角度来探索收入分配的伦理规范时,人的平等是理论探索的一个基本认知前提。

三、可逆性检验有效

是否"将人当作平等者"来理解公平正义是一回事,如何立足于"将人当作平等者"来进一步理解公平正义的具体含义又是与此相关但又存在很大不同的另外一回事。理论上,鉴于公平正义需要平等对待每一个人的直观理念,从利益分配平等待人的角度来理解公平正义的理论表述并不少见。甚至可以说,相关理论——不管是经济的还是政治的——都这样或那样地将公平正义与人的平等联系在一起。针对现代社会所存在的多元价值冲突,罗纳德·德沃金甚至认为当代各种政治理论并没有诉求不同的根本价值。在他看来,当代政治哲学文献中的大多数公正理论都可以被理解为对抽象意义上的平等的解释或认识。因为功利主义、自由平等主义、福利平等主义与资源平等主义等都这样或那样地表达了对平等的关注:不同理论的差异在于所强调的平等类型的不同而不在于平等本身[2]。类似地,金里卡认为,把人"当作平等者"的"平等理念不仅出现在诺奇克的自由至上主义中,也出现在马克思的共产主义中。不同的只是左派人士相信平等的收入和财富是平等待人的前提,而右派人士却相信对于劳动和财产的平等权利是平等待人的前提"[3]。进而,关键的问题是,在一般理论层面,利益

---

[1] 吴恩裕.论亚里士多德的《政治学》[M]//亚里士多德.政治学.吴寿彭,译.北京:商务印书馆,1997.
[2] 罗纳德·德沃金.至上的美德——平等的理论与实践[M].冯克利,译.南京:江苏人民出版社,2012:131—132.
[3] 威尔·金里卡.当代政治哲学[M].刘莘,译.上海:上海译文出版社,2015:4.

具体如何分配才是平等待人的？相应地，平等待人意义上的收入分配规则具体又是具有何种规范属性的分配规则？

关于公平正义的具体表述，鉴于公平就是利益分配的平等待人，而平等待人所强调的是人的平等，正如现代经济学采用帕累托改进是否存在来就资源配置静态效率是否实现做出检验和判别那样，我们可以采用换位思考意义上的可逆性检验（reversible test）来就利益分配的公平性做出判断：对于特定个体所给出的特定利益分配方式和（或）规则，如果在个体位置调换前后，该利益主体均认为此利益分配是公平的，那此分配方式就是公平的、平等待人的；反之，如果分配方案提出者站在自己的位置认为方案是公平的，而在位置调换之后则认为分配方案对他不公，那方案提出者可能就过多地考虑了自己的利益而歧视了他人，没有在利益分配上做到平等待人[1]。

比如，在霍布斯所描述的自然状态下，人们处于相互倾轧、互不尊重所有权的"丛林社会"之中，"丛林社会"中"大攻小、强侮弱、众贼寡、诈欺愚"等不是平等待人的[2]。因为，相互倾轧所对应的利益分配方式无法经得起可逆性检验：当强者自己是弱者时也会认为自己遭受强者无端的侮辱和欺凌是不公道的。历史上，"文明"的欧洲人对"野蛮"的印第安人曾进行过残酷的种族压迫和血腥的种族清洗，以至于历史学家称殖民地西进运动的历史是印第安人的"血泪史"，种族压迫和清洗不是平等待人的，因为当殖民者自己为土著居民时，他们也不愿接受诸如此类的奴役和强迫。在许多民族中，女性曾经被降低到类似于奴婢的地位，被剥夺任何拥有财产的权利。在世界范围内，白种人曾经对于黄种人、黑种人等有色人种所存在歧视和偏见等都是不公平的，因为性别与种族歧视无法通过男人与白种人所进行的可逆性检验[3]。鉴于平等待人意义上的公平正义是由可逆性检验有效来定义的，公平的收入分配规则就是可逆性检验有效的分配规则

---

[1] 曾军平. 利益分配的平等待人——关于公平原则的一个理论注解[J]. 上海财经大学学报, 2006(6).
[2] 霍布斯所理解的自然状态并不一定是真正意义上的战争状态，它也可能是相互防备和警惕的敌视状态。"因为正如恶劣气候的性质不在于一两阵暴雨，而在于一连许多天中下雨的倾向一样，战争的性质也不在于实际的战斗，而在于整个没有和平保障的时期中人们所共知的战斗意图。"参见托马斯·霍布斯. 利维坦[M]. 黎思复, 等译. 北京：商务印书馆, 1986：94.
[3] 值得注意的是，由于可逆性检验是由单独个体做出的，可逆性检验有效意义上的公平正义原则所适用的对象是参与分配的个体。与此不同，罗尔斯差别原则关注的是代表人（参见约翰·罗尔斯. 正义论[M]. 何怀宏, 等译. 北京：中国社会科学出版社, 2003：78.），而姚大志将其定义为群体。在姚大志看来，既不需要也不可能考虑和跟踪每个人的福利状况（参见姚大志. 分配正义：从弱势群体的观点看[J]. 哲学研究, 2011(3).）。但事实上，由于公平正义要平等地对待每一个人，参与决策的主体必然是利益相关的现实个体而不应该是所谓的代表或群体。

类型。

亚里士多德指出:"各人各照自己的利益进行论断,而大多数的人如果要他们判决有关自身的案件时,实际上就都是不良的判官。"[1]相似地,约翰·洛克认为:"人们充当自己案件的裁判者是不合理的,自私会使人们偏袒自己和他们的朋友,而在另一方面,心地不良、感情用事和报复心理都会使他们过分地惩罚别人。"[2]也正因为如此,在探索公平正义原则时,有诸多的社会哲学家均试图通过一定的限制性条件来克服个体"自爱"因素对契约公正性的干扰和影响。在此方面,休谟和斯密的正义学说引入了"中立的旁观者",哈贝马斯的商谈理论要以合理限制条件为前提,而罗尔斯则引入了"无知之幕"(veil of ignorance)的"原初状态"(original state)[3]。就方方面面的限制来说,它们通过场景设置等方面的条件约束,个体自利对于公正决策的影响得以克服。比如罗尔斯"无知之幕"意义上的"原初状态",在此状态下,没有人"知道他在社会中的地位,他的阶级出身,他也不知道他的天生资质和自然能力的程度,不知道他的理智和力量等情形","没有人知道他的善的观念,他的合理生活计划的特殊性,甚至不知道他的心理特征:像讨厌冒险、乐观或悲观的气质"以及"任何有关他们属于何种世代的信息"[4],进而,在选择正义原则时,没人能设计出偏袒自己的特殊情况的原则,没人可以利用自己的权势地位去操纵选择的结果。与罗尔斯等人的做法具有相似性,可逆性检验有效也是限制个体私利影响的条件因素:我们所要探求的公平正义原则及其所引申出的收入分配目标是那种彻底排除了个体私利干扰和影响的规范类型。

规范意义上的、作为伦理判准的公平正义需要经得起可逆性的检验。与此不同,现实中人们所宣称的诸多公正观则难免带有某种强权政治的影子。鉴于此,马克思与尼采等思想家认为正义观念是由那些希望达到维护有利于他们利益的社会关系这一目的的强有力的个人或个别阶级所强加的:"马克思断言每一

---

[1] 亚里士多德.政治学[M].吴寿彭,译.北京:商务印书馆,1997:136.
[2] 约翰·洛克.政府论(下篇)——论政府的真正起源、范围和目的[M].叶启芳,等译.北京:商务印书馆,1996:10.
[3] 罗尔斯引入"无知之幕"和"原初状态"有两层有关但又存在一定不同的意义:其一,营造一种公平的契约环境;其二,阻断个体私利对于正义原则选择的影响。在诸多的论述中,罗尔斯似乎强调的更是前者:"由于所有人的处境是相似的,无人能够设计有利了他自己的特殊情况的原则",在那里形成的最初协议是公平的(参见约翰·罗尔斯.正义论[M].何怀宏,等译.北京:中国社会科学出版社,2003:12,136.)。但在我们看来,"无知之幕""原初状态"的意义更在于后者。
[4] 约翰·罗尔斯.正义论[M].何怀宏,等译.北京:中国社会科学出版社,2003:136.

种正义观念都是占统治地位的生产关系的理论化表达,都是为确保默认经济上占统治地位的阶级的利益而服务的";而尼采则认为,在得到实施和维护的任何地方,正义"都是强权用来控制软弱臣服者的无意义的愤怒的一种手段"[1]。应该说,现实的社会实践确实如马克思和尼采所言,社会中居于统治地位的阶级经常会以其权力(如暴力潜能)来为其所标榜的公平正义"保驾护航"。但是,强权政治所宣称的公平正义观完全是强权者基于自己的私利所表达出来的,是为自己利益进行辩解的公平正义,它并不是伦理意义上的规范性的公平正义,它们往往都无法经得起可逆性检验,进而也就不是真正意义上的、作为规范判准的公平正义[2]。理论上,由于可逆性检验有效是利益分配平等待人的充要条件,从核心价值原则的角度看,作为目标导向的公平收入分配规范应该是那种超越纯粹意识形态辩护的平等待人的分配规则:不管"我"是何种身份类型、也不管"我"的经济状况及所处的社会地位如何,"我"都认为分配的规则是公平合理的。

与这里基于可逆性检验有效来对规则的公平与否做出判断不同,人们经常将规则的公平性与规则的一视同仁联系在一起。在对平等进行解释时,德沃金就明确指出:"我们从规范意义上使用'平等',是要表示在某一个或某些方面应当相同,或以相同的方式加以对待是公正的。"[3]而反平等主义者,尽管他们反对以平等来理解公平正义,但他们并不反对规则一视同仁意义上的公平正义。在他们看来,除非是纯粹形式意义上的平等,比如规则的一视同仁,即同样的规则要平等地应用到每个人身上,正义与平等没有任何关系。在这里,作为否定平等与正义关系的前提基础,反平等主义者认可了规则一视同仁的价值和意义,他们所反对的是规则一视同仁之外的、其他类型的平等。

鉴于公平正义的实体形态只能是"关联结构"意义上的分配规则,此等表述对规则公平性的强调是完全正确的。与此同时,人类理性的直觉告诉我们,公平的规则在运行过程中确实需要一视同仁:正义的一个非常重要的含义是一视同仁——按照同一的原则或标准对待处于相同情况的人与事[4]。但是,规则的一视同仁并非规则公平的充分条件。毕竟,社会规则的类型多种多样,它不仅有

---

[1] 参见戴维·米勒.社会正义原则[M].应奇,译.南京:江苏人民出版社,2001:24.
[2] 对于弱势群体,尽管公平正义的社会需要对他们的利益给予充分的保障,但并不等于要完全以他们的利益为目标。因为,强弱都是相对的,当强者被不公正对待时,他们实际上就成为弱势群体,而弱势群体此时也就成为强势群体。
[3] 罗纳德·德沃金.至上的美德——平等的理论与实践[M].冯克利,译.南京:江苏人民出版社,2012:125.
[4] 朱贻庭.伦理学大辞典[M].上海:上海辞书出版社,2002:44.

公平的规则,也有非公平的规则。强调规则的一视同仁只是强调了公平规则的形式,即规则的形式正义,而形式正义对于公正规则的表述并不充分:真正意义上的公平分配规则首先应该是实质性的。

其实,也正是因为实质正义的基础性作用,在对法治进行诠释时,亚里士多德就曾强调了制度服从要以"良法"为前提。在亚里士多德看来:"法治应包含两重意义:已成立的法律获得普遍的服从,而大家所服从的法律又应该本身是制订得良好的法律。"[1]进而,公平收入分配伦理规范的确定,不能简单地局限于规则的一视同仁,而应该注意规则本身的正义性,即规则本身应该能够经得起可逆性的检验。由于没有注意到规则的实质公平问题而只是强调规则运行过程中形式的一致性,强调规则一视同仁的论者其实是将规则的实质公平,特别是公平规则制定过程中需要区别对待的方面给忽略了。

既然公平的收入分配规则需要经得起相关个体的可逆性检验,那个体应该如何基于可逆性检验来就各规则的公平性进行判别呢？方法上,由于判别规则公平与否的依据是"关联结构"意义上的结果而非与决定因素完全无关的单纯结果,经常为经济学所使用的数学的"加总"方法原则上是不可取的:我们在技术上无法就"关联结构"意义上的结果进行数学"加总"。进而,在方法上,对于所有可供选择的规则类型,有关规则公平性的判别就是针对规则运行的结果而分开进行的:对于特定的收入分配规则,如果它所引致的所有可能的"关联结果"都是公平的,能经得起可逆性检验,那此等规则自然就是平等待人的、伦理规范意义上的公平分配规则;反之,对于特定的分配规则,如果该规则所引致的结果——部分的或全部的——无法经得起可逆性检验,那将此等规则作为目标规范在伦理上就不可取。因为,对于特定的规则 R,如果它的运行会引致无法经得起可逆性检验的结果(我们假设为 a),对结果 a 事先进行限制(即不允许此等结果出现)的规则 R′就相比规则 R 更加的公平合理。进而,R′也就更应该得到选择。方法上,鉴于公平的收入分配规则要求规则对应的所有结果都需要经得起可逆性的检验,作为目标规范的分配规则是所有结果各自均能经得起可逆性检验的规则类型。

将规则的公平性判别建立在所有可能的结果——也即规则所对应的关联结构——均能经得起可逆性检验之上,有进一步的含义:作为一个由诸多子规则组成的规则体系,作为目标导向的公平分配规则是各子规则各自都能经得起可逆性检验的规则类型。 方面,如果各子规则的安排都公平,那么整个规则也是公

---

[1] 亚里士多德.政治学[M].吴寿彭,译.北京:商务印书馆,1997:199.

平的。具体来说,对于特定的规则R,如果我们将其分解为R1、R2和R3三个部分,在R1和R2公平的情况下,如果R3也是公平的,那么此规则就是公平的分配规则。反之则反是。另一方面,对于特定的规则,如果其所属的子规则存在无法经得起可逆性检验的情况,那此等规则整体来说就不是公平的。特别地,鉴于对子规则安排公平性的评价是分开单独进行的,一种子规则的不公平,不能通过其他子规则的安排来加以弥补和纠正。

与这里的观点不同,罗尔斯认为:"一个社会体系即使其各种制度单独地看都是正义的,但从总体上说它却是不正义的,这种不正义是各种制度组合成一个单独的体系时产生的结果。"[1]即罗尔斯并不认为公正子规则的集合就必然是公正的。与此同时,罗尔斯也不主张将不公正的子规则全部排除在公正规则的体系之外。在他看来,"一个制度的一个或几个规范可能是不正义的,但制度本身却不是这样"[2]。至于其中的原因,这或许与罗尔斯主义公平正义观的特性有关:其由差别原则所表达的正义原则是由具体结果的数学"加总"来确定的,整体公平并不要求各自都公平,同时,整体公平正义也不排除个体的不公平、不正义(数学中,整体目标的最大化并不要求子目标最大)。而就这里的观点来说,由于它在整体层面否定了数学"加总"模式的合理性[3],有关子规则与母规则的关系自然也就存在不同。

四、规则均衡与一致性前景

鉴于公平正义所表达的是平等对待每一个人的价值理念,以可逆性检验有效来定义公平正义并以此来就收入分配的伦理规范做出探索是极其自然的。但是,问题并未因此而得以结束,因为,这里还存在一个个体认知差异性及其所引致的公平正义的存在性问题:可逆性检验是在个体层面进行的,但受个体价值观念、生活习惯与知识结构等诸多因素的影响,个体基于可逆性检验有效而确定的"均衡"的公平分配规则可能是不同的,比如工人主张按劳取酬,资本家赞成按资分配,贵族和绅士支持论功行赏,特权阶层倾向于按等级和特权来分配,而失业

---

[1] 约翰·罗尔斯.正义论[M].何怀宏,等译.北京:中国社会科学出版社,2003:57.
[2] 同[1].
[3] 以加总目标的最大化来定义公平,这其实是错误地将公平正义问题理解为一个资源配置意义上的效率问题,而不是利益分配的公平问题。

者和残疾人士则提出按人头或需求来进行分配等[1]。在个体观念存在分歧时,公平分配规则的确定就会面临困境:对于各主体各自所认可的公平分配规则,我们应该如何在它们之间进行理性选择呢? 现在,既然公平是由可逆性检验有效意义上的平等待人来加以定义和表达的,在个体观念存在客观差异的情况下,不管我们选择何种分配规则,这都可能与平等待人的规范要求相背离:我们都会违背一部分人——对所选择规则有异议者——的意愿。毕竟,如果规范意义上的收入分配规则是某个或某些个体不同意的,此等分配规则从某种意义上就存在着对相关利益群体的肆意强制,此等群体的观念及利益就并没有真正得到平等的对待,进而,此等分配规则就不是真正意义上的公平的收入分配规范。

一方面,作为价值判准的收入分配的伦理规范需要个体就公平分配规则达成一致。因为,正如阿罗与罗尔斯所指出的:一致性的假设是理想主义政治哲学的一个特征[2]。康德的定言命令——要只按照你同时认为也能成为普遍规律的准则去行动[3]——所表达的也是原则的统一性。相反,如果人们的认知不具有一致性,那有关行为和制度的选择就难以得以协调。但另一方面,在现实性上,正如戴维·米勒所言:"忽视和贬低人们实际存在的关于社会正义的分歧这一事实也是错误的。"[4]其中,个体关于社会公平正义的分歧往往存在两个层面:一是有关"何谓公平正义"的基本价值理念层面,二是有关"分配规则如何安排才公平正义"的具体规则层面:基于基本价值理念的同一性而认为个体持有完全相同的公平正义观的观点似乎是违背常识的。

但是,我们并不能因个体观念的差异而否定一致性分配规范的客观存在。一方面,在现实实践中,不同个体所主张的公平分配规则之所以不同,这是因为个体决策往往都受到了"自爱"因素的干扰而没有真正设身处地去考虑其他个体的利益,他们所表达的公平正义不是真正意义上的公平正义。另一方面,尽管对于收入分配等伦理规范的探索需要正视个体观念的分歧,但正视分歧本身并不意味着伦理规范就是综合的民意测验。因为,探索公平正义原则及其相关的收

---

[1] 李凤圣.论公平[J].哲学研究,1995(11).
[2] 约翰·罗尔斯.正义论[M].何怀宏,等译.北京:中国社会科学出版社,2003:263.类似地,阿罗也认可了社会目的的一致性对于社会福利判断的作用。他援引奈特的话说:"我们不仅主张这样的思想对于个人是真实的,而且我们主张它是我们文化的一部分。并且是充分统一的,它也是对不同时空的社会福利函数进行比较的客观标准。"参见肯尼思·约瑟夫·阿罗.社会选择:个性与多准则[M].钱晓敏,等译.北京:首都经济贸易大学出版社,2000:111.
[3] 伊曼努尔·康德.道德形而上学原理[M].苗力田,译.上海:上海人民出版社,2012:30.
[4] 戴维·米勒.社会正义原则[M].应奇,译.南京:江苏人民出版社,2001:前言.

入分配伦理规范,其目的是要在先验层面上去确定评价现实观念、政策与制度的伦理规范,而不是去简单迎合和整合社会大众的正义理念。毕竟,有关社会正义的大众信念,正如戴维·米勒所言:它们"会以各种方式转变成有缺陷的信念。例如,它们会被证明掩蔽了深刻的矛盾,或者包含了严重的事实性错误。我们需要去分析利害攸关的原则,以便表明它们能够经得住哲学的审查"[1]。事实上,既然涉及的是伦理规范,即便是要否定规范认识的统一性,这也只能是立足于伦理彼岸世界的,而不是现实此岸世界的。而在伦理的彼岸世界,正如理性个体可以就平等待人的公平理念达成一致那样,如果相关的利益群体有关利益分配具体方式的确定是严格基于可逆性检验之上的,大家往往能就公平分配的具体规则达成一致。

关于个体就收入分配伦理规范等具体分配方式达成一致的前景,罗尔斯有关个体能就正义原则达成一致的判断在一定程度上对此做出了理论上的表达。罗尔斯在《正义论》的结尾写道:"从原初状态的观点来看,我们在社会中的地位,也就是从永恒的观点(perspective of eternity)来看待殊相:即不仅从全社会而且也从全时态的观点来审视人的境况。永恒的观点不是一个从世界之外的某个地方产生的观点,也不是一个超越的存在物的观点;毋宁说它是在世界之内的有理性的人们能够接受的某种思想和情感形式。一旦人们接受了这种思想和情感形式,无论他们属于哪一代人,他们就能够把所有个人的观点融为一体,就能够达到那些调节性的原则。……心灵的纯洁,如果一个人能得到它的话,也许将看清这一切,并且将根据这种观点把这一切都做得轻松自如。"[2]

在这里,尽管罗尔斯所阐述的个体认知的一致性主要是针对正义原则的,但它对于公平分配规则的选择也同样适用。涉及两个层面的一致性:一方面,是基本价值理念的一致性。社会如果要就公平的收入分配规则达成一致,这首先要以公平正义基本理念的一致性为前提。而可逆性检验有效意义上的公平正义应该是一种社会共识:"因为人们都希望得到他人和社会的公平、正义的对待。为了得到这样的待遇,每个人也必须公平、正义地去对待别人。一言以蔽之,公平正义也是人的普遍需要,即人人之'所欲',遭受不公正、不正义的待遇,是人人之

---

[1] 戴维·米勒.社会正义原则[M].应奇,译.南京:江苏人民出版社,2001:前言.
[2] 约翰·罗尔斯.正义论[M].何怀宏,等译.北京:中国社会科学出版社,2003:591.与罗尔斯的观点相似,米勒认为,其社会正义理论提出善意(well-intentioned)的国家会采纳的立法和政策改革的建议。他认为这种理论是作为政治社群中的每个成员理论上都会接受的公共学说提出来的。戴维·米勒.社会正义原则[M].应奇,译.南京:江苏人民出版社,2001:前言.

'所不欲',所以人人就理当'勿施于人'。"另一方面,也是这里需要重点强调的方面,是基本理念一致前提下就规则具体形态达成一致的可能前景。

至于可逆性检验有效原则下个体就公平分配规则具体形态达成一致的必然性,其理论上的逻辑依据在于:其一,对于某些利益分配,受换位思考所引致的利益"均衡"的影响,个体可以就分配的具体方式直接达成一致。现实中,人们对诸多的分配问题之所以存在观点的分歧,恰在于他们在处理相关问题时没有设身处地去考虑其他相关个体的利益和感受而影响到"均衡"的形成;其二,对于其他方面的分配问题,基于可逆性检验有效意义上的换位思考,大家可能对于公平的分配方式依旧存在认知上的分歧,但参与决策制定的个体还可以通过进一步的换位思考,平等地考虑其他个体的价值观念和诉求,进一步的换位思考会使得不同个体所确定的公平分配规则进一步地"收敛"而最终达成一致。因为,哪怕不能就公平分配的实体规则达成一致,人们最后也可能就分配得以形成的程序达成一致。

当然,对于程序正义的可行性,戴维·米勒对此提出了质疑,他并不认为这个观念能走多远:"如果我们关于实质性问题的分歧的尖锐程度像怀疑论者所想象的那样大,那么我们将不能指望通过提出我们能给予普遍支持的对程序正义的说明使自己从怀疑论的泥潭中挣脱出来。"[1]这里,米勒所描述的个体就程序达成一致的困境,依旧是立足于现实实践层面的,此时的公平程序选择依旧会受到个体利益的干扰。与此不同,如果确定收入分配结果的决策程序是个体基于换位思考而确定的,个体对于公平程序的分歧就能得以避免:由于所有的个体都平等地考虑其他个体的利益,换位思考不仅能保证单一主体行为的正义性及其决策的均衡性,同时也能保证不同主体均衡决策的同一性与一致性。进而,当我们基于平等待人意义上的公平正义理念就收入公平分配的规范目标做出具体探索时,我们完全有理由相信:此等议题的讨论不是纯粹的智力体操,通过理性的探讨,社会个体就公平分配的规则达成某种一致是完全可能的。而社会所要寻求的收入分配规范就是可逆性检验一致有效的分配方式,是所有个体基于换位思考而确定的一致同意的分配规则类型。

一致意味着个体有关公平收入分配规则的基本观念是"完全相同"的。但值得强调的是,规则结构认同的一致性是以可逆性检验有效为基础和条件的:由于我们共享了平等待人这一基本的公平正义理念,同时也由于我们都平等地考虑

---

[1] 戴维·米勒.社会正义原则[M].应奇,译.南京:江苏人民出版社,2001:25.

所有相关个体的利益,理性个体于是就公平的收入分配规则达成一致。事实上,也正因为规则选择的一致是可逆性检验有效基础上的一致,此等一致与罗尔斯"重叠共识"(Overlapping consensus)意义上的一致性有所不同[1]。哲学上,尽管罗尔斯对于公平正义原则达成一致的前景持乐观态度,但他所理解和认可的一致性在很大程度上是基于现实观念的偶然重叠、共识来表达的:在某些方面,个体的公正观念恰巧是一致的。可逆性检验有效意义上的一致与"重叠共识"意义上的一致,其差异主要在于前者的条件限定性及其所引致的达成一致范围的差异性:前者以"可逆性检验有效"为前提,个体最基本的公平正义理念(就是可逆性检验有效意义上的平等待人)及其所推导的制度规则完全趋于一致;而后者则没有明确的限定性条件,个体所认同的正义原则及其相应的制度规则可能相同,也可能存在分歧,而"重叠共识"所强调的是相同的那一部分。

直观上看,如果我们将公正原则的统一性与普适性建立在罗尔斯意义上的现实道德观念的"重叠意识"之上,原则统一性与普适性的可能性将会面临理论的困境。其一,是现实道德观念重叠的可能范围。受利益与知识结构等因素的影响,现实道德观念"重叠"的范围是有限的。也正是因为意识到现实道德观念"重叠"的困难,在《正义论》之后的著作中,罗尔斯有关个体就公平正义观念达成一致可能性的观点有一定的变化。在《作为公平的正义——正义新论》一书中,罗尔斯就指出:"在原初状态中存在着许多有可能加以求助的考虑,而这些考虑的数目是无法确定的,这样,某些考虑支持一种备选的正义观念,而另外一些考虑则不支持这种正义观念。"[2]其二,"重叠"意识本身是否必然公正合理的问题,即"重叠"的道德意识并不意味着它们必然就公平合理。比如奴隶制,如果奴隶主和奴隶恰巧都认为奴隶制是公平正义的,那此等"重叠"的共同价值是否意味着奴隶制就是正义的呢?在受封建思想侵蚀的社会里,男人和女人就"三从四德"的伦理规范在一定的时空范围内也存在重叠,但这并不等于"三从四德"就是合理的。其三,非重叠意识的非兼容性。如果将正义的普适原则与个体现实观念的共性相等同,那个性的价值观念可能就会被排除在合理性之外。

相比而言,如果将规则认知的统一性与普适性建立在可逆性检验有效这一

---

[1] 重叠共识就是为各种合理的然而对立的宗教、哲学和道德学说所支持的政治正义观念。参见约翰·罗尔斯.作为公平的正义——正义新论[M].姚大志,译.上海:上海三联书店,2002:55;约翰·罗尔斯.政治哲学史讲义[M].杨通进,等译.北京:中国社会科学出版社,2011:275.

[2] 约翰·罗尔斯.作为公平的正义——正义新论[M].姚大志,译.上海:上海三联书店,2002:220.

基本价值理念的共同根基之上,"重叠共识"观点所存在的局限性就能得以克服和避免:其一,是就收入分配等具体规则达成一致的可能范围。由于个体的基本价值原则是同一的,任何有价值的道德原则均需要平等地对待每一个人,当具体的分配规则存在分歧时,我们可以基于基本价值原则的一致性来加以解决:由于作为目标导向的收入分配规范需要经得起换位思考意义上的可逆性的检验,当不一致存在时,可以通过不断地换位思考来使得个体就规则达成一致。其二,是重叠意识的合理性。在核心理念与基本价值原则同一的基础上,不同个体、不同文化体系中的道德法律有作为社会具体规范原则的相同部分。但它们之所以成为具有通用性的规范原则,恰正是因为它们都是基于可逆性检验有效之上的,比如勿杀人,讲诚信等。其三,是非重叠意识的共生性。对于非重叠的观念部分,如果它们各自都能够经得起可逆性检验,那么相关的价值规范都有其合理性,它们都可以且应该保存下来。

其实,也正因为制度规范的统一性对于基本正义原则认同的依赖性,戴维·米勒试图通过挖掘现实的更深层次的理念来调和人们在价值观念上的冲突:"我们需要探讨这种分歧,弄清其根源所在,也要弄清楚关于正义的要求的不同观点,在多大程度上能够通过表明它们来源于更深层次上的共享的信念而得到调和。"[1]其所撰写的《社会正义原则》一书的目标就是"去找出当人们把他们所处社会的某些方面评判为正义的或不正义的时候所运用的潜在原则,并进而表明无论是独立地看还是把它们放在一起,这些原则都是首尾一致的"。至于协调不同观点的更深层次的价值观念具体如何,就这里的探索来说,就是可逆性检验一致有效意义上的平等待人。一方面,可逆性检验有效意义上的公平正义原则可以将不同正义观点——如果它们确实是都可以通过可逆性检验——融合起来。另一方面,现实诸多价值之所以具有普适性和合理性,恰在于它们有一个共同的根基:它们都能经得起可逆性的检验。也正因为如此,作为目标导向的收入分配规范就是那种以可逆性检验有效为基础的、所有个体一致认同的公平分配规则。

---

[1] 戴维·米勒.社会正义原则[M].应奇,译.南京:江苏人民出版社,2001:前言.

第四章
公平正义：原则比较与澄清

一、导言

在公平正义的理解上，功利主义、罗尔斯主义与均等主义等学派等都给出了它们自己的理论版本。其中，功利主义将公平正义与社会加总福利的最大化联系在一起，主张"按照看来势必增大或减少利益有关者之幸福的倾向，亦即促进或妨碍此种幸福的倾向来赞成或非难任何一项行动"，不管此项行动是私人的行动还是政府的措施[1]。罗尔斯的公平正义原则为按词典偏好进行优先排序的两个正义原则：第一原则是政治领域的平等自由原则，认为"每个人对与其他人所拥有的最广泛的基本自由体系相容的类似自由体系都应有一种平等的权利"；第二原则是经济领域的最大最小原则（也被称为差别原则），认为"社会结构并不确立和保障那些状况较好的人的较好前景，除非这样做适合于那些较不幸运的人的利益"[2]。至于均等主义，它所理解的公平正义是个体占有的均等，如收入分配方面的平均主义。另外，帕累托原则、多元主义与应得之说等也给出了它们对于公平正义的理解。现在的问题是，既然功利主义等原则也是有关公平正义的原则，那作为目标导向的收入分配规范是否可以被界定为基于功利最大化等原则而构建的公平分配规则类型呢？或者，以可逆性检验一致有效为原则来选择公平分配规则的个体，他们最终是否会以功利最大化等为原则来进行规则

---

[1] 杰里米·边沁.道德与立法原理导论[M].时殷弘,译.北京：商务印书馆,2009:58.当然,对于功利原则的诠释,理论上有不同的版本,这里采用的是一般性的理论表述.

[2] 约翰·罗尔斯.正义论[M].何怀宏,等译.北京：中国社会科学出版社,2003:60—61,76.

的选择呢？

　　鉴于功利主义等原则在经济哲学、政治哲学与法哲学等领域中的广泛影响力，同时也是出于功利主义等公正原则所存在的局限性的考虑，为了更准确地从价值原则的角度就作为价值判准的公平收入分配规范做出探讨，在从价值肯定性表述的角度就收入分配的伦理规范做出探索之后，本章将从价值否定与原则批判的角度就功利主义等对照原则及其相关的公平收入分配规范的合理性问题做出分析。作为一个总的观点，在我们看来，作为收入分配伦理规范的公平收入分配规则不应该是基于功利主义等原则而构建的规范类型：一方面，不管是功利主义原则还是罗尔斯主义与均等主义等其他的公平正义原则，它们所表述的公平正义在整体上与作为伦理判准的公平正义存在偏差（当然，不排除上述原则在局部范围和特定领域所存在某种合理性），基于功利主义等原则来确定收入公平分配的伦理规范本身不可取，它们并非公平的规则；另一方面，以可逆性检验一致有效来定义的平等待人原则，它在保持功利主义等原则所存在的合理性方面的同时能够克服它们的局限性，即相比基于功利主义等原则而确定的收入分配规范，可逆性检验一致有效的收入分配规则在伦理上存在相对优势。

二、功利主义与差别原则

　　作为一种社会规范原则，由于将人的福利、幸福作为社会发展的目标和价值尺度，功利最大化原则无疑是有其合理性的。一方面，是原则本身的合理性。毕竟，个体都是理性的，他们均追求自己的幸福和快乐，试图满足其欲望体系，一个良性治理的社会必然是那种有助于提升社会整体功利水平的社会。另一方面，是原则的相对合理性。鉴于以下几方面因素的考虑，功利主义的幸福最大化原则相比其他诸多原则有可取之处：(1)将人作为万物的尺度。由于所倡导的目标是人的幸福、满足，功利主义在价值取向上坚持以人为本。它相比之前的诸多理论观点——比如声称人们应该按照上帝旨意而生活的宗教观念以及为某种可疑的形而上学实体服务的政治哲学——都具有相对合理性。(2)功利主义以个体的主观效用、幸福、福祉作为检验社会制度与个体行为的最终价值标准。相比其他的客观目标，比如历史上曾被经济学家所强调的作为货币的金银（为重商主义者所强调）、物质财富（比如GDP）与外汇储备等，功利主义以幸福和福利为目标有其相对的合理性，因为"其他任何东西如果说值得渴望那也仅仅是作为实现幸福这一目的的手段"[1]。

功利主义原则的合理性，不仅体现在幸福最大化本身的正当性及其相对的优越性，同时也体现在诸多就幸福最大化原则所做批评的局限性方面。在公共决策领域，尽管以幸福最大化作为社会价值目标是有其依据的，但还是有部分论者对其合理性提出了批评。涉及两个方面：(1)实证方面。功利主义认为个体是以幸福抑或快乐为目标的。但在批评者看来，这与事实不符。因为诗人创作充满痛苦，而面对诺奇克的"快乐体验机"，人们也一般不会为追求快乐而选择待在其中以度过余生[2]。(2)规范方面。批评者认为，功利主义主张以快乐为目标，这是人性的堕落，是享乐主义的思想，"是一种卑微低贱的思想，只配得上像猪一般的人"[3]。然而，就上述批评来说，表面上看，它们有一些道理，但从根本上说，它们就功利主义追求快乐的批评是无关宏旨的。

其中，对于实证方面的批评，诗人创作充满痛苦，这只是说明快乐实现的途径是复杂的：在很多时候，快乐不是直接得到的，而是需要通过曲线的方式才能获得。而快乐实现方式的复杂性并不能否定追求快乐的客观事实。至于诺奇克的"快乐体验机"问题，人们不愿意进入机器之中同样不能反驳个体追求幸福的客观事实，因为快乐目标的实现往往与快乐获得的方式及其过程有关。至于规范方面的批评，这里所要反问的是：撇开人和猪等动物所追求目标客观上的差异不谈，批评者所指出的更高追求的目标又是什么呢？更高的追求难道不应该有助于实现人类幸福的最大化吗？反过来，对于特定的事业，如果它与人类对于幸福的追求是背道而驰的，这样的事业算得上崇高吗？

既然功利主义的最大幸福原则有其伦理的合理性，作为目标导向和伦理判

---

[1] 约翰·穆勒.功利主义[M].叶建新,译.北京:中国社会科学出版社,2009:57. 另外，在功利主义者看来，人类的幸福是标准和价值尺度，社会制度——包括习俗和传统——都需要经得起这一标准的检验。作为启蒙思想的一部分，功利主义相比那些将传统习俗和道德、法律规则视为不变真理的观念具有相对合理性，它引导人们对既有制度规范进行反思而不是盲目服从。在此方面，金里卡指出："历史地看，功利主义是相当进步的。功利主义要求，压制人民若干世纪之久的习俗和权威必须接受人类进步标准的检验。……在最好的情况下，功利主义是针对偏见和迷信最强有力的武器，因为功利主义所提出的标准和程序向那些以道德的名义对我们声称权威的人提出了挑战。"威尔·金里卡.当代政治哲学[M].刘莘,译.上海:上海译文出版社,2015:14.

[2] 诺奇克的"快乐体验机"设想了如下场景：我们可以选择进入一套快乐体验装置之中，在其中，神经心理学家可以给我们注射一种药物，以产生我们所能想到和所需要的任何可能的快乐。诺奇克就此争辩说：如果人是以快乐为目标的，那他就会选择进入体验机并在其中终老一生。现在，如果我们当中有人拒绝进入其中，幸福最大化假说就不能通过现实经验的检验。参见罗伯特·诺奇克.无政府、国家和乌托邦[M].姚大志,译.北京:商务印书馆,2008:51—54.

[3] 转引自约翰·穆勒.功利主义[M].叶建新,译.北京:中国社会科学出版社,2009:12.

准的收入分配规则应该是那种有助于提升社会福利整体水平的规则类型。至少公平的收入分配规则不应该与最大幸福原则相冲突:在收入分配伦理规范的选择与确定上,我们很难理解和想象理性个体会选择那种阻碍社会整体福利提升的制度规则。但问题是,强调追求幸福最大化,这是否意味着以可逆性检验一致有效为原则进行决策的个体会以功利主义的"加总"幸福的最大化作为公平收入分配规则选择的指导原则呢？抑或,罗尔斯意义上的处于原初地位条件下的当事人会期望真实世界具有最大化的平均效用吗？

直观上看,尽管功利主义原则有诸多的支持依据,但其所存在的问题也是显而易见的。毕竟,根据功利主义的最大化原则,社会资源——如这里所关注的收入——的分配都要建立在个体福利与效用的相对比较之上,"我"口袋里面的钱究竟是谁的,是属于"我"还是碰巧从"我"旁边走过的人,这需要看这钱究竟给谁带来的效用更大;"我"欠人家的钱,是否要偿还,这也要比较还与不还这两种选择所带来的福利大小。显然,不管是收入所有权的确定还是债务的偿还,功利原则的运用会与人类观念中的个体权利(如个体对于所获得收入的占有权利以及债权人收回本金和利息的权利)相冲突,这不仅与人类的理性相背离(因为功利主义原则的应用包含这样的风险:你可能正好就是为了他人的较大利益而肆意被牺牲、被剥夺的人)并可能与我们诚实守信的等方面道德直觉相冲突。

特别地,既然最大幸福原则决定分配的依据是个体对于待分配资源的偏好强度,而功利主义原则本身又没有对个体偏好的类型进行限制,在功利主义的规范体系下,"个体的各种自由、一切财产、甚至是生命都要求屈从于他人自私的、不正当的偏好"[1],这又与人类理性的直觉相矛盾。也正因为功利主义存在方方面面的局限,威廉姆斯(Williams)指出:"功利主义的缺陷简直太多了,它肯定会从政治哲学的场景中消失。"[2]而就这里所讨论的问题来说,鉴于功利主义原则潜在的不公正性,作为目标导向的收入分配规则不应该是按照功利原则来构建的规则类型。

在收入分配规则的选择上,如果个体对于收入的占有是依赖于个体对于收入的相对效用评价来确定的,那可以想象:人们创造收入的热情和激励会极大程度地受到遏制,此等收入分配规则往往不会使得福利最大化,甚至可能使得福利

---

[1] 威尔·金里卡.当代政治哲学[M].刘莘,译.上海:上海译文出版社,2015:85.
[2] 同[1]:12.

最小化。与此同时，如果真基于功利原则来为债务的偿还与否提供判别依据，这最终可能会同时损害债务双方的利益。也正因为如此，有关功利主义侵犯个体权利与违背道德直觉的问题，功利主义者可能对此进行辩护。在他们看来，功利主义原则事实上并不会去支持肆意侵犯个体权利等方面的做法和行为。相反，为了实现社会功利的最大化，社会应该禁止肆意分配财富等侵犯个体权利行为，应该倡导诚实守信。

对于上述伦理辩护，首先要承认的是：在法律制度和道德规范的选择上，如果我们理性地考虑到制度与行为的后果，功利主义原则在诸多时候确实会支持诚实守信、会对侵犯他人权利的行为保持克制。历史上，作为人类启蒙思想的重要组成部分，功利原则的价值和意义就在于它有助于维护社会公众的权利：作为革命的思想武器，人们曾利用功利主义的"最大多数人的最大幸福原则"来反对为少数个体所拥有的特权和侵犯公众基本权利的等级制度[1]。

但尽管如此，功利原则及其相应的收入分配规范并不会因此而得以辩护：因为功利主义原则并不能完全杜绝侵犯个体的权利，在某些情况下，它还是会支持侵犯权利与不诚信的行为，比如在权利所有者完全不知情的情况下去侵犯他的权利。特别地，作为一种论证策略，基于不侵犯个体权利来为功利原则进行辩护并不可取。因为，在功利主义的规范价值体系中，功利原则是指导社会制度构建与个体行为选择的最高原则，穆勒就说："接受功利原则（或最大幸福原理）为道德之根本，就需要坚持旨在促进幸福的行为即为'是'、与幸福背道而驰的行为即为'非'这一信条。"[2]现在，如果说功利主义的正当性在于它不侵犯个体的权利，那实际上就意味着功利原则并非最高的原则。

鉴于个体权利等价值对于功利原则合理性、正当性辩护所形成的挑战，为了就功利原则及其收入分配规范做出辩护，功利主义者可能在理论上完全否定个体权利等方面的价值，认为个体权利是没有价值和意义的，对于效用主体而言，某个行为的道德价值就仅仅在于它具有某种能够产生最大功利的属性。就此等辩护而言，如果个体权利等价值确实是没有意义的，有意义的只是功利和效用，那基于侵犯权利来对功利原则及其相应的收入分配规范进行批评就不可取。但问题是，个体权利等价值并非无足轻重的。因为，公平正义原则——不管我们是否以功利原则来对此进行表述——存在的价值和意义恰在于确定个体的权利和

---

[1] 威尔·金里卡. 当代政治哲学[M]. 刘莘, 译. 上海：上海译文出版社, 2015：61.
[2] 约翰·穆勒. 功利主义[M]. 叶建新, 译. 北京：中国社会科学出版社, 2009：11.

义务范围。现在,如果我们完全否定个体权利等方面的价值和意义,那这实际上也就否定了社会正义原则(包括功利主义原则本身)的价值和意义。反过来,如果功利主义者认为公平正义原则是重要的,功利主义就应该对个体权利等方面的价值和意义给予充分的认可。

既然个体权利对于公平正义具有重要的价值和意义,完全否定个体权利来为功利原则进行辩护是不可取的。事实上,在对最大幸福原则进行辩护时,以密尔(穆勒)为代表的功利主义者并没有否定个体权利的价值,而只是认为个体权利是由功利原则来确定的。在《论自由》一书中,密尔(穆勒)就对凡是可以从抽象权利的概念(作为脱离功利而独立的一个东西)引申出来而有利于其论据的各点都一概弃置未用:在一切道德问题上,他最后总是诉诸功利原则[1]。

就功利优先于权利的伦理辩护来说,应该说,它相比前面两种辩护方式——功利不侵犯权利与完全否定权利——有其相对的合理性:一方面,此等辩护只是认为权利需要由功利原则来确定,它并不否定个体权利的价值,这避免否定性辩护——完全否定权利等方面的价值——所引致的否定公平正义原则价值和意义的伦理困境;另一方面,照此辩护,由于没有超越于功利原则之上的权利:个体是否应该具有某种权利,这需要基于权利的配置是否满足功利原则来确定,此时基于侵犯个体权利来批评功利原则就不可取。因为,如果功利原则在价值排序中是高于权利的,基于功利原则所做的制度安排不会侵犯个体的权利,而是在界定和维护个体应得的权利。现在,既然功利原则与个体权利不冲突,功利原则及其相应的收入分配规范似乎就得到了伦理上的辩护。

问题是,个体的权利是否是基于功利原则来确定的呢?或者说,功利原则是否是合理界定个体权利(比如有关收入占有的权利)的恰当公正原则呢?规范性上,尽管功利原则具有诸多良好的性质,但从公平正义的角度看,其局限性也是客观存在的。因为,公平正义问题,从本质上来说,它是一个有关个体关系的问题。而个体关系问题,它首先所面对的是个体自由与个体互助的协调问题。而在个体自由与相互协助关系的处理上,一方面,为了自己的生存和发展,自由而理性的人们必然需要依赖于社会茫茫的大海,依赖于其他个体的帮助和合作,以免自己被自然无情地淘汰,进而,这需要确定一套能够促进彼此协作的、对所有

---

[1] 约翰·密尔.论自由[M].许宝骙,译.北京:商务印书馆,2015:12.

个体都有约束力的社会制度规则[1]。但另一方面，在依赖社会合作的同时，理性的人们也不会希望因互助而被社会无形的锁链所羁绊：在社会制度的架构上，天性上向往自由的人们会给个体留下充分的自由选择空间。现在，如果社会制度的规则（如这里所关注的收入分配规则）是基于功利最大化的原则来确定的，由此所确定的制度规则就没有给个体的自由留下应有的空间。因为，幸福最大化的"加总"意味着：不管其他相关个体的选择和状况如何，社会都要将"我"和"我"的同胞紧密地"捆绑"在一起，使得"我们"如同紧密结合在一起的连体人那样而丧失了应有的自由。

关于功利主义的"加总"原则未能给个体自由留下应有空间的问题，我们可以以一个简化的例子来做出具体的说明。我们考虑一个由甲乙两个人组成的简单社会。为了便于分析和讨论，我们假定：（1）个体甲每年创造的生活资料为100个单位；（2）个体乙的生产状况不确定，有0、20和80这三种可能情形；（3）个体维持其基本生存保障所需要的生活资料为10个单位。现在，对于乙的各种情况，如果乙每年所获得生活资料为0个单位，将甲的部分生活资料转移给乙直观上是有其理由的；如果乙获得的生活资料达到20个单位，尽管有个体还是可能会支持强制的转移方案，但支持的理由及其强度会下降；而如果乙获得的生活资料达到80个单位（这远远超出其基本生活保障所需要的10个单位的水平），理性的个体一般都不会再支持强制性的转移方案。因为，理性的直觉告诉我们，此时，在个体间进行收入的强制转移已经没有什么说得过去的理由了。但是，如果公平正义是由功利主义的最大化原则来表述的，"加总"福利最大化意味着：不管个体乙实际的经济状况如何，公平正义均需要在个体间进行一定程度的收入转移（除非两者收入的边际效用恰好完全相等）[2]。进而，这也就说明，由功利主义原则所确定的收入分配规则没有给个体的自由留下应有的空间：个体的福利状况要受到其他收入状况的肆意支配和影响[3]。

---

[1] 合作对于社会和个体的价值和意义是显而易见的，我们甚至可以说，人类所取得的伟大成就都是社会合作的结果。因为，尽管铅笔已经被人制作出来了，但正如伦纳德·里德所观察到的，可以毫不夸张地讲："地球上没有任何一位个人"知道如何制作一支铅笔（参见约翰·托马西. 市场是公平的[M]. 孙逸凡, 译. 上海：上海社会科学院出版社, 2016:3）。

[2] 如果生活资料多者的边际评价高于生活资料少者的边际评价，理论上甚至还可能要求从生活资料少者向多者进行转移。

[3] 除了规则功利主义，还有行为功利主义，即要求个体基于社会福利的最大化来选择个体的行为。行为功利主义要求个体通过计算自己各种行动对于总效用的效果来决定如何支配自己的时间和资源。在金里卡看来，行为功利主义不仅承担了过多的责任，同时也没有对不同群体的责任做出应有的区分，这与我们有关个体道德义务的直觉相冲突。参见威尔·金里卡. 当代政治哲学[M]. 刘莘, 译. 上海：上海译文出版社, 2015:28, 35—36。

在可能性上,影响个体效用和福利的因素是多种多样的,除了财富收入等物质方面的因素之外,个体的身体健康状况、心理状态、家庭的和谐程度乃至个体所拥有的社会关系网络状况等都会对个体效用与福利产生这样或那样的影响。理论上,如果公平的收入分配规则是由"加总"福利的最大化原则来确定的,公平收入分配规则的确定将会受到所有因素的肆意干扰和影响。对此,我们考虑如下具体问题:A 司机的车不小心碰了 B 司机的车,A 司机应该如何来赔偿 B 司机呢? 假如公平赔偿规则是基于"加总"福利最大化的原则来确定的,而个体的福利又都受到各自的婚姻是否幸福以及从事何种职业等其他因素的影响,公平赔偿方案的确定就需要把此等因素也考虑进去。但直觉告诉我们,将所有影响个体福利的因素都考虑进来是不可取的,这给公正决策增加了不必要的限制和干扰。

其实,也正是因为功利主义未能兼容自由等原则并受到其他不相关因素的肆意干扰和影响,在一般理论层面,功利主义的"加总"幸福最大化原则其实并不是真正意义上的公平正义原则,功利主义基于"功利定义权利"的论证其实也不能为功利原则及其相关的收入分配规则的正当性进行辩护。因为,个体的诸多权利并不应该基于功利原则来确定,反过来,基于功利原则所采取的行为可能是不公正的,可能会因侵犯个体自由等方面的权利而无法通过理性个体的可逆性检验。

当然,指出功利主义"加总"幸福最大化原则的问题,这绝不是说功利主义者对"加总"幸福最大化原则的支持只是一种非理性的盲从。事实上,为了就功利原则的合理性做出辩护,边沁及其追随者曾就功利主义的最大幸福原则的正当性做出了哲学论证。具体有目的论和义务论这两种具有代表性的论证方式:

其一,关于目的论论证,正如罗尔斯后来所总结的那样,其基本逻辑是个体的福利(幸福)最大化原则向社会整体福利(幸福)最大化的"自然"延伸:在功利主义哲学家看来,"正像一个人的幸福是由他在生命的不同时刻所体验到的、构成个人生活的一系列满足所形成的那样,社会的幸福也是由属于它的所有个体欲望体系的满足所构成的。既然个人的原则是要尽可能地提升他自己的幸福,满足他的欲望体系,同样,社会的原则也是要尽可能地提升群体的福利,最大程度地实现包括它所有成员的总的欲望体系"[1]。

---

[1] J. Rawls. A Theory of Justice[M]. Cambridge: The Belknap Press of Harvard University Press, 1971: 23-24.

其二,关于义务论的哲学论证,金里卡在其著作中归纳指出,它是立足于"人的平等"这一规范性原则之上的。至于论证的逻辑,概括起来主要有三点:(1)人是重要的,并且每个人都同等的重要;(2)应该同等程度地对待每个人的利益;(3)道德上正当的行为将使个体"加总"效用最大化[1]。

现在,既然我们指出了功利主义原则及其所衍生出的公平收入分配规范的伦理局限性,那功利主义者就功利原则所做论证的问题又何在呢?逻辑上,既然功利主义原则有其支持的依据和理由,如果我们不支持功利主义原则及其所推演的收入分配规范,理论上就有必要探究功利主义原则论证所存在的问题:无法否定其立论的哲学论证是不充分的。

关于功利主义原则及其所推演的收入分配规范的具体问题,应该说,一旦我们认识到功利主义原则未能给予个体应有自由的伦理局限性,我们就会发现功利主义哲学论证的问题所在,因为此等论证的缺陷恰正与它未能恰当地处理个体自由问题有关:不管是目的论论证还是义务论论证,它们都未能认真关注罗尔斯所说的"人的分开性(the separateness of person)"问题[2]而使得功利主义原则未能给个体自由留下应有的空间。其一,目的论论证基于个体幸福的最大化只能推导出帕累托最优意义上的幸福最大化,而并不能推出"加总"幸福的最大化,而功利主义原则的问题恰正是"加总"方面的。其二,义务论论证所依赖的"人的平等"并不等于赋予个体效用相同的权重并以此为基础来就个体效用进行"加总",而可能是反对任何形式的人际"加总"的个体追求自我幸福、个人收入与福利的自由。

值得强调和提出的是,未能给个体自由留下应有空间的问题,这不是功利主义原则所独有的,罗尔斯主义的正义原则存在同样的问题。当然,罗尔斯主义就个体目标进行"加总"的方式与功利主义有一定的差异:一方面,是就个体目标进行"加总"时所赋予给各个体目标的权重系数的差异;另一方面,也是这里要重点强调的一方面,是"加总"个体目标的限定条件及其前提。与功利主义基于单一的全涉性原则(Single overall principle)来就正义原则做出统一表述不同,罗尔斯主义的正义原则是按词典次序排列的多数原则(Plurality of principles in lexical order):差别原则只是罗尔斯正义论的第二原则,而第二原则的应用要以

---

[1] 威尔·金里卡.当代政治哲学[M].刘莘,译.上海:上海译文出版社,2015:43.
[2] 杨通进.译者前言[M]//约翰·罗尔斯.政治哲学史讲义.杨通进,等译.北京:中国社会科学出版社,2011.

第一原则——每个人对与其他人所拥有的最广泛的基本自由体系相容的类似自由体系都应有一种平等的权利——的应用为基础。这里,作为第一正义原则的平等自由原则对个体的自由——包括政治上的自由(选举和被选举担任公职的权利)、言论和集会的自由、良心的自由、思想自由、依法不受任意逮捕的自由以及保障个体财产不受侵犯的自由等多个方面——给予了尊重和保护。而罗尔斯对自由的强调与尊重(将平等自由原则置于差别原则之前)似乎表明他业已给个体的自由留下了应有的空间。但情况并非如此简单,因为,其一,罗尔斯的平等自由原则针对的是政治领域的,而并不关乎这里所讨论的收入分配问题(罗尔斯将收入分配问题归为经济问题);其二,即便我们将自由原则作为收入公平分配的一个前提,还是存在问题。毕竟,罗尔斯的差别原则是在自由原则得以应用的基础上实施的,这其实意味着:在整体意义上,罗尔斯主义所支持的社会结构是基于"加总"的差别原则来架构的。进而,与功利主义原则一样,罗尔斯的正义原则依旧没有给个体自由留下应有的空间。这一点至少在收入分配领域方面是如此。

与这里从伦理正当性角度就功利主义原则所涉及的个体福利"加总"问题做出批判不同,以罗宾斯(Robbins)、希克斯(Hicks)、卡尔多(Kaldor)和西托夫斯基(Scitovsky)为代表的经济学家就功利主义原则所给出的批评主要是技术操作方面的。在他们看来,鉴于个体效用不可度量且人际不可比,功利主义基于个体效用来确定收入分配在技术上不可行。比如罗宾斯,他对旧福利经济学建立在收入边际效用相等与递减基础上的收入均等化理论进行了质疑。在他看来,由于没有办法比较不同人之间的效用,边际效用递减法则并不能证明将富人的收入转移给穷人会增加总的效用[1]。

后来,在福利经济学的发展进程中,也正是因为经济学家认为人际效用不可比所引致的"加总"个体效用存在技术上的困难,隐含于社会福利最大化假设下的个体效用可比性假设被抛弃了,新的社会福利函数出现了,这样的福利函数反映了某些特定的价值并试图通过投票的方法将个体的偏好汇总成集体的决策偏好,[2]但其达成一致函数的可能性受到了人们的质疑。阿罗的"不可能性定理"就表明:在社会规则集合内,要找到同时满足帕累托公设、非独裁

---

[1] 莱昂内尔·罗宾斯.经济科学的性质和意义[M].朱泱,译.北京:商务印书馆,2001:113—115.
[2] A. Bergson. A Reformulation of Certain Aspects of Welfare Economics[J]. The Quarterly Journal of Economics, 1938, 52(2): 310-334.

公设、无关备选对象的独立性公设、传递性公设与非限制域公设的规则是不可能的。[1]

毋庸置疑,作为一种社会价值原则,技术上是否可以操作,这是我们必须要加以考虑的一个方面。对罗尔斯来说,尽管他批评功利主义未能认真对待"人的分开性"问题,但他更关注的其实也是"功利的比较如何可能"的问题。[2]但是,功利主义的问题主要不是技术操作方面的,而是伦理正当性方面的。因为,个体效用难以度量与人际效用可比性等问题尽管客观存在,但如果"加总"在伦理上是可取的,相关的技术性问题理论上还是有一些可以解决的办法:正如世界上的不同的物质可以通过一定的"等量物"而就其质量进行度量、比较和加总那样,理论上也可以采用某种"通用价值货币"来对不同个体的效用进行度量并进行加总。[3]

特别地,如果我们坚持了可逆性检验有效的公平正义原则,我们甚至不需要就不同个体的效用进行"加总":我们只需要就"我"自己所处不同"状态"的效用进行"加总"就可以了。具体来说,如果收入分配规则是基于可逆性检验有效的方法来确定的,此时需要"加总"的并不是不同个体的效用,而是同一个体在不同身份状态下的效用水平:如果"我"可以处于两种不同的状态,"我"会把不同状态下的"我"的状况加总起来进行决策,正如经济学的跨时期决策模型可以将不同时点上的"我"统一起来进行最优决策那样。现在,如果"我"和"你"基于换位思考而所采取的决策最后是一样的,那么,按照功利主义的逻辑,由此所确定的分配规则就是公正的,而人与人之间效用不可比的问题就完全得以绕开了。

实际上,正因为功利原则可以就不同状态下的"我"进行"加总",作为分配结果得以确定的一种可能方式,在特定的范围和领域,社会资源就是以功利原则为依据来进行分配的,至少相关的分配方式我们可以从此等角度来加以解释。比如,公共交通上给特殊乘客——老、弱、病、残、孕及抱小孩的乘客——设置特殊的座位的问题,就可以被认为是基于功利主义的原则来进行分配的。在基于换位思考来确定分配规则时,"我"会同时考虑到"我"是一般乘客与特殊乘客两种

---

[1] 肯尼思·约瑟夫·阿罗.社会选择:个性与多准则[M].钱晓敏,等译.北京:首都经济贸易大学出版社,2000.

[2] 杨通进.译者前言[M]//约翰·罗尔斯.政治哲学史讲义[M].杨通进,等译.北京:中国社会科学出版社,2011.

[3] 参见迈克尔·桑德尔.公正:该如何做是好?[M].朱慧玲,译.北京:中信出版社,2012:45—53.

可能的身份类型。"我"所要解决的问题是：位置如何在两种身份的个体间进行配置而使得"我"实现福利最大化。考虑到老人等特殊乘客对于座位的评价要高于一般的乘客，理性的"我"于是就选择给特殊群体设置特殊座位的规则。类似地，在城市道路的使用上，给救护车、警车等让道的规则也可以从福利的角度来解释[1]。鉴于此，公平的收入分配规则之所以不是以功利主义最大化为基本原则的规则，主要原因是伦理方面的而不是与个体效用不可度量和人与人之间效用不可比有关的技术方面的。

规范性上，鉴于功利主义原则的主要问题在于其目标"加总"限定了个体的自由，如果我们要彻底摆脱功利主义的伦理困境，在一般理论层面，公平正义的表述及其所推演的收入分配规范就必须要与个体目标"加总"的最大化原则分道扬镳，否则，我们就公平正义原则及其具体规则所做的探索就不可能取得彻底的成功。在此方面，针对功利主义侵犯个体权利的伦理局限，金里卡曾试图在功利主义的框架内加以解决。在就功利主义可能支持不偿还债务的违约行为问题进行讨论时，金里卡指出："说我应该还钱只是意味着……我有更大的义务去增进债权人的福利。我们应该还钱并不意味着我们不应该关心还钱行为可能导致的利害得失，而只是意味着某种特殊的利益具有特殊的分量。"[2]但问题是，债权人的利益为何相比债务人的利益更特殊、更重要？在考虑了相关利益的轻重以后，债务人选择还钱与否最终是否还是需要服从功利主义的最大化计算呢？个体行为选择的正当性是否还是由"加总"功利最大化原则来检验和判断的呢？理论上，只要我们依旧基于功利主义的最大化原则来就相关问题做出裁决，那不管我们赋予各种利益的权重如何，我们就不可能彻底摆脱功利主义未能给个体自由留下空间的伦理局限。

相比而言，在收入分配伦理规范的理解上，一旦我们坚持了可逆性检验一致有效意义上的公平正义原则，功利主义的问题就能得以避免：一方面，在伦理原则层面，可逆性检验一致有效意义上的公平正义会拒绝在整体层面进行个体效用的"加总"而给个体自由以充分的空间，比如，将自由选择、自我负责作为公平分配规则的一部分。另一方面，在方法论层面，由于此时判别规则公平与否的结果是"关联结构"意义上的而非单纯的分配结果，就结果进行"加总"在技术上是

---

[1] 当然，此时所采纳的功利原则相比于功利主义所支持的原则存在很大的不同：一方面，是功利主义原则的适用范围，它并不针对所有的分配问题；另一方面，是功利主义原则的表达方式，它不是特殊社会结构下具体人的偏好组合，而是一般人的偏好"加总"。

[2] 威尔·金里卡.当代政治哲学[M].刘莘,译.上海：上海译文出版社,2015:30.

不可行的,这同样会给个体的自由留下应有的空间:其一,在对某些"关联"结果进行评价时,我们不需要将个体的状况汇总在一起来决策,而是可以将个体自由作为一种可能的规则而纳入其中。其二,既然结果是分开来检验的,这能够克服不相关因素对于公平分配规则选择的影响,只要我们在确定规则时理性地将不相关的因素撇开。

三、均等抑或使人平等

理论上,公平、正义与平等是经常联系在一起的。罗纳德·德沃金、阿马蒂亚·森和G. A.科恩等论者在很大程度上就将正义与平等视为同一种价值,至少就分配正义问题是如此[1]。对此,金里卡评价指出:"根据德沃金的看法,任何一种看似合理的政治理论都分享着同一种终极价值——平等。这些看似合理的不同类型的政治理论都是'平等主义'理论。"[2]至于究竟应该如何来理解平等,在政治哲学领域,除了平等待人意义上的平等,还有另外一种与之相关但又存在很大不同的平等观念:使人平等(making people equal)。与可逆性检验一致有效意义上的平等待人强调作为主体的"人"的平等不同,使人平等意义上的公平、正义和(或)平等所强调的是作为客体的"物"的均等:将公平正义理解为个体所占有的客体"物"——如各种待分配的资源——在人与人之间的均等性与(或)同一性,如机会均等、结果均等与起点相同等。在基本的价值理念与原则层面,如果公平正义被理解为个体占有均等意义上的使人平等,那作为收入分配目标导向的伦理规范就是个体占有均等意义上的、使人平等的收入分配规则类型。

鉴于公平正义所强调的"人"的平等不是虚幻的、超现实的,它必然与利益——物质的或(和)精神的——的分配有关,使人平等对于"物"的强调没有问题[3]。与此同时,在某些场合,对于某些资源,公平分配也确实要求我们做到

---

[1] 戴维·米勒.社会正义原则[M].应奇,译.南京:江苏人民出版社,2001:257.
[2] 威尔·金里卡.当代政治哲学[M].刘莘,译.上海:上海译文出版社,2015:4.
[3] 公平正义必须以利益的分配为基础,不存在独立于利益之外的虚幻的公平正义。也正因为如此,真正意义上的公平与正义和《孟子·梁惠王章句下》所认为的"王何必曰利?亦有仁义而已矣"以及董仲舒所提倡的"正其谊(义)不谋其利,明其道不计其功"之类的、将义与利完全对立的观点不同,甚至同《荀子·大略》所理解的"义与利者,人之所两有也"等将义与利相并列的观点也存在差异,而和《墨子·经上》所认同的"义,利也"、《国语·周语下》所提及的"言必及利"及清初颜元所倡导的"正其谊以谋其利,明其道而计其功"等视义与利相融合的观点相通。或者说,义利对立观与并列观所理解的义是有局限的,公平正义必然是利益分配方面的公平正义。参见曾军平.利益分配的平等待人——关于公平原则的一个理论注解[J].上海财经大学学报,2006(6).

均等(因为每一个体都是"人")。至于需要均等分配的具体情形,米勒曾对此做出了总结,他将其概括为以下三种基本类型[1]。

其一,没有人能对待分配利益的全部或部分提出任何特定要求的情形(米勒称之为"来自天堂的吗哪"的情形)。由于相关的个体对于待分配的资源都没有特殊的所有权,公平分配就是平均主义的分配。在此方面,对于自然等外部资源的占有,阿瑟认为平等主义的检验标准才是恰当的检验标准。他认为,平等分配是唯一合乎情理的决策:"如果考虑这样一个事实:(每个人)都有资格像他人那样获取资源。他并不是生下来就应该得到世间财富的较小份额,也没有任何人生来就有资格获得大于平均水准的份额。"[2]

其二,缺少证据或计算技能以寻求绝对公正解决办法的情形,比如集体合作中没有可靠的方法得知合作者各自贡献的情况。由于个体的贡献与需要的标准不能确定,平等分配最合适。

其三,凭着其成员资格而有权利得到平等对待的情形。因为,在某些社会团体中,承认某人作为成员而仍然否认她具有其他成员所具有的利益的同等份额就是待她不公。如政治社群中的成员资格——公民。作为公民,他们能够在一个广阔的区域中正当地要求平等待遇——平等的法律保护、平等的选举权、对福利国家利益的平等权利等等。在此方面,詹姆斯·托宾认为选举权与战争期间的食品等特殊商品应该平均分配[3]。

理论上,既然均等是公平正义的内在要求,那不管需要均等分配的具体类型如何,使人平等意义上的收入分配规范是有其合理性的。反过来,反平等主义者所持有的正义与均等这两个概念必须保持彻底独立的观点并不可取。

然而,尽管公平正义是通过"物"的分配来实现的,而公平正义的分配在诸多场合也包含了个体均等占有的诉求,但在一般原则上,公平正义并不能被定义为使人平等意义上的均等。相应地,在一般理论层面,作为伦理判准的公平收入分配规则也并非那种使人平等意义上的规则类型。因为,在社会范围内,可供分配的资源是多方面的,从某种意义上来说是无限维度的。在此情况下,即便是要讲分配均等,我们起先至少要明确均等的对象是什么。如果只是笼统地讲平等、均等,这会引起概念上的混乱乃至误导。毕竟,不同的均等彼此可能是冲突的:A

---

[1] 参见戴维·米勒. 社会正义原则[M]. 应奇,译. 南京:江苏人民出版社,2001:264.
[2] 转引自威尔·金里卡. 当代政治哲学[M]. 刘莘,译. 上海:上海译文出版社,2015:154.
[3] J. Tobin. On Limiting the Domain of Inequality[J]. Journal of Law and Economics,1970,13(2):263-277.

方面的均等可能会引致或要求 B 方面的不均等。

就这里所讨论的收入分配问题来说,从"关联结构"的角度来考察,收入分配公平不仅可以是收入分配结果的均等,同时也可以是"生产"收入的要素投入的均等,甚至还可以是收入所引致的福利分配方面的均等。其中,在生产要素方面,均等所能涉及的因素其实也是多方面的,它不仅可以是社会机会和个体先天的禀赋,同时还可以是自然资源。在待分配因素客观多元的情况下,即便公平就是均等,有意义的公平正义表述首先需要明确是何种对象、何种意义上的均等。毕竟,在决定因素 x 均等的条件下,受个体偏好与行为选择等因素的影响,不同个体的收入 y 依旧可能是不同的。与此同时,即便个体的收入是均等的,但由于个体偏好等方面的不同,个体的福利往往也是有差异的。既然不同方面的均等可能会相互冲突,即便公平需要做到均等,首先也要求我们明确所要的均等究竟为何物?笼统地讲均等会因均等对象的不明确而失去其价值和意义。

对于使人平等意义上的公平正义原则所存在的均等对象的模糊性、不明确问题,均等主义者可能会争辩说,尽管在一般理论层面,使人平等原则的概念不清晰,但就收入分配这一特定的问题而言,使人平等的均等概念是明确的,它就是主流经济理论分析所暗指的收入分配的均等。在主流的经济理论分析中,当人们普遍以基尼系数、相对差异系数、泰尔指数、极差等就收入分配的公平性做出判别时,为经济学家所认可的就是收入均等意义上的公平分配标准。

对于此等回应,我们首先要指出的是:在讨论收入公平分配问题时,尽管我们可以将均等理解为收入的均等,但均等含义不明确的情况在相关的讨论中还是存在的。比如平等二元论之说。基于均等强弱的程度来划分,姚大志曾将平等分为强弱两种不同的类型:"在强的意义上,每个人在财富、机会和资源的分配中享有平等的一份;在弱的意义上,每个人在财富、机会和资源的分配中享有平等的资格。"[1]可以发现,上述有关平等的表述就存在模糊之处:一是平等资格内涵的模糊性:究竟何谓资格的平等? 二是强平等与弱平等指向的不明确性:我们所追求的平等究竟是强的平等还是弱的平等? 三是各种类型平等所指对象的含糊性:对于财富、机会、资源和资格等多方面的平等,它们究竟应该是哪一类型的平等?

其次,即便我们明确将收入分配公平理解为收入占有的均等,均等主义的收入分配规范依旧不可取:均等分配意义上的公平在诸多时候并不公平。因为,如

---

[1] 姚大志.分配正义:从弱势群体的观点看[J].哲学研究,2011(3).

果我们认为公平正义意味着个体占有收入的均等,那这实际上就意味着:人头是决定收入分配结果的唯一的变量而完全不用考虑个体的贡献与努力等因素。而完全按人头而不考虑贡献与努力的分配方式显然是不公平的。在此方面,亚里士多德曾指出:"要是投资一米那的人,和那个投资其他九十九米那的人,平等享用一百米那的本利,这才真正是不合正义(不平等)了。"[1]事实上,也正是因为使人平等的不公平问题,当均等主义者认为"正义的分配是平等主义的分配,不平等的分配不能看作是正义的"[2]而将公平正义与使人平等意义上的均等、平等相等同时,这其实是对公平正义的误解。

事实上,也正是因为均等分配的不公平性,使人平等意义上的公平正义观遭到了诸多政治哲学家的质疑和(或)批评。其一,是对在平等与公平正义间画等号的做法表示质疑。在此方面,戴维·米勒就认为:"也许,除了少数'浅薄的新尼采主义者'之外,每个人都是支持正义的。相反,平等似乎只得到政治狂信者们和哲学家们的无保留的信奉。"[3]而人们对待平等与正义的不同态度也促使米勒把这两种理想合而为一或把一种包含在另一种之中之前稍作踌躇。其二,是对均等主义分配公正性的否定。对此,就罗纳德·德沃金而言,尽管他支持平等,但他明确指出:"绝对而无差别的平等,不但是一个软弱无力的或容易被其他价值压倒的政治价值,它根本就没有价值:用勤快人的成果去奖励那些能够工作却选择了游手好闲的人,这样的世界根本不值一提。"[4]相似地,对于威尔·金里卡来说,尽管他认为公平意味着平等,但他明确指出:"假如'平等主义理论'是指平均分配收入,这种看法就肯定是错。"[5]既然公平的收入分配并非使人平等的均等分配,使人平等意义上的、收入占有均等的分配规则并非作为目标导向与规范判准的公平收入分配规则。

尽管如此,由于认为正义与平等具有同一的价值,有诸多论者——至少认为分配正义是如此的那些人——依旧坚信公平是与平等和(或)均等是紧密联系在一起的。在他们看来,由于各种理论都分享着"平等主义的共识(egalitarian

---

[1] 亚里士多德.政治学[M].吴寿彭,译.北京:商务印书馆,1997:137.
[2] 有意思的是,尽管均等主义者将公平理解为分配均等,但他们又反对以"拉平"的方式来解决贫富差距的问题。参见段忠桥.关于分配正义的三个问题——与姚大志教授商榷[J].中国人民大学学报,2012(1).
[3] 戴维·米勒.社会正义原则[M].应奇,译.南京:江苏人民出版社,2001:258.
[4] 罗纳德·德沃金.至上的美德——平等的理论与实践[M].冯克利,译.南京:江苏人民出版社,2012:2.
[5] 威尔·金里卡.当代政治哲学[M].刘莘,译.上海:上海译文出版社,2015:4.

plateau)",公平正义理论的工作不是去否定平等、均等,而是试图去确定何种意义上的平等、均等相比更好,"这一点可以由'平等主义的正义'这一词组在德沃金、森、科亨和其他人的晚近著作中的流行得到说明"[1]。进而,在此意义上,公平正义理论研究的任务主要是确定需要平等的类型和(或)均等的对象。比如,公平分配所需要的平等究竟是左派人士所强调的收入和财富的均等,还是右派人士所强调的劳动和财产的平等?

然而,尽管各种公平正义理论均共享着"平等主义的共识",但如果作为共识的平等是个体占有物的均等,那不管平等所涉及的具体对象是什么,基于平等来对公平正义所做的理论表述不可能取得彻底的成功。因为,整体而论,人是共性和个性的现实统一,人与人之间的共性和个性使得完整的公平正义应该是同一性的公平正义原则(相同的人应得到相同对待)与差异性的公平正义原则(指不同的人应得到不同的对待)的有机统一[2]。在此情况下,撇开同一性原则所要求的均等类型问题不谈,只要我们认为差异性原则本身也是公平正义的一部分,那单一的均等就不可能对公平正义做出完整的表述。因为,差异性的公平正义原则要求在分配上有所差异而不是个体占有上的均等:如果此时以均等来定义公平正义,那其实质是不公平、不正义。另外,差异性原则有多种可能的实现形式,究竟何种程度、何种形式的差异才是公平正义的?均等原则也无法对此做出回答。既然基于其他方面的均等(相对于收入分配均等)来理解公平正义也存在局限,公平的收入分配也不是那种在其他某方面实现均等的分配规则类型。

由于只考虑了同一性的公平正义而未能兼顾差异性的公平正义,使人平等意义上的收入分配规则未能就作为伦理规范的收入公平分配规则做出恰当的理论表述。与此不同,可逆性检验一致有效意义上的平等待人的公平分配规范则能够将同一性的公平正义与差异性的公平正义有机地统一起来。因为,首先一点,平等待人意义上的公平分配规则同时包含分配的均等和差异:在有的时候平等待人要求均等分配(因为我们都是处于平等地位的人),而在其他的时候和方面,由于人是有差异的,理性个体在基于换位思考来进行利益裁决时,他所选择的分配方式又会遵循必要的差异性原则,即可逆性检验一致有效意义上的平等待人此时会保持分配的差异性而不需要均等。

与此不同,均等主义则认为只有平等分配才是平等待人的。在此类观点的

---

[1] 戴维·米勒.社会正义原则[M].应奇,译.南京:江苏人民出版社,2001:257.
[2] 易小明.论差异性正义与同一性正义[J].哲学研究,2006(8).

持有者看来,公平要求每个人都应得到平等的对待,所以人们希望在财富、机会和资源等方面的分配中得到大体平等的份额:"一方面,每个人作为人类的一员是平等的,就此而言,平等是人的一种道德权利。另一方面,每一位公民在政治上都是平等的,在社会上都占有平等地位,就此而言,平等是一种法律权利。"[1]但事实上,基于"每个人应得到平等对待"而推导出分配均等存在逻辑局限性。因为,人类理性的直觉告诉我们,在诸多时候,均等分配其实并不公平,平等对待每一个人所要求的不是均等分配而是差别对待。

在同时包含同一性公平与差异性公平的基础上,可逆性检验一致有效的平等待人其实还能将两原则有机协调起来并就原则所涉及的更进一步的问题做出具体表述:在两原则的选择及其具体应用上,究竟是采用同一性原则还是差异性的原则?如果是差异性原则,又是何种程度的差异性?对于此等问题,由于未能以可逆性检验一致有效来定义公平正义,即便是同时强调同一性与差异性两原则的二元论观点[2]也未能很好地对此做出理论的回答:其一,在两原则的选择上,既然同一性的公平正义与差异性的公平正义同属公平正义的组成部分,那我们在何种情况下该采用同一性原则?而在何种情况下应该采用差异性原则?二元论观点缺乏一个更高的原则来对两者进行选择和协调。其二,在两原则的具体实现方面,正如世界上没有两片完全相同的树叶那样,人与人从整体上来说都是不同的。在个体有差异性的情况下,同一性的正义具体又是何种同一性的正义呢?是抽象的"人"还是具体的某个依据或因素呢?二元论论者并没有对此给出明确的说明。而对于差异性的正义,既然强调的是差异性,那差异性又是何种程度和方式的差异性?相关的理论同样未能对此给出更进一步的表述。

与二元论观点存在不同,当我们采用平等待人意义上的公平正义原则来就收入分配等方面的规则进行选择时,由于此时的公平分配规则需要基于利益主体的可逆性检验来决定,相关问题就会得以化解和避免。因为,不管是同一性原则与差异性原则的选择问题,还是更进一步的具体表述问题,这都可以基于理性个体的可逆性检验来确定。由于同时兼顾了同一性的公平正义与差异性的公平正义,相比使人平等的收入分配规范,可逆性检验一致有效意义上的平等待人的

---

[1] 参见姚大志.分配正义:从弱势群体的观点看[J].《哲学研究》,2011(3).由于对分配均等的辩护是基于平等对待每一个人基础上的,此等公正观同样支持平等待人的公正原则。但是,由于它们所理解的平等待人是个体占有上的均等,这里将其归为使人平等意义上的公正观,以同可逆性检验一致有效意义上的公正观相区分。

[2] 易小明.论差异性正义与同一性正义[J].哲学研究,2006(8).

公平收入分配规则更能对收入分配伦理规范做出一般理论表述。

自由和平等的关系问题是社会价值观念中分歧最严重的问题之一,并往往依此而被划分为左派和右派:左派相信平等而右派相信自由。对于此等冲突,有人认为这是根本价值观方面的分歧,它无法通过理性的途径来获得解决:理论上并不存在双方可以共同诉求的更高的价值或前提,任何一方都无法论证平等高于自由抑或是自由高于平等[1]。

但事实上,平等与自由之间的冲突在很大程度上与人们基于使人平等来理解公平与平等有关:如果平等是使人平等意义上的均等,平等和自由之间的冲突确实不可避免,这一点至少是在相当大的范围内是如此。与功利主义等原则所具有的"捆绑"性相似,使人平等意义上的均等在诸多时候没有给个体自由留下应有的空间。相反,如果公平是平等待人意义上的平等,自由与平等是彼此兼容的。

在此方面,哈耶克曾明确指出:"在这个世界上,平等地对待人(treating people equally)与试图使他们变得平等(attempting to make people equal)这两者之间始终存在着重大的区别。前者是一个自由社会的前提条件,而后者则像托克维尔所描述的那样意味着'一种新的奴役形式'(a new form of servitude)。"[2]至于平等待人兼容自由的理论逻辑,这在于:基于可逆性检验一致有效来进行社会决策的理性个体会给个体以自由的空间而不会去选择将社会个体完全"捆绑"在一起的社会制度结构。

与哈耶克一样,罗尔斯与德沃金等学者也试图兼容平等和自由。但与哈耶克将平等和自由这两个范畴并列起来有所不同,罗尔斯与德沃金等学者则试图基于平等来推导自由。与那种将自由和平等绝对等对立起来的观点不同,罗尔斯与德沃金等论者在一定程度上将自由视为平等的内在组成部分:"他们的理论允许某些会产生不平等的经济自由,并不是因为他们相信自由而反对平等。相反,他们相信,更一般的平等理念本身就要求这些经济自由。"[3]

然而,尽管有关平等待人和自由的兼容原理(相伴随的是使人平等与自由的冲突原理),它业已被哈耶克所明确阐述了,而罗尔斯与德沃金甚至已经就基于平等而推导和支持自由做了很好的理论尝试。但平等和自由的关系问题并未得

---

[1] 威尔·金里卡.当代政治哲学[M].刘莘,译.上海:上海译文出版社,2015:2—3.
[2] 弗里德里希·冯·哈耶克.个人主义与经济秩序[M].邓正来,译.北京:生活·读书·新知三联书店,2003:22.
[3] 同[1]:115.

到彻底解决。就哈耶克来说,尽管他已经清楚地意识到平等待人、使人平等同自由和奴役之间的对应关系,但他所表述的平等待人并不是可逆性检验一致有效意义上的公平正义,而只是规则上的一视同仁。由于一视同仁的规则实质上还是可能无法经得起可逆性检验,平等和自由之间的冲突依旧未能得以根本解决。

而就罗尔斯与德沃金等论者来说,当他们基于平等而推导自由时,作为理论原点的"更一般的平等理念"究竟是何种意义上的平等观念呢?此等平等究竟是强调个体占有物均等的使人平等,还是以人格身份平等来表述的利益分配的平等待人呢?对此,罗尔斯与德沃金的理论并没有对此做出明确的区分。在此情况下,基于平等来推导自由就难免会存在前提不明确而引致的理论混乱问题:平等和自由的兼容关系难免会受到使人平等的干扰和影响。

另外,针对平等与自由之间的冲突,功利主义也曾试图对此加以化解:早期的福利国家在很大程度上就是平等和自由这两种相互竞争理想的妥协物和混合物。与右翼的自由至上主义者因为相信自由就支持自由市场不同,同时,也和左翼的均等主义因为相信平等而支持国家分配存在差异,居中的自由主义者则支持福利国家,因为福利国家正是平等和自由的结合:"一方面,是资本主义的自由和不平等;另一方面,是各种平等主义的福利政策。"[1]在这里,早期福利国家对于自由和平等之间的冲突是由功利主义所认可的更高原则——社会福利原则——来进行协调的。

问题是,如果福利国家所理解的平等还是使人平等,自由和平等的冲突依旧不可避免:一方面,收入占有上的均等不可避免地会影响到个体的自由;另一方面,个体的自由选择不可避免地会引致个体收入占有上的不均等。至于功利主义原则,鉴于其本身所存在的未能给个体自由留下应有空间的问题,就自由和平等进行妥协的结果依旧是否定个体的自由:一旦自由进入了功利主义"加总"的最大化计算,个体的自由在很大程度上就不复存在。与此不同,由于坚持了平等待人的公平正义理念,同时也是因为进一步以可逆性检验一致有效来就平等待人做出理论诠释,自由和平等的冲突问题迎刃而解:如果我们基于平等待人而不是使人平等来理解平等,强调个体独立性的自由原则可以基于平等待人原则而推导出来[2]。

---

[1] 威尔·金里卡.当代政治哲学[M].刘莘,译.上海:上海译文出版社,2015:115.
[2] 不单单自由原则是如此,对自由的限制原则——克服人们因为非选择境况而遭受的不公平对待——也是基于平等待人原则而得到的。

四、帕累托原则

在公平正义原则的讨论中,有论者在一定意义上将公平正义与经济学的帕累托原则联系在一起,以帕累托改进(Pareto improvement)来理解公平正义,比如洛克就圈地运动所做的伦理辩护。历史上,为了就17世纪英格兰的圈地运动进行辩护,洛克曾试图回答:对于最初无人占有的世界,人们如何可以拥有充分的所有权?洛克认为:我们有资格占用一些外部世界——土地和一切低等动物等——的条件是我们将"足够的和同样好"的东西留给其他人[1](第一条件)。在他看来,在土地资源充裕的情况下,吻合此等标准的占用行为就没有侵犯他人的平等,因为此等土地占用行为符合了帕累托改进的规范要求:土地占用者的福利得以提升而他人的福利则没有因此而下降。毕竟,在土地不稀缺的社会中,其他人也可以凭借自己的劳动去占用他们自己所向往的土地。

当然,在现实性上,土地等资源往往是稀缺的,绝大多数的占用行为其实都没有且难以给他人留下"足够多和同样好"的资源[2],而洛克自己其实也清楚地意识到:17世纪的圈地者并没有给其他的人留下"足够多和同样好"的土地。鉴于此,洛克进一步辩护说:如果圈地运动使大家的利益保持不变甚或是更好,对土地的占用也是可接受的(第二条件)。特别地,洛克相信:由于现代经济学所描述的"公地悲剧"问题——土地共有产权下资源配置的低效率——的存在,圈地运动有可能使得包括无地者在内的所有人的日子比以前更加好:一方面,共有产权使得公共土地资源的配置效率很低,而圈地运动将土地私有化能够使得公地免遭毁灭,它可以促进对土地的生产性投入而提升资源配置的效率水平;另一方面,对于没有土地可圈的人,他们虽然失去了进入公地的权利,但由于他们过去并没有从公地中得到多少,而在土地私有化后,"他们有可能得到新土地所有者所提供的、在被圈土地内工作的机会,他们进而可以用自己的工资购买更多的以前闻所未闻的物品"[3]。既然所有个体的福利都得以提升,洛克就认为占有

---

[1] 约翰·洛克.政府论(下篇)——论政府的真正起源、范围和目的[M].叶启芳,等译.北京:商务印书馆,1996:19,22.

[2] 在资源相对稀缺的条件下,个体占用对其他人的影响可能不是一时性的,而是多个个体行动不断累积的结果:不同个体对资源的"连续"占有使得后来者不再具有"足够多和同样好"的资源。相关的分析请参见罗伯特·诺奇克.无政府、国家和乌托邦[M].姚大志,译.北京:商务印书馆,2008:210.

[3] 威尔·金里卡.当代政治哲学[M].刘莘,译.上海:上海译文出版社,2015:146—147.

公地的圈地行为是正当的。

后来,借鉴了约翰·洛克所给出的资源获取条件,诺奇克论证说,个体占用外部资源的正当性条件应以不使别人的处境变坏为限制性前提(诺奇克称之为"洛克式的限制条款"):"如果不再能够自由使用那些被占用事物的人们的境况因为占用而恶化,通常占用事先无主物并进而拥有永久的可继承财产权的过程就不被允许。"[1]但如果不变坏条件满足,那占用就合理。进一步,施密特甚至认为:"圈占公地不仅应该被允许,它反而是一种道德义务。"[2]由于以不降低其他个体的境况作为个体占有土地等自然无主物的充要条件,诺奇克有关资源占有的洛克式限制条件其实也是将资源的正当占有与经济学领域中的帕累托改进原则联系在一起。现在,既然以帕累托改进是否存在作为占用行为合理与否的标准,这似乎就意味着:公平合理的收入分配规则就是保障和维护帕累托改进的规则类型。

由于公平正义的核心理念是人的平等,强调帕累托改进原则在公平收入分配制度与政策选择中的作用完全是必要的:一方面,鉴于改善自己的生活状况是人的本性和基本要求,公平的收入分配规则在原则上不应该明确限定和禁止有利于帕累托改进的做法和行为。另一方面,在个体权利范围得以合理界定的范围内,可逆性检验一致有效意义上的制度架构在原则上应该保障给定制度规则下的社会活动不降低每一个体应有的福利水平。毕竟,作为一个个有着各自诉求的理性个体,没有人愿意因参与社会经济活动而使得自己应有的福利受到无端的损害。

事实上,也正是鉴于"帕累托改进"对于公平正义所具有的含义,当姚大志将"希望自己的福利能够得到不断改善"作为分配正义的一部分时[3],这是有其合理性的。相反,段忠桥明确将帕累托改进原则排除在公平正义之外,认为"公平分配只涉及如何在人们中间分配财富、机会和资源,而不涉及人们在福利上得到不断改善"的批评观点[4]则有其局限性。毕竟,福利是否改善本身不是一个简单的资源配置问题,它同时其实也关乎利益的公平分配:个体福利是否改善以及改善的水平直接关系到个体在社会合作体系中所得到的具体的利益分配份额。

---

[1] R. Nozick. Anarchy, State, and Utopia[M]. New York: Basic Books, 1974: 178.
[2] 转引自威尔·金里卡.当代政治哲学[M].刘莘,译.上海:上海译文出版社,2015:148.
[3] 姚大志.分配正义:从弱势群体的观点看[J].哲学研究,2011(3).
[4] 段忠桥.关于分配正义的三个问题——与姚大志教授商榷[J].中国人民大学学报,2012(1).

当然，要保证所有个体的状况都不会变差，这在政策操作上存在困难：社会政策很难保障每一个人都不受损害。鉴于此，卡尔多、希克斯等人建议以一种基于补偿的修正标准来替换帕累托改进原则。卡尔多认为，"经济学家不需要去证明——事实上他永远也不能证明——社区内未有人因某一措施的采用而受损。为了使他的论点能够成立，他只要证明在受害者所遭受的损失在得到充分补偿的前提下、社会上其他的人仍较以前为好就够了。"[1]相似地，希克斯认为：如果经济活动使个体 A 的状况变好而使得个体 B 的状况变差，但如果 A 在补偿 B 的损失之后还有剩余，这种资源重组就是效率的明显改进[2]。

事实上，尽管帕累托改进原则在操作上存在困难，但这并不能成为我们否定帕累托改进原则而支持"卡尔多-希克斯"补偿原则的理由。其一，帕累托改进原则所存在的问题，"卡尔多-希克斯"的补偿原则同样存在：补偿原则的使用同样需要对个体的状况进行全面评估。其二，如果我们采用"卡尔多—希克斯"的补偿标准来评价收入分配等方面的政策与制度，由于它们考虑的是整体的福利水平而不关注利益分配的结构，与功利主义原则一样，此等原则的使用很容易鼓励一部分人对另一部分人权利的侵犯，存在不公平。其三，在公平规则框架得以给定的情况下，社会的决策应该以帕累托改进为基本原则。面对帕累托改进原则运作所存在的障碍和困难，政策操作者不是在政策选择中否定帕累托改进原则的目标和方向，而是要完善公共政策的决策机制和程序，或者将相关问题的解决交由市场的自由选择去完成，以寻求促进帕累托改进的公平机制和程序。

但是，公平正义所蕴含的帕累托改进方面的诉求以及帕累托改进原则所具有的公正属性并不等于公平正义是基于帕累托改进原则来定义的。相应地，伦理规范意义上的公平收入规则也并非简单地基于帕累托改进原则而构建的规则类型。因为，帕累托改进原则的应用要以个体及其权利的界定为前提。但是，谁是个人？"我"究竟应该拥有何种权利？对于帕累托改进原则的操作过程来说，个体起始点的确定往往是一个外生变量：帕累托改进原则仅仅适用于个体权利得以界定之后的合作契约安排而并不适合于个体权利本身的界定。

就洛克——诺奇克的资源占用条件而论，由于它没有考虑到帕累托改进原则的适用范围问题，它在很大程度上将初始点的界定问题同初始点界定后的合

---

[1] N. Kaldor. Welfare Propositions of Economics and Interpersonal Comparsion of Utility[J]. Economics Journal，1939，49(145)：549-552.

[2] J. R. Hicks. The Rehabilitation of Consumers' Surplus[J]. The Review of Economic Studies，1941，8(2)：108-116.

作问题混在一起。特别地,既然帕累托改进是以个体及其权利的合理界定为前提条件的,如果初始的权利配置存在不公,无法经得起可逆性的检验,帕累托改进的价值诉求就成为对于不正当既得利益和特权的维护;反过来,违背帕累托改进原则的制度规则倒可能是公平正义的。

帕累托改进原则的问题,一方面是有关初始点的"我""你"和"他"及归属于个体的权利界定问题,另一方面则是初始点界定后的合作剩余分配问题。在可能性上,对于各种类型的资源配置,正如布坎南所言:"客观上均存在着符合简单的帕累托检验要求的小于无穷大的社会状况或社会秩序集。"[1]在存在多种改进可能的情况下,帕累托改进只是说明大家都变好了,而并不能说分配就是公平合理的。因为公平分配不仅仅要求大家都变好,它还存在着个体福利改进程度的差异问题。就洛克、诺奇克所给出的资源占用的限制性条件来说,它只是要求一种占用行为不得使他人的处境相比占用前的处境变坏,而并不涉及彼此福利增进的相对差异和水平,不涉及由此相关的利益的公平分配。

事实上,由于满足这一限制性条件的土地占有方案是多类型的,相比圈地之前的公地的自由使用,A 占有公地但 B 不占、A 不占但 B 占、规则约束下共同行使所有权与平分土地等都可能满足帕累托改进原则。逻辑上,由于将公平分配与特定群体的私人占有联系在一起,洛克-诺奇克的限制性条件任意缩减可供选择的方案而忽视了很多相关的替代方案。照此逻辑,所有这些可替代的选择方案都无关紧要,它们是否更公平、更有效或者是否更好地服务于人们的物质利益或自主,这与占用方式的正当性都没有任何关系[2]。但事实上,占用方式的选择是极其重要的,因为不同的占用方式不仅影响到资源配置的效率,更是牵涉到不同群体之间的利益分配。进而,尽管公平正义蕴含了帕累托改进方面的规范要求,但以帕累托改进来定义公平是不准确的,我们也不能将作为目标导向的公平收入分配规则简单地理解为满足帕累托改进要求的规则类型。

当然,理论上,帕累托原则意义上的公正观涉及彼此相关但又存在一定不同的两个方面:(1)是由帕累托改进来表述的公正,即认为公平正义是在不损害其他个体利益的前提下增进另一部分个体的利益;(2)是由帕累托改进不可能来定义的帕累托最优(Pareto optimality),即将公平正义与帕累托改进不可能意义上

---

[1] 詹姆斯·M. 布坎南. 自由、市场与国家——80 年代的政治经济学[M]. 平新乔,等译. 上海:上海三联书店,1989:385.
[2] 威尔·金里卡. 当代政治哲学[M]. 刘莘,译. 上海:上海译文出版社,2015:151—152.

的最优配置状态联系在一起。对于帕累托改进,在个体权利得以公平界定的前提下,它是公平正义的内在要求,尽管它不能对公平正义做出完整的理论表述。至于帕累托改进不可能意义上的最大化,它表述的其实是经济学所讲的配置效率,而不是公平正义。也就是说,当我们以帕累托最优原则就公平原则做出理论表述时,这在很大程度上是将公平和效率给混淆了:我们其实是在以最大化意义上的效率定义公平正义。事实上,关于公平正义,尽管它是由个体理性的最大化追求而引申出来的:个体的理性追求存在冲突而引出了公平正义的诉求,但公平正义本身又独立并超越于理性选择的效率原则之上。以帕累托最优意义上的幸福和(或)福利的最大化来定义公平正义,它们其实是将效率的最大化强行塞入公平正义之中并鸠占鹊巢地取代公平正义[1]。

在正义原则的诠释方面,正如弗兰克纳所言,目的论理论(teleological theories)起先把善界定为独立于正当的东西,然后再把正当界定为善的增加和(或)恶的减少[2]。作为目的论的一种特殊形式,与功利主义原则一样,帕累托最优原则将最大化的善理解为幸福和(或)功利。确实,撇开"善究竟为何物"的问题不谈,对善的追求是一个良好社会的内在要求,因为作为社会基础的个体都在追求善,追求自己所向往的良好生活:"不管一个人的合理计划的细节是什么,还是可以假定有些东西是他会更加喜欢的。"[3]用沃尔德伦的话来说,"所有的人都在实践对优良生活的某种理解,包括那些生活目标很不确定的人……虽然人们的生活理解各不相同,他们却都能从自己的生活经验中提炼出这样一种领悟:究竟怎样才算是忠于优良生活的理想"[4]。但是,公平正义所涉及的核心问题不在于我们是否应该追求某种善,而在于社会应该如何化解个体在善的追求过程中所存在的矛盾和冲突。

罗尔斯认识到公平和效率之间的差异,进而,他并不主张以效率来取代公平并以此来就社会的制度与政策做出选择:其一,仅仅效率原则本身不可能成为一

---

[1] 鉴于公平和效率的差异,我们不仅不能以效率来就公平做出表述,同样我们也不能以效率来评判公平正义:对于待分配的资源R,应该如何在A和B之间进行分配呢?一般地,这需要确定一种公平的规则。那规则的公平性又应该如何来评价呢? 我们是否还需要引入效率之类的"更高"层级的标准和原则呢? 规范性上,一旦我们引入所谓的"更高"的原则和标准,那么公平分配问题就异化为了一个配置效率问题。

[2] 作为目的论理论的对照,道义论(deontological theories)则将公正定义为与结果无关的一些规范价值原则。参见 W. J. Frankena. Ethics[M]. 2nd edition. Englewood Cliffs, NJ: Prentice-Hall, 1973: 15-16.

[3] 约翰·罗尔斯. 正义论[M]. 何怀宏,等译. 北京:中国社会科学出版社,2003:93.

[4] 转引自威尔·金里卡. 当代政治哲学[M]. 刘莘,译. 上海:上海译文出版社,2015:83.

种正义观。因为,在罗尔斯看来:"每一种极端情形都有效,但它们肯定不可能所有都公正,也不会是同等的不公正。"[1]其二,效率只是社会制度规范的一个方面,它本身不能取代公平正义。因为经济制度的设计"不仅建立在经济的基础上,而且建立在道德和政治基础上,对效率的考虑仅仅是决定的一个根据,且常常是较为微弱的一个根据"[2]。

但尽管如此,罗尔斯所发现的似乎只是单纯效率原则的不足,他并没有将最大化意义上的效率从公平正义原则中恰当地剥离出来。因为他所定义的公平正义原则并没有完全将最大化问题给予撇开:罗尔斯的差别原则是以最少获利者期望值的最大化为目标的,认为当且仅当境遇较好者的较高期望是作为提高最少获利者的期望计划的一部分而发挥作用时才是公正的,而最大化本身就意味着效率。与功利主义原则一样,他所提出的差别原则在很大程度上只是克服单纯效率原则所存在的不确定性[3]。

在收入分配等制度规则的安排上,既然个体都试图过上优良的生活,主张就帕累托最优意义的效率与公平正义原则做出区分,这并不等于公平正义原则与帕累托效率及其最大化完全无关。一方面,既然对幸福最大化是每一个体的理性诉求,公平正义在原则上就不应该限制个体对于幸福的追求。另一方面,作为一种规范性诉求,公平正义不能与效率相冲突:真正意义上的公平正义规则应该是那种能够兼容效率、有助于人们过上优良生活的规则。

就这里的分析来说,可逆性检验一致有效的收入分配规则是由理性个体基于换位思考的慎思过程而加以确定的,对于个体所面对的各种可能的身份类型——"我""你"及"他",基于换位思考来就分配规则做出确定的个体以社会整体利益的最大化来进行决策是极其自然的:作为决策者的"我"会将待分配的资源配置给处于不同状态的"我",以使得"我"整体的福利达到最大化。进而,主张就公平和效率做出区分,只是意味着不应该把两者混淆。这也就意味着,可逆性检验一致有效意义上的公平正义不仅就公平正义和效率做出了区分,同时也会

---

[1] J. Rawls. A Theory of Justice[M]. Cambridge: The Belknap Press of Harvard University Press, 1971: 71.
[2] 约翰·罗尔斯. 正义论[M]. 何怀宏,等译. 北京:中国社会科学出版社,2003:260.
[3] 在经济学规范价值原则的选择上,鉴于社会福利函数构建在度量个体效用并进行人际比较方面所面临的理论困境,帕累托结构后来被人们发现并加以引进了:帕累托准则不仅不需要进行人与人之间的效用比较,同时它也不需要将个体效用进行"汇总"以转化为统一的社会效用(参见詹姆斯·M. 布坎南. 自由、市场和国家——80年代的政治经济学[M]. 平新乔,等译. 上海:上海三联书店,1989:384—385),它只要求大家的状况相比之前的状况都变好。

考虑效率，进而，我们以可逆性检验一致有效来定义公平正义并以此为原则来探索作为目标导向的收入分配规范。

五、应得之说

在对公平正义的理解上，自苏格拉底以来，西方政治哲学传统中一直存在有所谓的"应得"之说。

（1）麦金太尔："正义是给每个人——包括给予者本人——应得的本分，并且是不用一种与他们的应得不相容的方式来对待任何人的一种品质。"[1]

（2）米勒："依照查士丁尼的经典定义，作为一种一般意义上的德性的正义乃是'给予每个人应有的部分这种坚定而恒久的愿望'。"[2]

（3）科恩："正义是给每个人以其应有这一古老的格言。"[3]

在规范意义上，由于公平正义最直观、最朴素的意义就是应该给每个人其所应得的：应得之善，或者应得之恶[4]。反之，"当我们把某些政策或事态当作社会不公予以攻击时，我们是在断言，一个人，或者更经常是一类人，与该社会其他成员的状况相比，享有的利益比他们应该享有的要少（或者说承受了比他们应当承受的更多的负担）"[5]。进而，基于"应得"来理解公平正义是完全可取的。A. J. M. 米尔恩就认为："公正如果表现为'给每一个人他所应得的'这种基本的形式。那么，它在任何社会共同体中都是一项必不可少的道德原则。"[6]相应地，作为伦理规范的收入分配目标可以被认为是那种能够使得每一个人都得到其"应得"份额的分配规则。

但是，一旦我们基于"应得"来理解公平正义并将收入分配的目标规范和"应

---

[1] 阿拉斯代尔·麦金太尔. 谁之正义性？何种合理性？[M]. 万俊人，等译. 北京：当代中国出版社，1996：56.

[2] 戴维·米勒. 社会正义原则[M]. 应奇，译. 南京：江苏人民出版社，2001：39—40.

[3] G. A. Cohen. Rescuing Justice and Equality[M]. Cambridge：Harvard University Press，2008：7.

[4] 柏拉图认为：作为一种德行，正义必然是善的，正义只在给一个人他应得善的意义上才正确。相反，伤害朋友或任何人不是正义者的功能，而是和正义者相反的人的功能，是不正义者的功能。参见柏拉图. 理想国[M]. 郭斌和，等译. 北京：商务印书馆，2002：15. 但实际上，公平正义是一种"关联结构"，作为关联结构的变量可能是善，也可能是恶，将正义与善简单联系在一起不可取，尽管正义本身会促进善的提升。

[5] 同[2]：1.

[6] A. J. M. 米尔恩. 人的权利与人的多样性——人权哲学[M]. 夏勇，等译. 北京：中国大百科全书出版社，1995：58.

得"意义上的规则类型联系在一起,这存在一个问题:个体的应得份额具体是如何确定的?对于给定的待分配资源,决定个体应得的因素究竟应该有哪些?相关的因素又是基于何种综合的程式来对每一个体的应得进行"决定"的?为了确定公平收入分配规则的具体形式,公平正义原则应该具有具体性和明确性。形式上,对于收入公平分配规范的确定问题来说,规范原则缺乏具体性是极其致命的:缺乏具体性,我们难以基于给定的原则去推导出具体的收入分配规范。

然而,应得原则却过于笼统而未能给出"应得"的具体标准,它并没有给出决定利益分配的具体原则和方法,假如"应得"只是表示"个体得到其所应该得到"而没有其他具体的标准的话。在此方面,米勒认为正义要求我们给予每一个人所应有的东西,而"什么是一个人应有的东西是依赖于分配的是什么东西以及分配在其中发生的情境的"[1]。这里,米勒并没有给出基于特定环境来决定分配方式的具体方法。进而,仅基于"应得"来就公平正义原则及其相应的收入分配规范做出表述是不够的:它只具有原则的一般性,而缺乏原则应有的具体性。

作为"个体应该得到其所应得"这一抽象原则的一个变种,"合规"意义上的公正观在很大程度上将个体的应得与对规范的遵从联系在一起。比如苏格拉底等人所提出的"合乎规矩""尽职"与"合法"之类的公正观。

(1)苏格拉底:"为规矩所认可的行动,即叫作合乎公正的行动。""凡是做规矩所认可的事情的人,所做的,是合乎公正的。"[2]

(2)德谟克利特:"公正要人尽自己的义务,反之,不公正则要人不尽自己的义务而背弃自己的义务。"[3]

(3)奥古斯丁:"公正之德,其职责在乎使每一个人尽其天职。"[4]

(4)帕斯卡尔:"正义就是已经确立的东西;因而所有我们确立的法律都必然要被视作是正义的而无须检验,因为它们是已经确立的。"[5]

对于"合规"意义上的应得与公正,与"个体应该得到其所应得"的应得原则一样,它们都有其合理性:公平、正义确实需要按规则来分配。特别地,由于规则本身是具体的,"合规"较之"个体应该得到其所应得"相对具体,而合规所蕴含的"同样的情况同样对待"更是关乎公平正义的形式要求。问题是,规则有多种可

---

[1] 戴维·米勒.社会正义原则[M].应奇,译.南京:江苏人民出版社,2001:260.
[2] 转引自周辅成.西方伦理学名著选辑:上卷[M].北京:商务印书馆,1987:65.
[3] 同[2]:87.
[4] 同[2]:357.
[5] 同[1]:24.

能的类型,那何种规则才是公平合理的规则呢?形式上的公平正义——同样的情况同样对待——"并未告诉我们在这些事上如何确定平等性或比例性,所以它作为行为的具体指导仍然缺少实用性"[1]。也就是说,简单的合规、尽责与合法等原则无法为分配规则的理性选择提供具有操作性的指导。

当然,有关抽象应得原则的不具体性问题,强调应得的论者有时也将应得与具体的分配方式联系在一起。比如,将"个体的主观努力"作为"应得"的决定变量:"如果一个人是基于自己的主观努力而拥有更高的收入,那他对于自己的收入就是应得的。"[2]由于给出了具体的分配依据和标准,此等应得原则应该说是有其具体性的。但所存在的问题是,以努力作为决定因素的分配规则是否是一个具有普遍性的分配规则呢?事实上并非如此:尽管努力是决定收入分配的非常重要的变量,但其他方面的决定因素也是不可忽视的。对于这一问题,梭伦认为财产应当靠努力挣得,并以此来拒绝平民"制定法律,重新分配一切财产"的要求,进而他认为作为遗产而继承东西也是应得的[3]。现在,既然决定最终"应得"结果的因素是多方面的,与功利主义、平均主义等分配规则一样,主张基于努力等因素来进行分配的"应得"原则同样则因过于单一和具体而丧失了一般性。

与抽象应得原则因过于抽象而缺乏具体性不同,同时,也和具体应得原则因过于具体而丧失一般性存在差异,可逆性检验一致有效意义上的公平正义原则在保持原则一般性的同时能就分配规则做出具体抉择。一方面,当个体基于换位思考去确定公平的收入分配规则时,由于参与分配规则制定的个体在考虑自己利益的同时也会平等地兼顾其他相关个体的利益,可逆性检验所要求的换位思考能促使个体在利益分配时能克服"自爱"倾向的干扰和影响,以保证利益分配方式的公平性,即能在伦理上确保每一个体之"应得"而保障原则的一般性。另一方面,一旦我们基于可逆性检验有效来定义公平正义,换位思考能够促使个体在利益分配时兼顾其他个体的利益而形成可逆性检验一致有效的规则均衡:个体所确定的分配规则会向中间的"均衡"方向"收敛",抽象"应得"原则的模糊性与不具体性就能得以避免。

当然,由于公平规则的确定是基于可逆性检验一致有效来确定的,而可逆性检验的过程在很大程度上是一个依赖于个体直觉来进行决策的过程,由此所确

---

[1] 汤姆·L.彼彻姆.哲学的伦理学:道德哲学引论[M].雷克勤,等译.北京:中国社会科学出版社,1990:330—334.
[2] 姚大志.分配正义:从弱势群体的观点看[J].哲学研究,2011(3).
[3] 参见亚里士多德.雅典政制[M].日知,等译.北京:商务印书馆,1999:13.

定的规则虽然是具体的,但它可能不会很精确,特别是将此模式同功利主义与罗尔斯主义等原则进行比较时尤为如此。毕竟,功利主义等原则是以具体的数学公式来表达的,而可逆性检验一致有效的平等待人原则并未就公平正义给出精确的数学表达。但是,我们并不能因为可逆性检验有效的抉择标准未能给出一个精确的数学公式而否定其合理性。因为,在科学领域,科学并不等于确定性,作为"实然"的科学也涉及不确定性[1]。相应地,在伦理规范领域,规范并不等于精确性,受社会多样性及因素可变性的限制,作为"应然"判准的伦理准则本质上具有非精确性的一面。现在,对于公平正义原则,如果它本身就是非精确的,在一定程度上保持原则的非精确性倒是有必要的:为精确而精确的做法反而会使得原则丧失其应有的合理性,它们往往因过于具体而丧失了普遍性。在对罗尔斯的正义原则进行评价时,布坎南就指出:"与罗尔斯思想体系相关的问题就是他不应该导出一个具体的结果。"[2]

六、多元主义

与这里基于可逆性检验一致有效意义上的平等待人来就公平正义原则做出统一表述并以此来探究收入分配的伦理规范不同,多元主义者并未就公平正义原则给出统一的理论表述:一方面,对于给定的具体问题,他们所给出的正义原则一般均由一批最初的但可能是冲突的原则(比如自由与平等、总量最大与分配平均等)构成;另一方面,也是这里重点强调的方面,对于不同的问题,多元主义随时可能基于具体的情况而给出相应的原则:把一个原则应用到这一类争论而把另一个原则应用到另一类争论。在此方面,米勒就曾从"人类关系的模式"出发提出了一套多元主义的正义原则:(1)对于团结的社团,如家庭,实质性的正义原则为按需分配;(2)对于工具性联合体,如企业,正义原则为应得分配,即所得与贡献相等;(3)对于公民身份抑或公民资格,如政治社会,其首要的分配原则是平等,即同等的自由和权利[3]。由于它所理解的公平正义原则是多元的,多元主义视野的收入分配伦理规范也应该是多元的:公平的收入分配规则是由多种

---

[1] 伊利亚·普利高津.确定性的终结——时间、混沌与新自然法则[M].湛敏,译.上海:上海科技教育出版社,1998.
[2] 詹姆斯·M.布坎南.自由、市场与国家——80年代的政治经济学[M].平新乔,等译.上海:上海三联书店,1989:44.
[3] 戴维·米勒.社会正义原则[M].应奇,译.南京:江苏人民出版社,2001:27—33.

不同规则组合而成的规则集合。

多元主义之所以未能就公平正义原则做出统一的理论表述,这是因为:其一,在多元主义者看来,人们的正义观是多元的,除了早先的对"平等"(社会主义)与"自由"(自由至上主义)的诉求,政治理论现在还诉求如下诸多的终极价值:罗尔斯的"契约协定"、社群主义的"共同利益"、功利主义的"效用"抑或"福利"、德沃金的"权利"、多元文化主义的"身份"与女权主义的"男女均可"等[1]。其二,正义观的多元性意味着就公平正义原则做出统一表述不仅是不可能的,同时也是不明智的:面对如此众多的潜在的终极价值,我们又有何理由认为一种适当的政治理论可望立足于其中的某一价值呢?面对所提议的终极价值的不断增加,合情合理的反应似乎就是放弃那种建立"一元论的"正义理论的想法:用一种高高在上的价值来约束其他价值,似乎是一种不切实际的幻想[2]。

鉴于社会的复杂性,对于不同的个体、不同的分配问题以及分配的多样性环境,正义原则的具体表现形式必然是多样化的,多元主义强调正义的多样性完全正确。但是,如果多元主义基于公平分配形态的多样性而认为公平正义原则是由诸多分散原则杂乱拼装而成的大杂烩而未能给出统一的支配原则,那此等正义观是不完整的、是"精神分裂式"的,它最多只是"半个正义观"[3]。毕竟,在规范价值领域,原则的统一性是不可或缺的。因为,在理论表述上,正如穆勒指出的那样,对于林林总总的正义原理,"应当有一种根本性的原理或法则来作为一切道德规范的基石;倘若同时存在数种这样的原理或法则,那就应当有一种明确的优先排列顺序;并且一旦各种原理之间出现冲突时,在其中起决定性作用的第一原理或法则应当是不言自明的"[4]。否则,一旦各原理和法则之间出现冲突,那就无法就冲突的原理或法则进行仲裁。

由于不存在更高的统一的原则,在就彼此冲突的原则进行选择时,多元主义往往只能依靠于直觉:其一,多元主义往往并不提供任何可以理性衡量那些原则的明确方法和更优先的价值原则,它只是基于在一种主张和另一种主张之间的平衡来确定公平分配的方式和(或)规则,即只能依靠简单的直觉来确定那种在我们看来是最接近正确的东西[5]。其二,在正义原则的具体选择上,"在其中

---

[1] 威尔·金里卡. 当代政治哲学[M]. 刘莘,译. 上海:上海译文出版社,2015:3.
[2] 同[1].
[3] 约翰·罗尔斯. 正义论[M]. 何怀宏,等译. 北京:中国社会科学出版社,2003:41.
[4] 约翰·穆勒. 功利主义[M]. 叶建新,译. 北京:中国社会科学出版社,2009:4.
[5] 同[3]:33.

进行分配的社会情境——或者更确切地说,那种情境是如何被做出判断的那些人把握的——将会决定哪一种显著的原则是应遵从的相关原则"[1]。

但问题是,如果没有比相互冲突的价值更为根本的价值据以权衡价值间的相冲突,对于各种可能的方案,基于简单的直觉有可能进行理性的选择吗？对此,金里卡认为:"如果缺乏更根本的价值,就只能对冲突予以头痛医头脚痛医脚似的解决。我们似乎不得不接受不同理论间无法避免的妥协,我们似乎不再可能希望建立任何一种单独的理论以提供综合指导。"[2]其实,也正因为原则统一的价值和意义,正如自然科学家试图寻求统一的理论来对自然运行规律做出表述那样[3],政治哲学的一个传统目标是寻找融贯性的综合准则以解决诸政治价值间的相互冲突。

在方法上,由于公平正义涉及的是价值判断,有关公平正义原则的表述都离不开个体的直觉及其判断。与此同时,对于公平正义原则,如果在理论上无法就其做出统一的表述——道德事实的复杂性抗拒着我们充分解释我们判断的努力,采用多元主义模式是情有可原的;相反,试图以统一的理论来就正义原则做出表达的企图或是陷入琐碎肤浅,或者是走向错误和过分简单化[4]。

但事实上,尽管公平正义的外在形式是多样性的、变化的,但作为道德直觉的基本理念根基则是不变的,是统一的。进而,就公平正义做出统一表述是可能的。就这里的研究来说,可逆性检验一致有效意义上的公正原则就是当作一个一般性的原则而得以提出的。因为,不管是自由还是平等,抑或契约主义的"同意"等其他的价值,都可以从这一原则推导出来。也正因为如此,在基本价值原则层面,作为目标导向的收入分配规则就是可逆性检验一致有效的、平等待人的分配规则。

---

[1] 戴维·米勒.社会正义原则[M].应奇,译.南京:江苏人民出版社,2001:68.
[2] 威尔·金里卡.当代政治哲学[M].刘莘,译.上海:上海译文出版社,2015:4.
[3] 探求世界的统一性是理性萌芽以来人类所追求的一个梦想。在自然科学领域,伊萨克·牛顿就行星环绕太阳运动做统一解释的运动定律和万有引力定律;詹姆斯·克拉克·麦克斯韦有关光无非是一种电磁振荡(犹如无线电波)、而将光与无线电波联系起来的学说;阿尔伯特·爱因斯坦把重力和时空联系起来的学说;德米特里·伊·门捷列夫将无数化学元素排得井然有序的元素周期律;基于原子结构的基本规律而导出周期律的近代原子物理学;在生物学中,阐明各种特性是怎样遗传的孟德尔定律(例如不同颜色的花杂交时的情况)以及现代有关遗传的化学基础在于生物大分子,即所谓DNA(脱氧核糖核酸)的学说;赫尔曼·哈肯等人所提出的协同论以及目前备受自然科学家所关注的统一场论及弦理论,它们都试图在发现世界内在运行规律和联系的基础上就世界做出统一的解释。参见赫尔曼·哈肯.协同学——大自然构成的奥妙[M].凌复华,译.上海:上海译文出版社,1995:4.
[4] 约翰·罗尔斯.正义论[M].何怀宏,等译.北京:中国社会科学出版社,2003:39.

作为伦理规范的收入分配规则是以平等待人意义上的公平正义原则作为"统帅"的规则类型。当然,为了给制度规则赋予具体内容,作为统括性的正义原则需要对相关的正义理论进行整合:一方面,平等待人意义上的公平收入分配规则需要给予各种正义理论——功利主义、罗尔斯主义、平等主义、帕累托原则与应得之说等——的合理部分以其应有的地位,或者如金里卡所言:"从现存的若干理论中吸取零零散散的内容。"[1]另一方面,对于其他相关正义原则的局限及它们彼此之间的价值冲突,它们不合理的部分应该予以修正和(或)清除,相应地,它们彼此之间的价值冲突应该加以调解。就可逆性检验一致有效意义上的收入分配规则而言,正如接下来的分析所表明的,它很大程度上是以平等待人为核心并由其他公正"原则"为具体组成部分的有机组合的规则体系:平等待人原则在肯定其他各种价值原则合理范围的同时又限定了它们应用的范围。

当然,对于基于一般原则来整合各种正义观的前景,理论上有一些担忧。面对多元主义的价值原则,戴维·米勒虽然认为:(1)成功的理论要能够说服人们用它的原则去调节他们直觉性的正义感;(2)"通常的策略都是去寻求潜在和活跃于人们的至少是绝大部分直觉判断中的一些或一组抽象的原则","希望通过剥除具体质料、只剩下一般的框架而达到全体一致。"但他又担心这种策略在换来一致的同时要付出高昂的代价:在抽象的过程中,我们抛弃了正义在具体的情形中要求我们具备的诸多直觉,其结果是所确定的原则并不能为我们提供所需要的实际指导[2]。

但实际上,一旦我们将公平正义理解为利益分配的平等待人并以可逆性检验一致有效来定义,公平正义原则完全可以为社会实践确定所需要的制度规则的具体类型:理性个体的可逆性均衡能够确定制度规则的具体形式。特别地,由于换位思考后的可逆性均衡以理性选择为前提并以一致性为条件,此等均衡在保障制度规则具体性的同时还能保证选择结果所应具有的统一性并避免直觉主义的随意性:当我们基于可逆性检验一致有效来确定公平的收入分配规则时,如果我们认为一种规则是不公平的,我们应该提出反对的理由——对于特定的规则,如果它得到了其他利益方的合理反对,那规则就必须得到排斥或者修改;反过来,如果没有恰当的理由来进行反驳,那在人类理性的范围内,该规则就是公平的,所有个体都必须无条件地服从。

---

[1] 威尔·金里卡.当代政治哲学[M].刘莘,译.上海:上海译文出版社,2015:4.
[2] 戴维·米勒.社会正义原则[M].应奇,译.南京:江苏人民出版社,2001:22—23.

第五章
程序正义:规范的产生及运行

一、导言

在发展其"作为公平的正义"理论时,罗尔斯概括指出,正义论的核心内容包括:(1)一种有关最初状态的解释和一种可用于其间的、可供选择的各种原则的表述;(2)一种实际上要采用何种原则的论证[1]。在备选对象的性质方面,由于关心的是指导社会结构选择的基本原则,罗尔斯正义论所关注的重点是原则的选择,而制度规则的选择不是其正义理论所要讨论的核心内容[2]。与此不同,由于关心的是指导收入分配实践的目标规范,而收入分配的规范目标所涉及的是决定结果的分配规则,我们不仅要考察指导收入分配规则选择的公平正义原则,同时也要关注制度规则本身。

也正因为如此,在从价值原则角度就收入分配伦理规范做出界定并就这里所理解的公平正义原则及其收入分配规范与已有的公平正义原则——功利主义、罗尔斯主义、均等主义、帕累托改进原则、应得原则以及多元主义——及其相应的收入分配规则做出比较和区分之后,我们考虑公平分配规则的具体结构:作为目标导向和伦理判准的公平收入分配规则究竟是何种形态的规则?作为公平分配规则具体结构分析的前提基础,本章探究公平收入分配规则的程序性特征:

---

[1] J. Rawls. A Theory of Justice[M]. Cambridge: The Belknap Press of Harvard University Press,1971: 54.
[2] 原则与制度、规则并不存在绝对的分野;诸多分配原则其实也可以被定义为分配规则。同时,罗尔斯的正义论的第三篇专门关注了制度结构。罗尔斯正义论的问题是,罗尔斯所赞同的收入分配诸规则难以从其所倡导的正义原则——差别原则——推导出来。

作为伦理规范的公平分配规则是基于何种程序和过程所确定的?

由于正义有程序正义和实体正义之分,就公平分配规则得以产生的程序性特征做出分析,这是公平分配规则探索的重要组成部分:其一,程序正义是规则实体安排正义性的基本保证,公平收入分配实体规则的确立需要以公正的决策程序为前提;其二,确定收入分配伦理判准的旨趣在于为现实的收入分配改革提供指导,有关收入分配伦理规范的探索不仅要考察目标本身,同时也需要关注伦理规范得以形成的机制和条件;其三,程序关乎规则得以选择的环境和条件,探究公平收入分配规则得以选择的程序和机制,这能够为进一步的、有关公平规则实体结构的探究提供应有的认识论前提,比如公平分配规则得以选择的信息基础等。

当然,作为一种制度规范,公平分配规则所涉及的程序正义不仅关乎规则的形成:在规则的形成阶段,公平的收入分配规则究竟是基于何种程序和过程所确定的?同时,它也关乎规则的运行:在规则的运行方面,公平的收入分配规则又是如何运作的?其中,规则的产生所涉及的是公平规则得以确定的机制,比如公平规则是基于现实同意过程还是先验的同意过程所确定的规则?而规则运行的程序正义所涉及的则是规则的管理和执行。进而,有关公平收入分配规范程序性特征的分析也就从对应的两个大的方面来展开:同意的方式与规则的实施和执行。

二、现实契约与同意

性质上,平等待人的公平收入分配规则是理性个体一致同意、认同的规则类型。其中,关于同意的含义,霍布斯与洛克传统的契约理论在很大程度上将公平正义与现实的同意(actual agreements)联系在一起,认为公平的规则就是理性个体基于现实契约过程所确定的规则类型。为了给现实的制度安排提供一个标准,契约主义者往往以自然状态为起点,要求我们想象在政治权威出现之前有一个自然状态,在此情况下,每个人都自行其是。在自然状态下,如果要大家达成协议,个体究竟会同意什么样的契约?在霍布斯和洛克等人看来,个体的同意能够充分保证所确定的协议与规则——如有关政府统治义务与公民服从责任的条款——是公平合理的。在此方面,霍布斯就认为:"国家的法律正如游戏的规则一样,参加的人全都同意的事情,对他们每个人来说都不是不公正的。"[1]

契约主义,一方面,是认可同意对于公正的充分性,另一方面则是强调同意对于公正的必要性。在此方面,约翰·洛克认为,个体受限于强制约束而放弃自然自由的前提是约束获得了他本人的同意。在洛克看来:"人类天生都是自由、平等和独立的,如不得本人的同意,不能把人置于这种状态之下,使受制于另一个人的政治权力。任何人放弃其自然自由并受制于公民社会的种种限制的唯一方法,是同其他人协议联合组成为一个共同体,以谋他们彼此间的舒适、安全和和平的生活,以便安稳地享受他们的财产并且有更大的保障来防止共同体以外任何人的侵犯。"[2]相似地,何种政府才是正当合法的政府?在对费尔默的家长制观点——国王是一个国家的家长并拥有从亚当那里继承下来的政治权威——进行批判时,洛克认为上帝在自然状态下并没有指定任何政治权威,政府所拥有的权力其实是人民委托政府行使的。进而,合法的政府权威只能建立在人民同意的基础之上:如果政府未能获得社会公众的赋权,或者它不能按照社会公众的旨意去行使这种权力,社会公众就可以收回权力、反抗政府的统治。

遵循将同意与公平正义联系在一起的契约主义传统,在收入分配方面,詹姆斯·M.布坎南所理解和认可的公平分配规则是相互作用的各个人的内部准则。与援引评价过程或结果的外部准则观点不同,布坎南所理解的公平收入分配规则是由协议来定义的,是获得竞争者们一致同意的规则。在他看来,"一项'公平规则'是一项推进竞争的竞争者们一致赞同的规则,……如果竞争者们赞同,一项规则就是公平的。也就是说,公平是由协议来定义的"[3]。规范性上,既然公平正义是基于个体现实同意来表达的,在规则的程序正义方面,作为目标导向的收入分配伦理规范似乎就是获得个体现实同意的分配规则类型。

伦理上,基于现实契约过程所形成的收入分配规则确实具有良好的性质。一方面,对于那些试图促进他们自己利益的、自由而富有理性的人们来说,如果决定社会范围内收入分配的基本规则是他们一致同意的,此规则无疑是有其伦理感召力的。在伊壁鸠鲁看来,公正"是由相互约定而来,在任何地点,任何时

---

[1] 托马斯·霍布斯.利维坦[M].黎思复,等译.北京:商务印书馆,1986:270.
[2] 约翰·洛克.政府论(下篇)——论政府的真正起源、范围和目的[M].叶启芳,等译.北京:商务印书馆,1996:59.
[3] 詹姆斯·M.布坎南.自由、市场与国家——80年代的政治经济学[M].平新乔,等译.上海:上海三联书店,1989:181—182.

间,只要有一个防范彼此伤害的相互约定,公正就成立了"[1]。相似地,麦克纳特也将同意视为公平正义的充分条件。在他看来:"无论个体是投票人还是一般的市民,也无论你是在委员会决策中还是在公共集会上,如果所有个体都同意某一个结果,那么,该结果就是公平的。"[2]另一方面,如果决定收入分配结果的规则未能获得一致的同意,从某种意义上来说,规则的确定其实就是一种独裁:在集权体制下,是少数人对多数人的独裁;而在民主政治的多数规则下则是多数人对少数人的独裁,也就是托克维尔所说的"多数暴政"[3]。

实际上,也正因为一致同意所具有的规范意义和伦理价值,现实同意的正当性广为社会哲学家所认可:除了霍布斯基于个体同意而形成的利维坦国家与洛克基于自由契约过程而形成的政治共同体之外,卢梭的"心灵共识"、罗尔斯晚期在多元文化前提下基于"重叠共识"所达成的基本政治原则(如宪政的合法性原则、政治中性原则)、诺奇克从自然状态开始经保护性社团而逐渐发展起来的"最低限度国家"、哈贝马斯与阿伦特所强调的平等论辩[4]以及布伦南与布坎南等财政宪政主义所持有的"如果某一规则乃是受该规则支配的秩序中的参与者自愿同意的,则该规则就是正当的"[5]的观点,大致都属于这一范围。

然而,尽管现实的同意在伦理上具有其重要的规范属性,但这并不意味着我们可以由此而认为作为目标导向的收入分配规则就是布坎南意义上的、获得竞争者们一致同意的规则类型。因为,从个体的角度来说,契约过程中的个体同意只是说明,对某些人来说,为什么服从一个强有力的主权者是理智的、理性的,或者说,签订这样一份契约对所有人来说都是理性的、是合乎他们的利益的[6],这并没有为真正的道德义务观念留下任何空间。用桑德尔的话说:"同意并不足以产生一种具有道德约束力的义务。"[7]

就霍布斯的契约理论来说,为了论证国家及其强制的正当性,霍布斯设想了

---

[1] 转引自周辅成.西方伦理学名著选辑:上卷[M].北京:商务印书馆,1987:96.
[2] P. A. McNutt. The Economics of Public Choice[M]. London: Edward Elgar Publishing Ltd, 2002:21.
[3] 曾军平.自由意志下的集团选择:集体利益及其实现的经济理论[M].上海:格致出版社,上海三联书店,上海人民出版社,2009:218.
[4] 参见万俊人.公共哲学的空间[J].江海学刊,1998(3).
[5] 杰佛瑞·布伦南,詹姆斯·M.布坎南.宪政经济学[M].冯克利,等译.北京:中国社会科学出版社,2004:114.
[6] 约翰·罗尔斯.政治哲学史讲义[M].杨通进,等译.北京:中国社会科学出版社,2011:33.
[7] 迈克尔·桑德尔.公正:该如何做是好?[M].朱慧玲,译.北京:中信出版社,2012:163.

一种个体拥有绝对权力和自由的自然状态。在此状态下,个体之间会陷入相互倾轧的暴力冲突之中(实际上,霍布斯所处的时代就因为宗教分歧而引致连年内乱和战争)。霍布斯认为,为了保障大家能通过自己的辛劳和土地的丰产为生并生活得满意,理性个体就会让渡自己在自然状态下的权利而建立一种能够抵御外部侵略和制止相互侵害的共同权力,即利维坦国家[1]。但问题是,同意本身是否意味着个体有绝对服从的责任和义务呢?事实上并非如此简单,毕竟,道德义务的观念包含着对责任、公平和承诺的关切,这种关切是基于"合理性"(the reasonable)理由,而非"理性"(the rational)的理由[2],理性选择不能够说明这种服从为什么是一种义务[3]。

当然,对于理性个体的自由契约过程,有论者可能会争辩说,它不仅是有效的、理性的,同时也是公平的。对于自然状态下的个体全部放弃他们的自然权利而就利维坦国家达成一致的行为,霍布斯就认为这是公平的,就是福音书上的那条戒律,你愿意别人怎么对待你们,你们也要怎样待人[4]。应该说,如果现实的同意不仅对于契约者都是有利的,而且也能保证契约过程中利益协调的公平性,即契约协议能够一致经得起相关利益主体的可逆性检验,基于现实同意来定义公正并将收入分配的伦理规范与现实同意的分配规则联系在一起完全没有问题。但关键的问题是,基于现实同意过程所形成的规则是否能够充分保证协议的公正性呢?

现实的经验表明,在契约形成过程中,受自然禀赋、资源占有、体力差异以及谈判权势、信息、技巧与策略等方方面面因素的影响,个体之间讨价还价的能力(Bargaining power)是有差异的。此时,那些议价能力相对较强的个体可能会设法利用自己的能力和优势去谋求有利于自己的契约结果,而议价能力相对较差的个体则只好妥协让步,甚至是委曲求全。此时,即便个体就收入分配等方面的规则达成了一致,此等规则的公平性、正当性依旧难以得到充分的保障:获得个体一致同意的结果和规则依旧可能缺乏伦理的正当性,比如存在欺诈甚至是建立在武力强迫基础上的一致同意。进而,即便是对个体有利,但这也不能成为契

---

[1] 托马斯·霍布斯.利维坦[M].黎思复,等译.北京:商务印书馆,1986:131—132.
[2] 关于 reasonable 与 rational 的译法,与这里的表述相反,所引证的译著将它们分别翻译成"理性"和"合理性"。但我们认为,将两者分别翻译成"合理性"和"理性"似乎更符合中文的表达方式,所以这里将上述译法颠倒了过来。
[3] 约翰·罗尔斯.政治哲学史讲义[M].杨通进,等译.北京:中国社会科学出版社,2011:14.
[4] 同[1]:98.

约公平合理的依据和理由。其实,也正是因为现实契约过程中个体能力差异对于契约公平性的影响,就正义原则进行选择时,罗尔斯将原则选择的环境置于"无知之幕"背后[1]。

以现实同意来定义公平正义的问题,一方面,是同意对于保障规则公平、合理的充分性问题,另一方面,则是同意对于规则公平、合理的必要性问题:现实同意并非公平规则选择之所必须。因为,以同意作为公平正义的程序性条件这意味着对个体所需要承担的道德伦理等自然义务的否定。具体来说,对于特定的义务和责任,如果现实同意是不可或缺的,"我"未事先给出自己的承诺,我就不需要承担。但事实上,在有关个体责任和义务的规范伦理层面,正如罗尔斯等人所强调的,除了经由个体同意的社会义务之外,个体对于他人还存在自然的义务,包括针对特殊人群的特殊义务(如赡养父母与抚养子女)以及针对一般人的一般义务(如对他人的尊重)。对于现实同意必要性的强调,这就意味着我们否定了个体对于他人和社会所必须要承担的自然义务,这显然是不可取的。事实上,对于契约主义来说,比如霍布斯,当他认为自然法(Law of nature)——理性所发现的"禁止人们去做损毁自己的生命或剥夺保全自己生命的手段的事情,并禁止人们不去做自己认为最有利于生命保全的事情"的戒律或一般法则——是人们所必须遵守的社会法则时[2],他其实也就承认了个体承担自然义务的必要。

就收入公平分配规则的形成这一特定性的问题而言,对于公平的、能够经得起可逆性检验的收入分配规则,个体有自觉服从和遵守的自然义务。但是,在规则形成过程中,受个体与生俱来的"自爱"倾向的影响,如果将公平分配规则合法性建立在个体同意的基础上,这在很大程度上纵容了某些个体的贪婪并引发他们滥用自己否决权的可能性,他们可能将经得起可逆性检验的规则排斥在外而选择偏袒自己的规则。而在规则的运作与执行方面,对于特定的法律制度,哪怕它完全是公平正义的,完全能够经得起可逆性的检验,但如果"我"未点头同意,那"我"就没有遵从的义务。

当然,除了伦理正当性问题之外,以现实同意作为公平正义的必要条件,其实还存在具体操作等其他方面的问题。逻辑上,同意意味着公平的规则需要获得大家的一致认同,而受个体贪婪的影响,在现实的契约形成过程中,一致同意

---

[1] 约翰·罗尔斯.正义论[M].何怀宏,等译.北京:中国社会科学出版社,2003:136.
[2] 托马斯·霍布斯.利维坦[M].黎思复,等译.北京:商务印书馆,1986:97.

如果不说是完全不可能的,那至少是极其困难的,这一点在人数比较多的时候尤为如此:在规则的确定上,法律制度如果需要获得所有个体的同意才能成为合理的法,那能够有法律效力的制度有可能不会真正出现[1]。特别地,现实社会是一个变动的体系,假如规则的合理性需要以个体的一致同意作为基础,那么,即便在社会契约形成之初,人们业已就公平收入分配规则的基本条款达成共识,但此等契约条款并不对其后代人具有道德的约束力:规则的合理性要以社会范围内所有新"加入者"的同意为前提,这更会使得同意原则无法进行具体实践。

另外,假如公平的收入分配规则是基于个体的一致同意来确定的,契约主义者所支持的转让税与公立教育等规则安排(为布坎南所主张)就缺乏应有的逻辑基础。毕竟,在现实的契约过程中,人们完全有可能无法就转让税与公立教育达成一致。至于现实中能够获得个体一致同意的分配规则具体如何,照此逻辑,这是由基于同意的现实契约过程所决定的,而不是由经济学家等社会科学家所能事先预先知晓的,正如市场交易的价格需要由买卖双方的协商来决定而无法事先被经济学家所预测那样。这也就意味着,如果公平的收入分配规则是由现实的契约过程所确定的,那社会哲学家就公平收入分配规则所做的所有探索和讨论在很大程度上是多余的,都是越俎代庖,因为,照此逻辑,收入分配规范问题应该归由社会个体的自由协商来完成而不应该由社会哲学家基于理性的思考去确定。

三、可能的同意和默许

作为摆脱现实同意原则的操作问题及其伦理困境(如拒绝对未同意法律规范的遵从)的一种方式,约翰·洛克与伊曼努尔·康德以心照不宣的同意和可能的同意来就现实同意做出替换。其中,洛克对公开的同意(expressed consent)与被动或默许的同意(passive or tacit consent)等做了区分。在他看来,对于政府及其相关的法律规范,尽管我们没有对此表达明确的同意,但我们已经给出了心照不宣的认可:不管是占有土地还是在公路上自由旅行,这都含蓄地表达了我

---

[1] 除了难以决策的局限性之外,布坎南还关注到了原则的自我融洽性问题:在社会决策过程中,一致同意规则可能无法获得一致同意。在论及将维克塞尔的一致同意原则应用于制度改革的前景时,布坎南指出:"对于立宪决策规则这一根本的水平来说,维克塞尔检验本身可能不会是维克塞尔有效的。"参见詹姆斯·M. 布坎南. 自由、市场与国家——80年代的政治经济学[M]. 平新乔,等译. 上海:上海三联书店,1989:397.

们对该政府的法律表示同意并受其约束[1]。康德则将原初契约建立在非历史的共识之上：我们不能假设原初契约起源于当时存在的所有人实际达成的共识，因为这是不可能的。在康德看来，"(原初契约)事实上只是理性的某种理念，尽管它无疑具有实践上的现实特征；因为，它可以要求立法者以这样一种方式来制定法律，即这些法律是根据全体国民的共同意愿来制定的。……这是所有公共法律之正确性的试金石。因为，如果法律是这样一种东西，即所有的国民都不可能同意它(例如，如果这种法律宣称，臣民中的特定阶层必须是享有特权的统治阶层)，那么，这样的法律就是不正义的；但是，如果法律是全体国民有可能同意的东西，那么，把这种法律当做正义的法律来对待就是我们的义务，即使这些国民在当时处于这样一种状态或拥有这样一种想法：如果这些国民被征求意见，他们有可能拒绝赞成这种法律"[2]。在这里，原初契约是否公正，并不要求个体的现实同意，只要个体可能同意或默认就可以了。

就可能的同意与默许的同意而言，由于它并不需要个体的现实同意，其意义是不言自明的：它降低了现实同意所需要的操作成本，不需要依赖于实际的同意来就规则的合理性做出规范检验。另一方面，既然可能获得同意，那相关规则的正当性还是有一定保证的。问题是，洛克和康德以默许的同意和可能的同意来代替真实的社会契约是令人困惑的。有三个层面的问题：其一，是现实同意本身的伦理局限问题。毕竟，默许的同意、可能的同意，从本质上来说，还是一种现实的同意。其二，是默许的同意和可能的同意对于现实同意的可替代性问题：既然真实的现实同意都不能完全就公平正义做出表述，默许的同意和可能的同意又如何能就正当合理的标准做出界定呢？其三，是可能的同意和默许的同意本身的伦理局限性，它们为何能起到一个真实契约的道德作用而成为制度合理性、正当性的伦理基础？如果可能的同意就意味着公平和正当，那这是否意味着我们可以以默许的、非现实的同意去取代现实的同意呢？比如，在市场交易过程中，卖家可能同意我以一定数量的货币去购买她的商品，可能同意是否意味着我可以不经她的同意就直接以她可能同意的价格而从她那里拿走属于她的商品呢？

直观上看，由于此等契约本身的非现实性和非存在性，它们并没有获得相关当事人的真正同意，此等契约从道德的角度看是无意义的，如果我们认为这是一

---

[1] 约翰·洛克.政府论(下篇)——论政府的真正起源、范围和目的[M].叶启芳，等译.北京：商务印书馆，1996：74—75.
[2] 转引自约翰·罗尔斯.政治哲学史讲义[M].杨通进，等译.北京：中国社会科学出版社，2011：14.

种假定契约的话[1]。也正因为默认等同意类型本身的伦理局限性,桑德尔评价指出:"心照不宣的同意是实际事务的一种苍白无力的形式。我们很难明白,仅仅穿过一个城镇如何就在道德上类似于认可宪法。"[2]与桑德尔的看法有相似性,德沃金认为:"假定的契约不仅仅是实际契约的一种苍白的形式:假定的契约根本就不是契约。"[3]进而,从这个意义上来说,作为目标导向和伦理判准的收入分配规范,它不应该被理解为理性个体可能同意和(或)默许同意意义上的收入分配规则类型。

四、先验的假想同意

当然,尽管同意既不是公平正义的必要条件,也不是充分条件,但这并意味着将公平正义与同意联系在一起的契约论在社会正义理论体系中无用武之地。因为,同意,除了现实的同意之外,还存在先验性的假想的同意抑或非历史的同意(non-historical agreements)。就现实的契约过程而论,其公平性之所以难以得到完全的保障,这在很大程度上是因为个体在协议过程中为自己利益而滥用自己权力的可能性:个体无法达成一致,或者即使达成一致,其公平性也不充分。现在,如果存在某种机制或限制条件能排除个体私利对于公正决策的干扰,那契约主义的同意就完全有其可取之处。因为,一旦相关的机制和(或)限制性条件化解了个体私利对于集体决策公平性的扭曲效应,个体在集体事务的处理上就会如休谟的"人性原则"所强调的,会兼顾各方面的利益而在规则的选择上做到平等待人,比如,自觉地履行应有的自然义务。在此方面,罗尔斯认为,一个满足了"作为公平的正义"的原则的社会,即便此等社会的制度安排未经过社会相关个体的实际同意,但"它还是接近于一个能够成为自愿体系的社会,因为它满足了自由和平等的人们在公平条件下将同意的原则"[4]。其实,也正因为作为伦理规范的一致同意应该是受到约束的,可逆性检验一致有效意义上的公平收入分配规则不是布坎南所理解的、理性个体基于现实的谈判过程所形成的分配规则类型,而是先验的、假想的,或者说非历史同意的规则,是所有个体都能够平等考虑其他个体利益的规则类型。

---

[1] 威尔·金里卡.当代政治哲学[M].刘莘,译.上海:上海译文出版社,2015:79.
[2] 迈克尔·桑德尔.公正:该如何做是好?[M].朱慧玲,译.北京:中信出版社,2012:158.
[3] 转引自威尔·金里卡.当代政治哲学[M].刘莘,译.上海:上海译文出版社,2015:78.
[4] 约翰·罗尔斯.正义论[M].何怀宏,等译.北京:中国社会科学出版社,2003:13.

直观上看,将收入分配的目标规范定义为先验同意的规则而不是现实同意的规则,其意义和优势是显而易见的。因为,对于特定的公平制度和规则,如果我们基于现实的同意来对其合理性进行辩护,这就会存在事实不可靠的问题。毕竟,对于诸多的社会契约来说,它们从历史的角度看是荒谬的、不符合实际的(如果契约理论认为它确有其事的话)。在对洛克有关判断政体合法与否的观点进行批评时,休谟就认为社会契约的观念是不现实的、肤浅的,与常识相矛盾:一致同意并不是政府或权威得以形成的基础[1],因为,现实的政府几乎都不是以公众的一致同意为基础而建立起来的,而是立足于"暴力潜能"之上,这至少在一定程度上是如此;一致同意,它在历史上几乎从来没有产生过,即使在它真正形成的时候,它也是如此地不常见,如此地局限于少数几个人,以至于它很难具有洛克之于它的那种权威[2]。相似地,罗尔斯也认为:"没有哪个社会完全是由人们在自由意义上自愿加入的合作体系;每个人都发现自己生来就处于特定社会的特定地位。"[3]进而,契约主义基于现实同意来就现实国家及其相关的法律规则的合理性、正当性进行辩护的现实基础不可靠。也正因为如此,历史上,休谟对契约主义的批评是非常成功的:在经受其批评之后,洛克的契约思想再无继承者[4]。

相比而言,罗尔斯以原初状态的假想同意来取代早期社会契约理论中自然状态下的现实同意,这在方法上是一种巨大的进步。因为,在概念表达的准确性、科学性方面,对于早期契约理论所提出的自然状态,人们很容易将其与历史的实际状态或文明的初始状态联系在一起,这引致了很多的争议。而原初状态直接切断了它与历史现实相联系的可能性,而纯粹只是一种"用来达到某种确定的正义观的纯粹假设状态"[5]。理论上,一旦我们将目标规范与原初状态意义上的先验同意的规则联系在一起,其现实性问题就得以避免:平等的原初地位对

---

[1] 休谟认为判断一种政体是否合法的标准是功利主义的:它是否以最好和最有效的方式来提高普遍的社会福利。
[2] 杨通进.译者前言[M]//约翰·罗尔斯.政治哲学史讲义.杨通进,等译.北京:中国社会科学出版社,2011.
[3] J. Rawls. A Theory of Justice[M]. Cambridge: The Belknap Press of Harvard University Press, 1971: 13.
[4] 在罗尔斯看来,休谟对洛克的观点存在一定的误解:休谟认为洛克把过去签订的某个契约当作服从现存政府的基础,但事实上,洛克明确否认从这个角度来解释同意。在此方面,休谟没有注意到洛克就"参加的同意"(joining consent)与"原初的同意"(originating consent)等所做的区分。参见杨通进.译者前言[M]//约翰·罗尔斯.政治哲学史讲义.杨通进,等译.北京:中国社会科学出版社,2011.
[5] 约翰·罗尔斯.正义论[M].何怀宏,等译.北京:中国社会科学出版社,2003:12.

应着传统社会契约理论中的自然状态,但又完全不同于自然状态。因为原初地位既不是当作一种真实的历史样态,也不被当作一种原始的文化环境,而纯粹是为了保障个体平等而提出的假想状态。

其实,以先验同意取代现实同意的意义不仅是现实可靠性方面的,同时也是伦理正当性方面的:原初状态中"无知之幕"的条件限制使得契约谈判过程中由"自爱"所引致的利益分配不公及更进一步的价值偏见得以避免。进而,正如桑德尔所指出的:"在无知之幕背后的假想契约,并不是现实契约的一种苍白无力的形式,因而在道德上比较虚弱;它是现实契约的纯粹形式,因而在道德上更有力量。"[1]与罗尔斯立足于"无知之幕"的原初状态来选择正义原则的理论思路基本相似,可逆性检验一致有效意义上的收入分配规范由于要求个体换位思考,此等一致同意的规则其实也是先验上一致同意的规则而不是现实中的一致同意的规则。当然,鉴于罗尔斯"无知之幕"后的正义原则问题最后成为了一个理性个体的最大化选择问题,本研究所理解的公平正义原则并没有采用罗尔斯所开创的"无知之幕"的思路,而是将理性选择基于可逆性检验一致有效的理论原则之上,以避免简单地将公平规则选择问题转化为效率实现意义上的理性个体的最大化选择问题。

当然,值得特别强调指出的是,将收入分配的目标规范定位于先验上可能同意的规则而不是现实中实际同意的规则,这只是说,作为伦理规范的收入分配规则是在非现实的环境下决定的,而并不说伦理规范本身需要完全排斥现实的同意过程。一方面,在制度规则的选择层面,鉴于社会的复杂性与多样性,公平的收入分配规则不可能(当然也不需要)在先验上得以完全确定:当我们将先验确定的基本规则用于具体的分配实践时,决定社会收入分配的规则往往还需要由理性个体基于现实同意的契约过程来做进一步的补充和完善,比如,在先验给定的社会分配规则所施加的约束下,个体通过自由的契约过程来签订决定收入分配的协议。另一方面,在收入分配结果的确定层面,收入分配的最终结果往往是理性个体在基本规则框架给定的情况下基于自由契约过程所形成的。

这也就是说,作为伦理规范的公平收入分配规则及其运行包含现实同意的契约过程,即先验同意的规则本身就应包含和允许基于现实同意的契约过程。但尽管如此,此等现实同意与布坎南所支持的现实同意还是存在根本性的区别:尽管作为伦理规范的收入分配规则的运行包含现实的同意,但现实同意得以达

---

[1] 迈克尔·桑德尔.公正:该如何做是好?[M].朱慧玲,译.北京:中信出版社,2012:170.

成的制度性背景条件可以是基于非现实同意而得以形成的,即现实同意应该是背景制度得以恰当设定下的同意:在公正的、非现实同意的背景制度下,或者说,在一个良好组织的社会结构内,所有的现实同意都是正义的。而在缺少良好背景制度的结构中,一致同意仍旧可能是不公平、非正义的。

五、宪法性规则及其执行

伦理判准意义上的公平收入分配规则是基于先验的假想同意而确定的。但作为一种价值标准,伦理规范的确立在于为现实的实践提供指导和标准,而现实实践往往难以满足先验同意所要求的利益独立条件。既然如此,在程序方面,现实的收入分配规则要如何运作才能公平正义呢?理论上,基于规则得以确定的时点来划分,现实运行的规则有事先的宪法性规则(规则在收入得以形成之前就确定)与事后的政治规则(在收入得以形成之后才确定分配的规则)之分。进而,有关公平规则程序正义问题的分析,需要进一步讨论:作为目标导向的公平收入分配规则究竟是何种性质和类型的规则?它究竟是事前的宪法性规则还是事后的政治规则?抑或两者都有可能?

从现实性来看,诸多理论与实践所主张和采取的分配规则是事后的政治性规则,这一点对于强调政府"相机抉择"作用的论者来说尤为如此。对于此等规则类型,由于收入的形成过程本身是一个社会偏好和相关信息的显示过程,事后确定规则所能利用的信息相比在事前确定规则要多,在收入得以形成之后再去确定公平分配规则相比似乎更为合理。进而,作为目标导向的公平规则似乎应该是此等在收入得以形成之后所确定的政治分配规则。但实际上,作为目标导向的分配规范应该是事前的,是事先的宪法性规则而不是事后确立的政治规则。

公平的收入分配规则之所以是事先而不是事后去确定的,其原因在于:在规则结构的现实运作上,如果收入分配规则是在社会可供分配的收入得以产生之后确定的,由于此时所有个体的身份都是确定的,都处于"公开的舞台"上,受18世纪社会哲学家——比较有代表性的如休谟、斯密和曼德维尔等——所强调的个体"自爱"倾向的干扰和影响,在个体间就公平分配规则达成一致的可能性会极大程度地降低[1]。与之不同,如果我们在收入得以产生之前的立宪阶段去

---

[1] 曾军平.自由意志下的集团选择:集体利益及其实现的经济理论[M].上海:格致出版社,上海三联书店,上海人民出版社,2009:184—185.

确定规则,由于此时个体的身份在很大程度上是不确定的,个体就收入分配规则达成一致的可能性就会得以提升。因为,恰如布坎南所言:"人们可能达成一致意见的契约变化的范围要比可能适用于终极状态比较的那种情况的范围大得多。这就是说,人们容易就规则达成一致,而这些规则转而会允许不同的终极状态的分配方式出现,而不易于就终极状态本身的评价达成一致的看法。"[1]

将收入分配的目标规范与事先的宪法性规则而不是事后的政治规则联系在一起,这一方面是个体就事后的政治分配规则与事前的立宪规则达成一致的差异性问题,另一方面则与两种不同分配规则的相对合理性有关:基于可逆性检验一致有效意义上的公正原则,公平的收入分配规则应该在个体之间保持应有的利益平衡,而不应该在利益分配上失之偏颇。然而,在现实的政治分配格局下,由于政治过程总是存在政治上的强者(如集权国家中的集权者与民主国家中的多数派)与政治上的弱者(如集权国家中的普通公众与民主国家中的少数派),如果收入分配的规则不是"事前"确定的,那在现实的决策中,政治的强者,比如被授予统治权的人,就完全存在为自己的私利而制定偏袒自己的规则的可能性。此时,即便个体就事后的收入分配规则达成了某种形式上的一致,那此等分配规则依旧可能是不公平的(因为,此等规则可能是在某种显性或隐性的政治压力下达成的)。然而,在事先的立宪阶段,由于个体身份均无法被明确识别,参与规则制定的个体在很大程度上都处于罗尔斯的"无知的面纱"之后,由此所确定的收入分配规则就会兼顾各方面的利益而做到分配上的平等待人。

当然,在现实的政治实践中,人不可能永远都是强者。基于"轮流坐庄"的可能性,有论者可能会说,政治分配模式下的强制与歧视会得到极大程度上的限制。比如,就民主决策机制下的多数暴政、多数歧视问题而言,为了避免自己成为少数派时所受到的歧视,多数派会对自己的行为保持克制,歧视的问题不会出现。而另一方面,他们也可能会认为,即使存在多数对少数的歧视,这也并不意味着不可取。因为,少数派的利益损失可以从自己是多数派时得到弥补,而利益的弥补则能够维护利益的平衡而保证利益分配的公平性。

确实,"轮流坐庄"的可能性在一定程度上能够促使强势者在决策时保持某种理性和克制,以免自己是弱者时遭受强者的欺压与剥削。但是,受力量差异与短见等诸多因素的影响,个体的理性克制往往是有限的。而利益的弥补,尽管它

---

[1] 詹姆斯·M. 布坎南. 自由、市场与国家——80年代的政治经济学[M]. 平新乔,等译. 上海:上海三联书店,1989:400.

在一定程度上做出了某些平衡,但并不等于轮流坐庄背后的政治倾轧是公平合理的:我们不能因为乙以自己的拳头报复了甲而说甲打乙嘴巴的行为是正义的。实际上,也正是因为它本质上已经违背了社会的公平正义,轮流坐庄背后的政治倾轧是应该尽量避免的问题,我们不能因彼此的利益弥补而将其作为支持政治分配规则的依据[1]。

至于个体间相互倾轧的行为得以克服和避免的方式,这就需要依赖于事先确定的宪法性规则。关于这一点,在认识到社会阶梯存在发生升降的可能性时,卢梭曾告诫性地指出:"即使是最强者也绝不会强得足以永远做主人,除非他把自己的强力化为权利,把服从转化为义务。"[2]在这里,将力量化为正义、将服从化为责任,就是要确定对个体行为进行事先约束和限制的宪法性规则。至于布坎南,为了克服政治因素对收入分配公正的干扰和影响,他更是明确"诉诸立宪秩序,诉诸那些在周期内政治倾轧和冲突之外选出的、并对政府行为和私方当事人的行为有准永久性约束作用的制度规则"[3]。

在制度与规则的执行上,罗尔斯援引西奇威克与佩雷尔曼等人的话指出:法律与制度方面的管理平等"隐含在一种法律或制度的概念自身之中,只要它被看作是一个普遍规范的体系,形式的正义是对原则的坚持,或像一些人所说的,是对体系的服从"[4]。与西奇威克等人所强调的形式正义思想相同,在性质上,作为程序正义的一部分,公平的规则应该是法治化管理的,它应该得到切实的执行,不能在运行中反复无常,不能被肆意地修改。反过来,在现实的运作过程中,如果规则是可以相机调整的,这不仅使得那些受限于规则的人无法知道它们所要求的是什么,同时这更是使得有关在立宪阶段来确定规则的强调变得毫无意义。相应地,既然公平的收入分配规则要求对事先的规则加以切实执行,那这也

---

[1] 由于政治上的相互倾轧会带来非生产性耗损,从严格意义上来说,轮流坐庄其实并不能完全弥补彼此的利益损失。对此,在论及有关针对多数决策规则的立宪约束问题时,布坎南指出:"在厚此薄彼的多数集团的轮流坐庄中将产生成本,这种成本将超过人们对税收价格和收益流意见的分歧产生的成本。如果集体行为不受约束,在占主导地位的多数人集团中占有一席之地将肯定获得好处,而落入受剥削的少数人集团就会吃亏。上述两种不同地位的待遇差别将促使人们为确保自己在大多数集团中的成员资格而进行投资。此处寻租活动的规模将相当大,而且从其本身来看,寻租活动将耗尽资源,否则可以利用这些资源创造更有价值的就业机会。"参见詹姆斯•M. 布坎南与理查德•A•马斯格雷夫. 公共财政与公共选择——两种截然不同的国家观[M]. 类承曜,译. 北京:中国财政经济出版社,2000:88.

[2] 让-雅克•卢梭. 社会契约论[M]. 何兆武,译. 北京:商务印书馆,2003:9.

[3] 詹姆斯•M. 布坎南. 自由、市场与国家——80年代的政治经济学[M]. 平新乔,等译. 上海:上海三联书店,1989:191.

[4] 约翰•罗尔斯. 正义论[M]. 何怀宏,等译. 北京:中国社会科学出版社,2003:58.

就意味着,基于规则运行而得到的结果应该得到绝对的保护,而不能对此做出某种未经事先安排的政治修饰和调整。用布坎南的话来说:"不能以实现'公平分配'或别的什么为借口,直接使用国家军队、国家机器和政府把收入和资产从政治弱者那里转移到政治强者手中。不能用一些空洞的花言巧语来愚弄公民。"[1]

既然公平的分配需要对规则运行的结果给予充分保障,那庇古基于"收入从较富有的人向性格与其相同的较贫穷的人转移"可以使得"较强烈的需要在损害不那么强烈的需要的情况下得到满足"[2]之类的论据而主张就收入分配格局进行事后政治调整的观点是应该被彻底摒弃的。在一个正义的社会里,由正义所保障的个体权利决不受制于政治的交易或所谓的社会整体利益——撇开整体利益在技术上是否可以基于个体利益"汇总"而得到不谈——的权衡,我们没有理由认为为了达到一个所谓的较大的净满意余额就可以默认一些人对另外一些人的肆意伤害[3];公平正义排除了相机抉择——包括在某些特殊情形中通过违反既定规则来减轻那些所谓得益相对较少的人的困境——存在的合理性。对诺奇克来说,由于强调了规则对于结果的决定性方面,其资格理论的历史原则是完全合理的:直观上,"过去的状况和人们的行为能够产生对事物的不同资格或不同应得"[4]。至于罗尔斯,如果他对功利主义的批评所针对的是功利主义就公平规则运行结果所做的事后的政治调整而不是宪法性规则的事先确定,那他所强调的"每个人都拥有一种基于正义的不可侵犯性,这种不可侵犯性即使以社会整体利益之名也不能逾越"[5]也完全正确。

对于社会整体的收入分配,公平分配规则的宪法性性质禁止了非经个体同意的肆意政治性调整。但是,否定政治调整并不等于公平的收入分配规则摒弃了任何形式的"结果"调整。同时也不是说,我们应该完全否定现实的"政治"过程在收入分配中的作用。因为,在制度规则的设计上,就分配结果(比如基于市场机制运行所得到的分配结果)所进行的调整完全可以出现在收入分配尚未产生之前的宪法性规则当中。同时,受人类理性的限制,事先就结果进行调整的程

---

[1] 詹姆斯·M.布坎南.自由、市场与国家——80年代的政治经济学[M].平新乔,等译.上海:上海三联书店,1989:199.
[2] A.C.庇古.福利经济学[M].朱泱,等译.北京:商务印书馆,2006:101.
[3] 约翰·罗尔斯.正义论[M].何怀宏,等译.北京:中国社会科学出版社,2003:4.
[4] 罗伯特·诺奇克.无政府、国家和乌托邦[M].姚大志,译.北京:商务印书馆,2008:186.
[5] 同[3]:3.

度和(或)方式可能无法事先就具体的水平做出明确的确定。在此情况下,有关结果的具体调整可能就需要由现实的政治选择过程来完成。

但是,正如布坎南有关分配公平的主观主义——契约主义观点所强调的,政治调整本身应该是立宪的:"从政治上实行的分配调整,从它们必须包含在社会秩序的永久或准永久制度的意义上讲,首先必须是严格'立宪'的。对分配份额的任何短期立法或议会调整,不可能符合真正的公平准则。"或者,"价值所有权中的政治调整唯有在契约基础上进行才能显示出公平"[1]。也就是说,否定政治性的事后结果调整只是意味着有关结果调整的规则应该在收入得以产生之前而不是之后去确立。

当然,也正是因为就收入分配结果所做的调整可以基于事先的宪法性安排而维持其正当性,诺奇克的资格理论完全将结果调整与规则公平对立就存在局限性,从某种意义上其实是削弱了其论点的力量。反过来,对于功利主义等强调就结果进行调整的分配原则,如果我们不考虑功利主义有关公平正义原则的表述是否合理,并假定功利主义原则所针对的只是事前规则的选择而不是纯粹的事后的结果调整,那功利主义本身并不会侵犯个体的权利,而罗尔斯基于个体权利观点就功利主义原则所进行的批评就批错了地方。因为,功利主义有两种形式:结果功利主义与规则功利主义(rule utilitarian)。对于结果功利主义侵犯个体权利所做的批评,功利主义者可能会反驳说,功利主义适用的是事前的规则而不是事后的结果:"我们应该将效用标准应用于规则,就算违背规则的行为可以产生更大的效用,我们也应该采取那些受最好的规则所支持的行为。社会合作要求遵守规则。因此,我们不应该采取简单地评估暂时的行为所导致的后果,而应该评估约束我们行为的规则所导致的后果。"[2]

方法上,如果功利主义对其合理性所做的伦理辩护是基于规则功利主义而不是结果功利主义之上的,那么,在功利主义的理论体系内,功利主义原则与个体权利并行不悖(假如我们暂且撇开功利主义原则本身的合理性问题):其一,由于规则是基于功利原则来加以选择和架构的,个体的权利其实是由功利原则所确定的。其二,在给定的规则下,个体所获得的收入是自己的权利。即便重组社会结构与调整收入分配能够提升社会的福利水平,这也不会被他们所支持:使效

---

[1] 詹姆斯·M.布坎南.自由、市场与国家——80年代的政治经济学[M].平新乔,等译.上海:上海三联书店,1989:199.
[2] 威尔·金里卡.当代政治哲学[M].刘莘,译.上海:上海译文出版社,2015:36.

用最大化的行为根本就不可能剥夺"我"的权利份额,即规则功利主义本身也否定对规则运行结果进行事后政治调整的合理性[1]。其三,规则功利主义所支持的结果调整是规则上的宪法性调整,而宪法性的调整本身并不会侵犯个体的权利。因为,按照功利主义的逻辑,个体的权利是由公正的规则所定义的,权利不可能先于功利主义的效用计算而存在:对于不满足功利原则的份额,个体就对它就不拥有权利。

理论上,一旦我们将收入分配的关注点放到了事前的规则上,那收入的公平分配及其个体对于收入的权利就是由事先确定的规则所决定的:个体并不存在独立于公平规则而事先得以确定的所谓权利。进而,在讨论收入分配问题时,理论上也不能预设某种独立于公平分配规则而存在的所谓历史起点抑或作为理论论证前提的分配参照系,然后在此基础上就社会的收入分配状况进行改良。在这一问题上,在提出其补偿原则时,作为理论讨论的基点,罗尔斯首先假设:"所有的社会基本善都被平等地分配,每个人都有同样的权利和义务,收入和财富被平等地分享。"以此为基点,罗尔斯进一步指出:"如果某些财富和权力的不平等将使每个人都比在这一假设的开始状态中更好,那么它们就符合我们的一般观念。"[2]但实际上,罗尔斯从平均主义出发,保障每个人的利益不受损害——除非有一种改善两个人状况的分配,否则一种平等的分配就更可取——的思路有其局限性:一方面,罗尔斯未能证明平均主义就构成了个体的权利;另一方面,如果权利是事先确定的,那么我们也可以从其他点出发,比如从个体的劳动所得与市场选择结果出发,此时,罗尔斯主义与平均主义其实都存在罗尔斯本人所强烈批评的对于个体权利的侵犯问题。

在收入尚未形成之前去确定分配规则并确保规则的切实执行,这有利于保障收入分配规则的公平性并促使个体就公平的收入分配规则达成一致。但需要特别指出的是,就本研究的主题而言,由于这里所讨论的收入分配规则是规范意义上的伦理判准而不是现实的规则架构,有论者可能会说,基于规则的公平性保障与一致性诉求来为宪法性规则进行辩护是多余的:在现实的操作层面,公平的收入分配规则确实应该尽可能地在事先去确定,但在规范伦理层面,当我们基于

---

[1] 当然,既然功利主义适用的是规则,那功利主义的适用范围应该受到限制:一旦社会的基本结构得以确定,收入的公平分配需要由双方的契约过程来解决。同样的,罗尔斯主义的正义原则,如果它是恰当合理的,它也只应该适合于立宪决策,我们不能以此等原则为依据来对规则运行的结果做出政治调整。

[2] 约翰·罗尔斯.正义论[M].何怀宏,等译.北京:中国社会科学出版社,2003:62—63.

可逆性检验一致有效意义上的平等待人原则来就公平的收入分配规则做出确定时，事后确定规则所存在的"自爱"因素的干扰问题以及强者对弱者的政治倾轧问题都会因为规范伦理这一限制性条件而得以避免，因为伦理规范本身意味着所要确定的规则是纯粹的、超现实的，是对相关干扰因素起免疫作用的。

确实，如果纯粹只是在理论上确定收入分配的伦理规范，我们并不需要基于规则的公平性与就规则达成一致的可能性来就宪法性规则进行论证：恰如批评者所言，伦理规范问题本身的性质其实已经保证了规则的公平性及个体就公平规则达成一致的可能前景。但是，伦理规范最终总是要用于现实实践，而在收入分配的现实实践方面，公平的分配往往要求分配规则在收入得以形成之前去确定：能够保证收入公平分配的规则是事先确定的宪法性规则而不是那种赋予权力拥有者可以肆意调整分配结果的政治性规则。

在这里需要强调一点，哪怕我们只是考虑伦理规范的理论界定，将收入分配的伦理规范与事先的宪法性规则而不是事后的政治规则联系在一起，还是有其依据和理由。具体来说，我们之所以将作为目标导向的收入分配规范定位于事先的宪法性规则，这很大程度上在于规则先于结果的时序关系及其所引致的规则对于结果的决定性作用，即社会收入及其分配结果都是经由之前确定的特定制度规则而得以产生的：所有的收入分配都是在给定的制度结构下人们通过生产、消费与交换等行为而得以确定的，离开了分配的规则，收入分配格局就不可能产生。进而，作为目标导向的公平收入分配规则必然是在收入形成之前得以确定的：即便是纯粹的学术讨论，我们也应该将问题的关注点放在收入并未形成之前的制度规则上，即收入分配的目标规范只能是事前的宪法性规则而不可能是事后的政治分配规则。

第六章

基本构件：规则要件及其性质

一、导言

为了就收入公平分配规则的具体结构做出分析，可以就规则意义上的收入分配规范做出形式表述。一般地，令收入分配向量与决定分配向量的收入分配规则分别为 Y 和 $F(x)$。其中，x 为决定收入分配结果的诸因素（如个体的努力、禀赋、选择、贡献与需求等），F 则为将诸决定因素组合在一起的综合程式。实体形态上，既然作为目标导向的收入分配规范所涉及的是公平的分配规则，理论上所要探求的是公平的收入分配规则 $F(x)$ 而不是具体的收入分配向量 Y。与此不同，当主流经济理论分析从收入均等或收入差距缩小等角度来理解收入分配公平时，它们所关注的是收入分配向量 Y，特别是向量 Y 中各元素 y_i（其中，y_i 为个体 i 的收入水平）的离散程度。但实际上，虽然公平的收入分配最终所显示出来的是公平的分配向量 Y，但公平收入分配规范所要确定的是隐藏在分配向量 Y 之后并对分配起决定性作用的分配规则 $F(x)$。

方向上，一旦我们将收入分配的目标规范与公平的收入分配规则 $F(x)$ 而不是具体的收入分配结果联系一起，这可能会给人一种印象，此等意义上的伦理规范是一个与收入分配无关的东西。毕竟，$F(x)$ 中没有体现收入（Y）及其分配的元素。对此，我们需要指出的是：明确收入分配的伦理规范涉及的是"关联结构"意义上的公平分配规则而非具体的分配结果，这只是说明伦理规范的探索要将关注点放在决定收入分配的规则上，而不是说目标规范与收入分配的结果无关。一方面，鉴于分配的"关联结构"不仅涉及决定因素 x 及相应的综合程式 F，同时也涉及被决定的变量 Y：收入分配结果其实也是"关联结构"意义上的公平分配规范的一部分。另一方面,由于我们所要探索的是收入分配的伦理规范,离开收入分配的结果来谈所谓的伦理规范是不可能的:对公平收入分配伦理规范的探索必然要以收入分配为核心并围绕这一中心来展开。以 $F(x)$ 来表达的分配规范之所以没有体现收入方面的因素,这在很大程度上是因为理论表述上的简化。从完整意义上来说,公平分配规则意义上的收入分配规范其实可以表述为 $F(x) \to Y$,其中,对于规则所涉及的收入向量 Y,鉴于对公平规则的探索不需要我们事先去确定具体的分配结果,在理论表述上我们可以将其省略而将关注点放在决定因素及其综合程式的选择方面。

在基本构建上,公平的收入分配规则涉及决定因素 x 和综合程式 F 这两个方面。其中,对于决定收入分配结果的因素(x),正如政治哲学、经济哲学等相关的理论分析就分配正义原则所做出的理论表述和总结那样(参见表 2.1),它存在多种可能的类型,概括起来有三大类:(1)"供给"性因素,主要是自由意志下的个体努力、投入抑或时间与精力方面的付出、资本、德性或德才、才能、成绩、贡献与付出(如排队)以及不为人类意志所支配和控制的自然因素、先天的智商禀赋与社会运行过程中的各种偶然因素(对应着按劳分配与按绩效分配等原则);(2)"需求"性因素,如需要与效用(对应按需分配等原则);(3)"综合"性因素,如人头因素(对应着完全平等原则抑或平等主义原则)。既然如此,那作为目标导向的公平收入分配规则具体又是何种分配类型的规则呢?是单一因素决定的分配规则还是将多种因素组合起来的综合性的分配规则?如果因素决定是多方面的,相关的因素又应该通过何种方式得以综合起来以决定最后的分配结果呢?

理论上,既然分配规则是由决定因素 x 和综合程式 F 组合而成的,公平收入分配规则界定的任务在于对相关的决定因素做出具体确定并选择恰当的综合程式 F 将相关的决定因素组合起来。鉴于此,从基本构件角度就公平收入分配规则的探索也就相应地从对应的两个层面来加以展开。当然,鉴于公平收入规则的确定需要应有的信息基础,在就决定公平规则基本构建做出分析之前,我们首先分析:公平收入分配规则得以确定所使用的信息类型及性质如何?作为伦理规范的公平规则是基于特定社会结构与特殊经济形态的特殊信息所确定的特殊规则还是依赖于与特定社会和特定个体完全无关的、反映人类社会普遍状况一般信息的一般规则?在信息问题得以解决之后,我们再来具体分析公平分配规则的具体结构及其性质。

二、决策的信息基础

可逆性检验一致有效意义上的公平收入规则的确定需要克服个体"自爱"因素对于公平规则选择的影响。就罗尔斯的正义论来说,"无知之幕"的意义就在于摒弃个体的身份信息,以保证个体所确定的正义原则能够兼顾各方的利益。但选择是以信息为基础和前提的,对个体身份等私人信息的屏蔽并不等于决策者是一无所知的。毕竟,恰如阿马蒂亚·森所言:"任何一项评估判断都依赖于一些信息。"[1] 没有信息及相关的知识,我们就无从决策,这不管是正义原则的选择还是正义原则得以选择后公平规则的确定,都是如此。既然规则的选择需要以应有的信息为基础并受到个体所占有的信息状况的影响和支配,有关公平收入分配规则选择过程中的信息基础就值得特别注意。

特别地,根据规则选择者所拥有的信息特征来划分,理论上有两种不同性质的信息假设类型:其一,是个体知晓社会特殊信息的厚信息假设,即假设决策者知道收入分配规则得以实施社会中所有个体的特殊偏好和(或)社会经济总量和(或)结构方面的具体特征;其二,是决策者仅仅知道诸社会一般信息的薄信息假设,即将个体特殊偏好与特定社会的具体信息撇开。至于薄信息假设意义上的一般信息,具体包括:(1)作为备选对象的、社会可供选择的规则类型及其性质的信息;(2)有关主体"人"所具有的带有普遍倾向的知识,包括人的一般性情、一般意义上的个体偏好结构、人类的一般心理状态以及与智力禀赋等有关的个体差异性与相同性认知方面的知识。

一般地,在收入分配伦理规范的确定问题上,以厚信息假设为前提来讨论分配规则的选择存在局限性。因为,如果公平收入分配规则的确定依赖于特定个体偏好、经济状况等特定的信息类型,那在技术操作层面,公平收入分配规则的确定如果不说是完全不可能的,那至少也是极其困难的。首先,是静态社会结构中个体偏好等特殊信息的识别问题。受人类理性的限制,试图就公平收入分配规则做出确定的决策者不可能对社会的具体信息有着完全的把握和理解。在有的时候,决策者甚至对于自己的偏好信息都存在某种不能完全肯定的不确定性。

其次,是动态社会结构中由社会材质变化所引致的、需要就厚信息假设下社会制度规范不断进行修正和调整的问题:如果公平收入分配规则的选择需要以

---

[1] 阿马蒂亚·森.再论不平等[M].王利文,等译.北京:中国人民大学出版社,2016:83.

厚信息为基础,那我们就很难去建立稳定的、能够指导收入分配等社会实践的制度规则。因为,社会是一个变动的体系,社会结构处于不断变化和调整过程中,而个体对于社会商品和服务的偏好,它也并不像主流经济学理论所持有的"稳定偏好"假设所认为的那样是恒定不变的。在此情况下,即便厚信息假设是现实可靠的,规则决策者可以获得规则选择所需要的所有具体信息,依此来选择公平规则在应用上还存在问题:如果公平的收入分配规则是基于厚信息基础而做出的,作为价值判准的分配规范就需要时刻依据社会结构与个体偏好的变化而进行相应的调整。显然,制度规则的不断调整在技术上是难以操作的,同时这在很大程度上也使得事先确定收入分配的伦理规范没有什么价值和意义。

与基于厚信息假设来确定收入分配规则所存在的技术可能性问题不同,当人们基于薄的信息来就分配规则进行选择和确定时,鉴于此时所需要的是有关社会结构与个体偏好的一般信息而不是有关个体特定偏好与特定社会的特殊信息,就公平的收入分配规则做出确定在技术上完全是可能的。一方面,有关普遍特征的一般信息可以依靠于人类理性的力量而获取和感知。另一方面,既然此时作为规则选择的信息基础是一般的普适性知识,而一般知识具有不受时空限制的普遍性和永久性,以此为基础来架构公平的收入分配规则并不需要基于现实情况的变化而不断做出动态调整。这表明:相比厚信息基础,以薄信息为基础来探究可逆性检验一致有效意义上的公平收入分配规则更为可取。进而,这意味着:当个体基于可逆性检验一致有效的方法来就公平收入分配规则的具体结构做出确定时,除了个体属于何种身份的私人信息需要加以屏蔽之外(类似于罗尔斯的"无知的面纱"的场景),个体属于特定国家和特定时期的特殊社会信息以及个体具体偏好等方面的特征信息也都需要彻底过滤,决策者所依赖的只是薄信息意义上的有关人类普遍特征的一般知识和信息。

当然,受人类理性的限制,哪怕是一般的信息而非信息的特殊类型,规则选择者所能掌握的信息也往往比较有限:我们不可能掌握所有有关规则选择的一般信息和(或)知识,人类理性的有限性同样会制约公平分配规则的理性选择。与此同时,伴随着人类对于社会理解程度的不断深化以及由此所带来信息和知识的积累,人们可能会对已有的作为规则决定基础的一般性认知做出理性的修正和调整,而理性认知的变化同样会对规则结构的调整提出要求。但尽管如此,相比基于特殊信息来探究公平的收入分配规则,基于一般信息来就公平收入分配规则做出探索仍有其依据和理由。因为一般信息是具有普遍性的和永久性的信息,它可以经由人类理性的实践所证实或证伪。而特殊信息,由于它是即时性的,而历史又不能重复,相关信息可靠与否,往往难以经由理性来加以检验和判断,信息难以证伪或证实的问题会严重影响到信息本身的质量。

其实,两类信息性质的差异不仅仅是是否可证实或证伪方面的,同时,也是信息质量是否真正可积累、可提升方面的。对于一般的信息,尽管人类社会对它的占有也是有限的,但一般信息的知识存量可以随人类理性认知的深入而不断积累。而特殊信息,尽管它们也是可以积累的,但它们往往只是不同类型信息数量的堆积而不是同一类型信息质量方面的提升。毕竟,特殊信息是不断变化和调整的,前一时刻的信息可能完全不同于后一时刻的信息。这也就意味着:尽管我们对两类信息的掌握都是有限的,但我们对一般信息占有的有限性与特殊信息认知上的有限性这两者之间存在重大的区别,而一般信息变化所引致的规则调整在性质上也完全不同于特殊信息变化调整所引致的规则的调整。

当然,严格地说,如果以一般信息为基础来就公平收入分配规则进行选择的依据仅仅只是相对优势方面的,那这在逻辑上也许并不能完全将特殊信息排除在规则选择的信息基础之外:尽管基于特殊信息来探索公平的收入分配规则存在相对劣势,但逻辑上我们似乎还可以将其作为一般信息的补充而为公平收入分配规则的选择提供信息基础。问题是,厚信息所存在的问题不仅仅是信息质量方面的所存在的相对劣势问题,还有其他更进一步的原因。

首先,是宪法性规则选择中特殊信息的匮乏和不可获得问题。鉴于作为目标规范的公平收入分配规则是人们在收入产生之前的事前阶段所选择的宪法性规则,而在收入尚未形成之前的立宪阶段,由于社会并未开始运作,个体具体的偏好并没有得到显示,个体实际的禀赋和能力未能得以彰显,而社会资源的具体规模和分布状态也未能得以探明,社会的各具体信息不可能为规则的选择者所预先知晓。既然公平规则的选择者不可能对社会的具体信息有应有的把握和理解,基于厚信息假设来做决策就缺乏可靠的现实基础。

其次,基于特殊信息来构建公平的分配规则将蕴含着伦理规范与个体需求和偏好之间的价值关系的扭曲。在现实性上,正如马克思和马歇尔等所强调的,社会制度影响到人们需求和偏好的形成:"社会体系塑造了它的公民们要形成的需求和志愿,它在某种程度上决定着人们现在的类型以及他们想成为的类型。所以一种经济体系不仅是一种满足目前的需要和欲求的制度手段,而且是一种创造和塑成新的需求的方法。"[1]而社会制度的确定,需要以伦理规范为标准:

---

[1] 约翰·罗尔斯. 正义论[M]. 何怀宏,等译. 北京:中国社会科学出版社,2003:259.

在理论上确定收入分配伦理规范的价值和意义就在于为现实的制度安排提供规范指导。也就是说,伦理规范通过对现实制度的选择而影响个体需求与偏好的形成。现在,如果公平收入分配规则的确定需要依赖于个体需求与偏好等特殊信息,这意味着是个体的特殊需求与偏好等因素决定了收入分配规则等社会制度的应有框架,而不是以作为伦理规范的应有的社会制度框架去塑造和影响个体特殊需求和偏好的形成。

最后,基于厚信息意义上的特殊信息来确定收入分配的目标规范最终会影响到由此所确定的伦理规范本身的合理性、正当性。在讨论科学的含义问题时,伊利亚·普利高津总结性指出:"我们受益于人类历史形成以来古希腊人的两个理念:第一,自然的'可理解性',或用怀特海的话:'建立一个有条理的、逻辑的、关于普遍思想的必不可少的系统,使我们经验的每个要素都能得到解释'。第二,是建立在人的自由、创造性和责任感前提之上的民主思想。"[1]普利高津的表述表明:强调决定性(更准确来说其实是实在性)的科学对于人类非常重要,而与强调创造性相关的个体自由抑或自由意志也同样重要。现在,假如可逆性检验一致有效的公平收入分配规则是基于特定个体需求与偏好等特殊信息而得以确定的,那实际上意味着收入的公平分配问题已经基于个体的需求与偏好等特定信息而事先得以解决,那此等规则还留给规则运行过程中个体自由选择和自由意志的发挥有多大的空间呢?假如事先所确定的规则业已充分考虑了有关个体特殊偏好与需求的所有相关信息,社会还需要个体为其所获得的收入进行选择吗?

与此不同,如果选择公平收入分配规则的信息基础是一般性的而不是特殊性的,此等规则完全可以给个体自由选择和自由意志留下充分的空间:在规则运行阶段,理性的个体可以基于个体的自由选择来决定收入分配的结果。这也就是说,在事先的立宪阶段,基于厚信息假设意义上的特殊信息来选择公平的收入分配规则不仅是不可能的,也是不可取的,公平收入分配规则的选择应该建立在薄信息假设的基础上:决策主体所拥有的是有关人与社会的一般知识而非特殊的信息。既然作为公平收入分配规则确定基础的信息是具有普遍性和永久性的一般信息,那作为目标导向的收入分配规则其实是具有某种普遍性与准永久性的一般公平分配规则,而不是那种即时性的特殊分配规则。

---

[1] 在此基础上,普利高津进一步强调了科学的理念与民主的理念存在的冲突:"只要科学仍将自然描述为一架自动机,那么,这两个理念就是相互矛盾的。"伊利亚·普利高津.确定性的终结——时间、混沌与新自然法则[M].湛敏,译.上海:上海科技教育出版社,1998:13.

然而，与这里所探讨一般的公平分配规则不同，功利主义及其所推演的公平收入分配规则在很大程度上是特殊性的。尽管功利主义原则本身是作为具有普遍性的一般正义原则而得以提出的。一方面，作为个体理性决策模式向整体决策的逻辑扩展，哈奇逊、西奇威克、边沁、穆勒与埃奇沃思传统上的功利主义以加总福利的最大化来定义公平正义。在这里，由于功利主义并未就功利原则所适用的"社会"的性质和范围做出限定，并未将功利原则的适用领域限定在特定的社会形态之中，功利主义所试图给出的正义原则是一般的、普适性的原则。但另一方面，鉴于社会福利的基础是个体的个性化偏好，功利主义就规则进行选择就需要以各社会具体的信息——个体偏好以及外在的环境信息——为基础，它们所持有的是厚信息假设。进而，撇开功利主义原则所存在的其他问题不谈，以特殊信息为基础的正义原则及其所推导的分配规则并不具有原则和规范所具有的普遍性。因为，照此逻辑，如果公平收入分配规则是基于特定个体偏好等特殊信息而得以确定的，作为目标规范的收入分配规则也应该是不断调整的。毕竟，社会本身是不断变化的，基于上一时点的具体信息所确定的制度规则对下一时刻的社会并不适用。

对于罗尔斯，其"作为公平的正义"以一种大家可能一起做出的、一般的正义原则的选择开始：这些原则将支配着随后对制度的所有批评和改造，包括决定宪法和建立立法机关来制定法律等。特别地，为了确定指导社会基本架构选择的原则，罗尔斯要求个体将自己置于"无知之幕"后的"原初状态"来就正义原则进行选择。"无知之幕"不仅屏蔽了有关个体具体偏好方面的私人信息，同时也屏蔽了属于特定社会结构的特殊的公共信息。在推导其正义原则时，罗尔斯没有将原则决策者置于某种特定的社会共同体之中，同时他也没有就正义原则的选择设置某种特定的社会背景，而是将正义原则的选择置于一种抽象掉了所有特殊信息的状态：处于"原初状态"下的个体没有任何属于特定社会背景的特殊信息，而只具有人类社会的一般信息[1]。既然罗尔斯的正义观并非来自某种特殊的社会背景和某种特殊社会结构，与功利主义原则得以提出的初衷一样，"作为公平的正义"所试图推导出的并非针对特定社会结构的特殊原则，而是一种普遍主义的适用于评价所有人类社会的一般性的规范性观念或规范性标准[2]。

---

[1] J. Rawls. A Theory of Justice[M]. Cambridge：The Belknap Press of Harvard University Press，1971：137.
[2] 龚群. 罗尔斯与社群主义：普遍正义与特殊正义[J]. 哲学研究，2011(3).

在此方面,罗尔斯在其《正义论》的结尾就谈到:从原初状态的观点来审视我们在社会中的地位,"即从永恒的视角来进行考察——不仅从全社会而且从全时态的视域来审视人的境况"[1]。相应地,在制度选择层面,由于屏蔽了属于特定历史时期的特定信息,基于罗尔斯的正义原则所推演出的制度规则应该是一般性的,普遍适用于所有社会和历史时期。

然而,尽管罗尔斯正义论的旨趣及其选择正义原则的环境都在于确定指导社会制度选择的一般公平正义原则,但与功利主义的问题具有很大的相似性,由于其原则最终还是基于特定个体偏好等特殊信息来表达的,其正义原则探索的结果并不符合其理论分析所要实现的目标。因为,在罗尔斯看来:撇开个体在社会中所处地位的相关知识,在"无知之幕"后的个体所选择的正义原则是他的最大最小原则(也称为差别原则):"所有社会价值——自由和机会、收入和财富、自尊的基础——都要平等分配,除非对其中的一种价值或所有价值的一种不平等分配合乎每一个人的利益。"[2]现在,如果社会制度(比如这里所讨论的收入分配规则)需要按照罗尔斯的差别原则来提升最差个体的福利水平,那作为规则决定者的我们在多大程度上能够了解社会所属个体的地位及其状况的分布?我们在多大程度上知道谁是地位较好者?谁是地位较差的人?或者,更进一步,地位较好的人与地位较差的人,究竟是规则运行的结果还是规则运行的前提?在规则选择的立宪阶段,社会就存在所谓的地位较好者和地位较弱者吗?

显然,与功利主义原则的现实应用一样,罗尔斯差别原则的使用需要以厚信息为前提,包括个体的特殊偏好、社会运行的特定结果、特定的社会结构关系及其所引致的属于特定社会的特定因果关系(比如罗尔斯所提出的链式连接),此等正义原则及其所推演的制度规则也不是普遍性的。同时,也正是受具体信息难以获得的限制和影响,罗尔斯主义就很难从其所谓的一般正义原理中推导出具体可靠的分配规则来。而罗尔斯本人在《正义论》中所提出的制度规则,其实就无法基于其所确定的正义原则而直接推导出来。事实上,与功利主义一样,如果罗尔斯主义需要保持其正义原则的普遍性并由此而推导出合理的收入分配规则,它至少应该假设其目标函数中的个体偏好是一般性的偏好结构,即应该将个体具体的偏好信息给过滤出去。

---

[1] J. Rawls. A Theory of Justice[M]. Cambridge: The Belknap Press of Harvard University Press, 1971:587.

[2] 约翰·罗尔斯. 正义论[M]. 何怀宏,等译. 北京:中国社会科学出版社,2003:62.

当然,以特殊信息为基础的正义原则的伦理局限性,罗尔斯在很大程度上已经意识到了问题的存在性。他指出,如果正义观依赖于现有个体的目标,并以原则的形式来调节社会秩序,以使得人们受到所选择的目标的指引,那么,这一原则怎么能够确定一个用以评价社会基本结构的阿基米德支点呢?基于这一理性的判断和思考,罗尔斯试图通过摆脱特殊信息假设的束缚来对其理论做出某种修正。他指出:"正如关于原初状态的说明及其康德式解释所表明的,我们决不可忽视原初状态的特殊的性质和在那里所采纳的原则的范围。关于各方的目标,我们仅仅做出了最一般的假设,即他们的兴趣在于基本的社会善,以及不管他们要求别的什么他们都想要的东西。"[1]而在《作为公平的正义——平等新论》中,罗尔斯指出:在为社会的基本结构选择原则时,处在原初状态中的当事人使用效用函数(utility function)为选择的标准,但该函数是建立在有关公民切身利益的基本需要和要求的基础之上的,而不是以公民的实际爱好和兴趣为基础。问题是,如果作为差别原则基础的效用函数是一般性的,那地位较好者和地位较低者是什么意思呢?离开了个体的实际偏好和利益,社会还存在所谓的地位较好者和地位较差者么?也就是说,尽管罗尔斯试图使其差别原则一般化,但差别原则本质上是特殊的原则,根本就不可能一般化。

在性质上,一旦我们将作为目标导向的收入分配规范定位于基于一般信息和知识而确定的具有普遍性和准永久性的一般制度规范,有论者可能会说:社会是变化的,指导社会实践的正义原则及其制度安排也是变化的,我们不应该因循守旧,不应该墨守陈规。在此方面,针对普遍主义认为正义不受时空限制的普适性公正观,社群主义者提出了质疑和批评。在社群主义者看来,普遍主义的正义观是一种理论幻想,现实中的正义总是具体的、历史的,并不像罗尔斯所想象的那样是普遍的、永恒的。其一,是空间的地域限定性:正义并非超越于一定社会共同体的,而是为一定社会背景结构所决定。在此方面,麦金太尔、沃尔泽和桑德尔"都强调共同体的先在性,从而主张一切正义观念和原则都具有相对于共同体的从属性。……社会共同体与传统都历史地规定着个人及其拥有的包括正义在内的政治道德原则与观念"[2]。其二,是时间的历史限定性。作为自由主义的反对者,针对自由主义将个体权利视为普适性原则的观点,麦金太尔强调了个

---

[1] 约翰·罗尔斯.正义论[M].何怀宏,等译.北京:中国社会科学出版社,2003:260.
[2] 参见龚群.罗尔斯与社群主义:普遍正义与特殊正义[J].哲学研究,2011(3).照此理解,任何人类的社会实践都是地方性的,决定人类社会的正义原则与观念也是多样性、特殊性和地方性的。

体权利原则的历史性。麦金太尔认为:"恰如所谓功利概念一样,自然的或人的权利不过是一种虚构,不过是一种具有高度特殊性质的虚构。"[1]

应该说,关于公平正义原则的地域差异性、历史变动性等方面的问题,马列主义的经典作家已在他们的著作中有过类似的论述。在《反杜林论》这一经典文献中,恩格斯指出:"平等的观念,无论以资产阶级的形式出现,还是以无产阶级的形式出现,本身都是一种历史的产物,这一观念的形成,需要一定的历史关系,而这种历史关系本身又以长期的以往的历史为前提。所以这样的平等观念什么都是,就不是永恒的真理。"[2]但是,需要注意的是,我们应该就现实中人们持有的公正观与作为规范判准的公正观做出区分:历史时序中的个体对于公平观念的表述经常存在差异且经常变化,但作为规范判准的公平正义原则则是具有普遍性、永恒性和个体认知的一致性的,就是可逆性检验一致有效意义上的平等待人。

就麦金太尔等社群主义者来说,当他们就普适性的公正原则进行批评时,他们在很大程度上把作为事实的现实的公正观与作为价值判准的规范的公正观给混淆了:现实的公正观受共同体和传统的影响,但规范的公正观是超越于共同体及其传统之上的;现实的公正观是历史的,但作为规范判准的公正观则是超越于历史之上的,规范原则本身与人们是否已经提出、是否认识到无关。就个体权利原则而论,麦金太尔认为权利概念是一个历史概念是合乎事实的,但历史上是否提出权利概念、是否能够保障个体的权利是一个问题,而是否应该保障个体的权利又是另外一个问题。我们不能因为个体权利概念是近代以来的一个概念而否定在近代以前保护个体权利的必要性,正如我们不能因为天文学家以前没有发现某颗星星而否定这颗星星的客观实在性那样[3]。

当然,由于社会结构是不断变化的、有差异的,即便大家都认同了公平正义原则的普遍性和永恒性,基于一般信息和知识来确定一般公平规则的观点还是会受到人们的质疑:如果收入分配的伦理规范是基于一般的信息和知识而得以确定的,是一般的规则,那单一的规则如何可能为多样化的、可变性的社会提供一般的指导? 由此所确定的公平分配规则对于收入分配问题的解决是否有价值

---

[1] 阿拉斯戴尔·麦金太尔.谁之正义性? 何种合理性?[M].万俊人,等译.北京:当代中国出版社,1996:9.
[2] 马克思恩格斯全集:第20卷[M].北京:人民出版社,1995:117.
[3] 龚群评价指出:"麦金泰尔对权利概念的否定招致了猛烈的批评,这使得他在写作《谁之正义? 何种合理性?》时有意回避了相关的内容,这表明他已经意识到完全否定权利概念的错误。"参见龚群.罗尔斯与社群主义:普遍正义与特殊正义[J].哲学研究,2011(3).

和意义？应该说，鉴于社会的复杂性和变化性，在具体安排上，社会形态的变化需要就收入分配规则做出某种适应性的调整，但这并不妨碍在一般理论层面就普适性的收入分配规范做出确定。因为，社会的多样性和变化性只是要求此等规则应该具有可塑性：作为目标规范的收入分配规则应该给社会的发展留下空间。

关于制度可塑性的具体例子，我们只要关注一下市场机制就可以理解了：社会是千差万别且不断变动的，但作为一种利益协调机制，在大多数的情况下，市场机制都能够将不同偏好的个体有机协调起来，它能够在不同国家的不同时期发挥其制度的协调作用，而不管社会的偏好结构与社会状况如何。因此，我们完全有理由相信：具有普遍性和可塑性的收入分配规范是完全存在的且可以明确确定的，而本研究接下来的主要任务就是进一步确定这种具有可塑性的一般规则的具体结构。当然，也正因为所探究的是一般性的规则，接下来有关公平分配规则的探索是有范围限定的：我们所要探究的是具有普遍性和准永久性的基本的分配规则，而并非在基本框架结构得以确定的情况下经由理性个体的自由契约过程而形成的特殊规则类型。

三、分配的决定性因素

威廉·汤普逊提问式指出：在把自然界提供的天然物质转变成社会财富的过程中，即在社会物质生产的过程中，"大自然对于这个转变做了些什么呢？什么也没有做。人，人的劳动，做了些什么呢？什么都做了"[1]。鉴于人类劳动在社会物质财富转化中的作用，在讨论收入的公平分配时，诸多的思想家，比较有代表性的如威廉·汤普逊、约翰·格雷、约翰·勃雷、托马斯·霍奇斯金等社会主义思想家，他们认为个体所获得的收入应该根据其劳动贡献的大小来决定[2]。而洛克有关个体对于土地等自然资源占有的权利也以劳动作为决定的基础。在洛克看来，对于土地和一切低等动物，个体具有权利的前提是"已经掺进他的劳动，在这上面参加他自己所有的某些东西"[3]。至于斯宾塞，他则明

---

[1] 威廉·汤普逊.最能促进人类幸福的财富分配原理的研究[M].何慕李,译.北京：商务印书馆,2009：34.
[2] 参见土广.对分配正义的评判与反思——基于《哥达纲领批判》的视角[J].哲学研究,2009(10).
[3] 洛克认为："谁把橡树下拾得的橡实或从树林的树上摘下的苹果果腹时,谁就确已把它们拨归己用。"约翰·洛克.政府论(下篇)——论政府的真正起源、范围和目的[M].叶启芳,等译.北京：商务印书馆,1996：19.

确否定了不考虑劳动贡献的分配方式的公平性:"如果把大地出产的相等部分给予每一个人,而不去管他对于取得产出所贡献劳动的数量和质量,那就是做一件破坏公平的事。"[1]

照此思路,决定收入公平分配结果的因素(x)应该为劳动。有两方面的含义:其一,由于劳动创造了社会的收入和财富,所有的劳动产品、收入均应该归劳动者所有,否则收入分配就不公平、不正义。对此,传统的政治经济学理论就认为,"资本家和地主不劳动却能占用大量的劳动产品,这种收入分配是极端不公平和不正义的"[2]。在此等观点看来,按要素分配使得劳动者——通常指生产工人——没有得到他们劳动所创造的全部价值而造成剥削[3]。其二,在劳动者内部,收入分配应该按照劳动的量来进行分配。在此方面,亚里士多德有关公平的比例分配公式就认为劳动产品需要按照劳动的多少在他们之间进行分配:多劳多得,少劳少得[4]。

关于按劳分配的收入分配规则,由于它强调了个体劳动及其努力对于社会收入分配的决定性作用,它无疑是有其内在合理性的。至于其中的原因,阿克与拉莫特曾基于平等补偿的角度进行了辩护:"当人们基于他们的努力得到酬劳时,情形不过是做出那种努力所包含的成本被他们后来得到的额外的收入补偿了。因此总体的结果是一种平等的结果"[5]。而诺奇克的资格理论则基于个体的自我所有权来推导个体对于劳动产品及其收入的占有权利。在诺奇克看来,由于"我"拥有我自己,所以,"我"就应该拥有"我"所获得的劳动产品和收入,否则,其他个体就会因为占有"我"的劳动产品和收入而拥有"我"[6]。

应该说,基于成本补偿和个体所有权来就劳动所有权进行论证有一定的道理,但它们都存在逻辑的局限性。就成本补偿论证而言,正如戴维·米勒所质疑的,如果个体所获得的收入是对其付出的补偿,那是否意味着那些从工作中感受到快乐的人应该比觉得工作是令人烦恼的人的报酬低呢?是否意味着把工作视作职责的(工作对他们有内在价值)的人的酬劳应该少于认为工作没有内在价值

---

[1] 赫伯特·斯宾塞.社会静力说[M].张雄武,译.北京:商务印书馆,1996:61.
[2] 张彦.论财富的创造与分配[J].哲学研究,2011(2).
[3] 周为民,陆宁.按劳分配与按要素分配——从马克思的逻辑来看[J].中国社会科学,2002(4).
[4] 亚里士多德认为:"既然公正是平等,基于比例的平等就应是公正的。""拥有量多的付税多,拥有量少的付税少,这就是比例;再有,劳作多的所得多,劳作少的所得少,这也是比例。"参见亚里士多德.亚里士多德全集:第八卷[M].苗力田,主编.北京:中国人民大学出版社,1992:279.
[5] 转引自戴维·米勒.社会正义原则[M].应奇,译.南京:江苏人民出版社,2001:261.
[6] R. Nozick. Anarchy, State, and Utopia[M]. New York: Basic Books, 1974: 169-172.

的人呢？在米勒看来，"除非我们想说赋予那些从他们的工作中感到快乐的人或者把他们的工作视作他们被命令去完成的一种职责（有内在价值）的人的酬劳应少于那些觉得工作是令人烦恼的或没有内在价值的人，我们就必须放弃对努力进行酬劳是达到平等的一种手段的观念"[1]。

至于诺奇克的自我所有权论证，作为社会过程的一种产物，个体对于劳动产品和收入的获取不仅依赖于个体的劳动，同时也依赖于社会和自然的资源，基于自我所有权——"我"拥有我自己——来论证劳动对于社会产品和收入的所有权时，这在一定程度上又否定了劳动对于社会产品和收入的绝对所有权。实际上，社会产品的获取、社会收入的分配之所以需要考虑劳动及其努力的决定性作用，其道理很简单：如果社会劳动产品和收入的分配与个体的劳动及其努力无关，那此等分配规则抑或说分配的"关联结构"无法经得起人类理性的可逆性检验。

但是，强调劳动与努力对于收入分配结果的决定性作用，这并不等于作为伦理规范的收入分配规则是分配结果完全由劳动来决定而彻底排斥资本、土地和管理等因素的纯粹的按劳分配原则。毕竟，社会的财富——按使用价值定义的财富——不仅有通常意义上的"'借人力'而创造出来的财富"，也有"天然存在的"部分："劳动不是一切财富的源泉。自然界和劳动一样也是使用价值（而物质财富本来就是由使用价值构成的！）的源泉。"[2]其中，天然存在的财富是自然界的恩赐而非人类的劳动产品。对于此等财富，既然它们的形成并非劳动的结果，以劳动为依据来进行分配在逻辑上说不通。

当然，从相关资源最终被人类得以利用的角度来看，鉴于自然只是为社会提供了可能：它们最终如果要为人类所利用，还需要人类的劳动，比如野鹿必须被猎取，煤矿必须被开采，此时基于劳动来就"天然存在的"财富进行分配有一定的依据。但问题是，最初始的、人们使用自然资源的权利——狩猎权和采矿权等——还是不能基于劳动来进行分配。

也正因为按劳分配原则在分配非劳动产品方面所存在的伦理局限，按劳分配原则的支持者也往往主张对按劳分配原则的应用进行范围上的限制，认为"按劳分配的应该是创造的财富而不是天然存在的财富部分"[3]。问题是，即便是经人类劳动生产而得到的社会财富，传统政治经济学所主张的纯粹的按劳分配

---

[1] 戴维·米勒.社会正义原则[M].应奇,译.南京：江苏人民出版社,2001:261.
[2] 马克思恩格斯选集：第3卷[M].北京：人民出版社,1972:5.
[3] 张彦.论财富的创造与分配[J].哲学研究,2011(2).

原则依旧存在局限。因为,在伦理规范层面,如果社会的财富需要全部归劳动者所有而禁止资本所有者和土地所有者参与分配,那当劳动所有者是资本所有者和土地所有者时,他们是否还会支持社会的财富全部归劳动所有者的规则呢?如果答案是否定的,那完全排斥资本和土地参与分配的收入分配规则怎么能说是公平合理的呢?

伦理上,传统政治经济学之所以排斥资本和土地参与收入分配,其依据在于劳动创造财富和价值。但实际上,劳动单独形成财富的论断值得商榷。因为,如果社会的财富是由劳动单独所创造的,劳动完全可以独立于土地和资本而自行运作,这样劳动者就可以完全规避资本所有者和土地所有者的剥削。反过来,既然劳动者会自愿冒着被剥削的风险而被资本所有者和土地所有者所雇佣,这说明社会财富的创造离不开资本和土地等因素:社会财富是劳动、资本和土地等共同用作的结果。威廉·配第就曾说:"劳动是财富之父,土地是财富之母"。进而,姑且不论各生产要素及要素所有者各自所分得的份额具体应该如何,公平合理的收入分配应该是所有生产要素及要素所有者都参与分配、而不是由某一方完全独占的分配情形[1]。其实,也正是因为资本和土地共同参与社会财富创造的客观实际,除了伦理辩护上的困境之外,纯粹的按劳分配原则还会引致现实应用问题:如果资本所有者和土地所有者完全无利可图,他们就缺乏提供资本和土地的激励,劳动者的利益并未因为按劳分配原则的采用而最大化,反而可能会最小化[2]。

当然,对于纯粹按劳分配原则所存在的局限,有论者认为这不是原则本身的局限,而是原则得以应用的条件未形成:纯粹的按劳分配原则应该以生产力的高度发达为前提,而在生产力水平不够高的社会发展阶段,应该多种分配方式并存[3]。对于此等辩护,值得考虑的问题是:其一,如果资本等要素参与收入分

---

[1] 在这一点上,傅立叶所倡导的产品分配模式考虑了资本等因素的作用。在傅立叶看来,公正、和谐的分配方式是"使每个人都能按照他的三种手段——劳动、资本和才能而获得满意的报酬。"他认为:在产品的分配中,首先要扣除维持全体成员生存所需要的部分,其余的按照比例分配。其中,"资本占十二分之四,劳动占十二分之五,才能占十二分之三"。参见夏尔·傅立叶.傅立叶选集:第2卷[M].赵俊新,等译.北京:商务印书馆,2009:186—188.

[2] 类似地,徐梦秋指出,"如果仅仅实行按劳分配,投资者会因无利可图而不会投资。失业者、残疾人因没有从事劳动的机会或丧失劳动能力而无法生存"。徐梦秋.公平的类别与公平中的比例[J].中国社会科学,2001(1).

[3] 周为民、陆宁就认为:纯粹的按劳分配原则在现实中之所以未被采用,是因为按劳分配作为具体分配方式的必要条件未形成。参见周为民,陆宁.按劳分配与按要素分配——从马克思的逻辑来看[J].中国社会科学,2002(4).

配是不公正的,完全是剥削和奴役,那在生产力发展水平不够的发展阶段为何要给此等不正义留下空间呢? 其二,如果公平的收入分配规则是纯粹的按劳分配规则,那是否意味着生产力高度发展的社会可以完全脱离资本和土地而进行生产呢? 逻辑上,只要社会财富的创造依赖于资本和土地,资本所有者和土地所有者参与收入分配完全是应该的,各种生产要素均参与收入分配的规则不应该是权宜之计,而应是长久的方针[1]。至于现实生活中客观所存在的资本剥削劳动等方面的不正义问题,不是哪种要素获得全部收入和财富的问题,而是社会的收入和财富如何在劳动所有者和资本等其他要素所有者之间进行公平合理分配的问题。

与按劳分配原则强调劳动对于收入分配结果的决定性具有相似性但又存在一定的不同,由于主张由"敏于志向、钝于禀赋"来表达的正义原则,德沃金等自由平等主义者强调了个体选择对于分配结果的决定性作用,即在个体的自由选择与个体所得之间建立起关联(因为"敏于志向"要求个体所获得的收入基于个体的自我选择之上)。相似地,罗尔斯也认为我们应该为自己的选择承担代价和责任。罗尔斯反复强调,他自己的正义观旨在调节影响人们生活的社会地位等起点差异方面的不平等,而不打算调节那些因个体的自由选择而引致的不平等,因为每一个人都要为自己的选择承担责任和代价。

应该说,对于社会的财富和收入,既然它们绝大多数都是"人造"的而不是简单地依赖于上帝的垂怜,在确定分配制度时,不管其他的因素是否需要加以考虑,经得起可逆性检验的公平分配规则必然需要考虑社会收入得以形成过程中的个体自我选择因素并以此作为收入分配的核心决定变量:如果个体的所得与其选择和努力是无关的,此等收入分配规则必然是无法通过可逆性检验的。特别地,由于个体的选择不仅涉及劳动和努力,也包括资本的投入与土地的供应等方面,以自由选择为决定变量的分配规则还可以将资本、土地等决定因素纳入分配规则中来。也正因为如此,作为伦理规范和目标导向的分配规则,与其将其简单地界定为按劳分配的规则,而不如将其定义为基于个体自由选择来决定分配结果的规则类型。

---

[1] 事实上,劳动和资本本身也不是绝对对立的:劳动本身也是资本,甚至可以说是最有价值的资本,而资本往往是前期劳动积累的产物。

四、历史的分配规则

由于强调了个体的自由选择对于收入分配结果的决定性作用,而个体的自由选择又往往是在社会生产过程中进行的,公平的收入分配规则应该是涉及社会生产过程的规则。与此不同,在西方主流经济学的理论体系中,人们经常将分配作为一个与生产、交换及消费相并列并与它们相独立的领域[1]。在此等理论思路下,正如马克思指出的:"生产制造出适合需要的对象;分配依照社会规律把它们分配;交换依照个人需要把已经分配的东西再分配;最后,在消费中,产品脱离这种社会运动,直接变成个人需要的对象和仆役,被享受而满足个人需要。"[2]相应地,绝大多数当代经济学著作所理解的分配正义大多与生产、交换与消费等相独立而不涉及社会生产的过程。比如功利主义,尤其是结果功利主义(对应着规则功利主义),其推理就只重视前瞻性的分配后果而完全忽视了与生产过程有关的后溯性的权利[3]。而庸俗的社会主义,正如马克思所言:它们仿效资产阶级经济学家(一部分民主派又仿效庸俗社会主义),"把分配看成并解释成一种不依赖于生产方式的东西,从而把社会主义描写为主要是在分配问题上兜圈子"[4]。

关键的问题是,分配是否是作为独立的领域、与生产等方面相并列并处于社会生产过程之外呢?关于分配与生产等方面的关系,表面上看,"在生产者和产品之间出现了分配,分配借社会规律决定生产者在产品世界中的份额,因而出现在生产和消费之间"[5]。但实际上,分配本身从来都不是独立存在的,它"镶嵌"并贯穿于社会经济的各个环节,完全离开社会生产过程来讨论所谓的分配正义是不可能的:"分配绝不是像通常所设想的那样,是独立的、远离生产的一个特殊部门。实际上,分配不仅是劳动产品的分配,而且包括生产工具的分配与劳动者的分工,后两者直接决定了生产如何运行。而生产如何进行,又直接决定了劳动产品如何分配。因此,分配与生产交织在一起,无法截然分开。"[6]进而,正

---

[1] 参见约翰·穆勒.政治经济学原理[M].金镝,等译.北京:华夏出版社,2013;约·雷·麦克库洛赫.政治经济学原理[M].郭家麟,译.北京:商务印书馆,1997.
[2] 马克思恩格斯选集:第2卷[M].北京:人民出版社,1972:91.
[3] 威尔·金里卡.当代政治哲学[M].刘莘,译.上海:上海译文出版社,2015:29.
[4] 马克思恩格斯选集:第3卷[M].北京:人民出版社,1972:13.
[5] 马克思恩格斯全集:第30卷[M].北京:人民出版社,1995:35.
[6] 王广.对分配正义的评判与反思——基于《哥达纲领批判》的视角[J].哲学研究,2009(10).

如马克思所指出的：将分配问题与生产、交换与消费等割裂开来的理解是"肤浅的"[1]，而"把所谓分配看作事物的本质并把重点放在它上面，……是根本错误的"[2]。

当然，如果社会的经济过程是一个完全不可抗拒的自然历史过程，将生产过程排除在分配正义的考察之外还是可以理解的。而诸多的公平正义理论分析，它们之所以未能考虑生产过程的意义，其原因就在于此等分析倾向于将社会生产过程视为自然不变的，而否定其历史的可变性：生产过程的历史不可抗拒性完全排除了就生产过程、历史过程进行人为调整的可能性。但实际上，尽管人类社会的发展具有某种历史的必然性，但社会制度及其生产方式是可变的，并受到人类行为的控制和影响。而马克思之所以考虑社会生产过程而对资产阶级经济学进行批判，恰在于他准确地认识到了社会生产方式与结构的可变性[3]。对此，田上孝一指出："马克思之所以如此重视生产的一个原因是，他批判持乐观态度的资产经济学，因为其否定生产方式的历史可变性，在把生产看作是不变的自然性的前提下，认为只要改善分配就可以解决问题。马克思认为只要不改变生产状态就不可能真正解决分配问题。资本主义不进行变革，就无法实现分配的正义。"[4]

既然收入的公平分配需要以个体的选择为决定变量，需要考虑收入的形成过程，公平的收入分配规则在性质上必然如诺奇克所言：是历史的规则，即分配是否正义依赖于收入是如何发生的，而不是即时原则（current time-slice principle）意义上的认为分配的正义是由东西如何分配（谁拥有什么东西）决定的而与产生结果的过程无关的规则[5]。在收入分配目标规范的确定上，我们不能如即时原则所做的那样：假设社会的产出已经出现，然后基于某种与收入形成过程完全无关的信息来就社会产出总量和（或）合作的增加量（等于总量减去个体单独行动时的产出量）进行所谓的公平分配，即不应该切断收入分配的结果

---

[1] 马克思恩格斯选集：第2卷[M].北京：人民出版社，1972：91.
[2] 马克思恩格斯选集：第3卷[M].北京：人民出版社，1972：13. 在《〈政治经济学批判〉导言》中，马克思有上述类似的表述。马克思指出：肤浅的表象是，"在生产中，社会成员占有（开发、改造）自然产品，供人类需要；分配决定个人分取这些产品的比例；交换给个人带来他想用分配给他的一份去换取的那些特殊产品；最后，在消费中，产品变成享受的对象，个人占有的对象。"马克思恩格斯选集：第2卷[M].北京：人民出版社，1972：91.
[3] 王广.对分配正义的评判与反思——基于《哥达纲领批判》的视角[J].哲学研究，2009(10).
[4] 田上孝一.马克思的分配正义论[J].黄贺，译.国外理论动态，2008(1).
[5] 罗伯特·诺奇克.无政府、国家和乌托邦[M].姚大志，译.北京：商务印书馆，2008：184.

与收入得以产生的过程和历史,而是要在最后的结果与决定收入的历史因素间建立起应有的联系。毕竟,在伦理层面,公平正义的规则必须要给个体的自由意志留下应有的空间,每一个体的最后所得都应该和自由意志下的自我选择存在某种联系和关联,而不是与个体选择完全无关的东西。而即时性的分配——按照某种"自然维度"或"自然维度"的综合或序列来进行分配——与个体的自由选择不兼容。因为,如果收入分配的结果由即时性原则及其相关的计算而得以外生确定,此时的个体选择完全限制于即时原则的必然性之中:行为模式已经确立,结果也已经得以安排,社会就像机械的钟表,个体的自由——如果还存在自由的话——就是按照机械师预先设定的模式去达到给定目标的、按部就班的自由。

公平的收入分配规则需要考虑个体自由选择对于分配结果的决定性作用。当然,强调个体选择因素的必要性,这并不等于需要将其他方面的因素完全排除在公平分配规则 F(x) 的决定因素之外。毕竟,个体的自由选择要以自然资源的分配与社会权利的界定为基础,而自然资源的分配与社会权利的界定又对于公平收入分配的确定是不可或缺的,进而,自然资源与个体的社会权利也应该是公平收入分配的决定因素。在此方面,罗尔斯的正义理论考虑了社会结构对于社会生产之前的基本善的分配。其基本善包括:(1)由社会掌握的权利、自由、权力和机会;(2)由自然所赋予的健康、精力、理智和想象力。而其正义论的第一原则——"每个人对与其他人所拥有的最广泛的基本自由体系相容的类似自由体系都应有一种平等的权利"——以及第二原则所强调的"依系地位和职务向所有人开放"[1]所论及的就是基本权利的分配。

而对马克思来说,他意识到按劳分配原则所包含的不平等权利:即使消费资料在按劳动所得进行分配的原则下进行,"平等的权利还仍然被限制在一个资产阶级的框框里。生产者的权利是和他们提供的劳动成比例的;平等就在于以同一的尺度——劳动——来计量。……但是,……这种平等的权利,对不同等的劳动来说是不平等的权利"[2]。进而,马克思一方面强调了劳动对于结果的决定作用,另一方面则是强调对劳动结果起决定性作用的生产资料与社会资源等方面的资源分配的正义性。

---

[1] 第二个正义原则的完整表述是:社会和经济的不平等应这样安排,使它们:(1)被合理地期望适合于每一个人的利益;并且(2)依系于地位和职务向所有人开放。参见约翰·罗尔斯.正义论[M].何怀宏,等译.北京:中国社会科学出版社,2003:61.
[2] 马克思恩格斯全集:第19卷[M].北京:人民出版社,1995:21—22.

对于自然资源与基本权利和义务等方面的分配,由于它们是在生产、交易与消费开始之前的与初始产权界定等有关的权利和义务的分配,此时生产过程尚未开始,此等产权分配只能是即时的、超历史的。特别地,由于相关方面的分配也是由一定的规则所确定的,公平的收入分配规则不仅涉及直接决定收入Y的规则,同时还进一步涉及初始产权等决定因素(x)的公平分配的规则,这也就使得:在基本形态上,公平的收入分配规则是复合型的。特别地,如果令某一决定因素x_i的分配规则为$G_i(x_i)$,那收入分配规则的复合形式就可以一般地写成$F(G_1(x_1),\cdots,G_m(x_m))$。相应地,要确定收入分配的伦理规范,其实就是就此等规则的基本结构做出具体确定。

理论上,尽管公平的分配规则未能将其他的决定因素排除开来,但既然强调了个体选择因素的必要性,相关的讨论对于公平收入分配规则的确定就具有重要的意义:首先一点,尽管公平的分配规则涉及其他的决定因素,作为目标导向的公平分配规则本质上依旧是历史的规则。一方面,由于分配规则在整体上包含了社会收入创造中的个体选择和劳动因素,有关初始禀赋界定的即时规则其实是"镶嵌"在有关社会生产的历史性规则之上的。另一方面,公平的收入分配规则是以个体的自由选择为基本决定变量的:其他相关决定因素的意义恰在于为个体的自由选择提供一种公平的环境和基础,比如机会的均等。

其次,既然可逆性检验一致有效的公平收入分配规则是以个体的自由选择为决定性变量的历史的规则,那么,在公平分配规则的具体结构层面,个体占有完全均等的按人头分配的规则与完全按需要来分配的规则等忽视个体自由选择作用的即时性规则是需要排除的。尽管公平的分配规则可能要将此等规则所包含的决定因素——人头与需求等——纳入收入分配体系之内,但上述分配规则都不是收入分配所要追求的"理想类型"意义上的公平规则。毕竟,此等模式化的分配原则仅仅是追求更好的分配,"它们并不给予人们选择的权利,即选择用其所拥有的东西去做什么的权利"[1]。

五、综合程式的性质

公平收入分配规则的选择,一方面是决定因素(x)的选择,另一方面是与此相关但又存在不同的综合程式(F)的选择。现在的问题是,如果决定分配结果

---

[1] 罗伯特·诺奇克.无政府、国家和乌托邦[M].姚大志,译.北京:商务印书馆,2008:200.

的变量涉及个体选择与初始权利配置等多方面的因素,那相关的决定因素抑或决定变量又应该通过何种程式组合起来以确定最后的收入分配结果的呢?从决定因素 x 的类型来看,收入分配规则有历史的规则与即时规则之分。而在综合程式(F)方面,根据程式综合各决定因素的方式来划分,规则有模式化的规则(此类程式需要将相关的因素进行某种数学上的加总并依此计算出每一个体收入的应得份额)与非模式化的程序性规则(此类规则不依赖于数学的计算而只是提供一种决定分配结果的程序和过程)之别。既然如此,公平的收入分配规则是可以用数学化公式做出精确表达的模式化规则还是非模式化的程序性规则?

模式化的规则,它有计时原则下的模式化规则与历史性的模式化规则两种类型。对于即时原则下的模式化规则,正如前面的分析所表明的,此等分配模式只是在非历史性因素与个体所得之间建立某种关联关系而不考虑收入的来源及其性质,它完全忽略了收入公平分配所必须要考虑的个体选择等历史信息因素,这显然是不可取的。至于非计时原则意义上的模式化规则,比如基于劳动时间来确定收入分配份额的规则,由于其决定因素涉及收入产生前的历史信息,此等收入分配规则有很大的理论诱惑力。但是,在社会收入的公平分配方面,姑且撇开伦理正当性问题不论,模式化的分配规则难以操作,进而在理论上不可取。

之所以说模式化规则难以操作,其依据在于:如果收入公平分配的规则是公式化的、是用具体的数学公式来表示的,公平分配规则的确定需要对个体选择等因素进行度量、赋值并进行加总。问题是,对于个体选择与努力等方方面面的决定因素,我们应该怎样度量、赋予权重并进行加总呢?比如,赋予选择这一变量的权重究竟是完全独立努力程度的还是本身是受努力程度所支配和影响的?特别地,既然公平的收入分配规则应该考虑资本与土地等因素的贡献和作用,那资本、土地和劳动各自所应分得的比重该如何呢?有充分的理由相信,鉴于社会结构的复杂性,同时也是基于人类理性有限性的考虑,我们无法给出完全公式化的分配规则:用数学化的模式来解决社会的收入分配问题超出了人类的理性范围。

模式化原则的操作性问题在按劳分配原则的直接应用中得到了体现。现实性上,人类的劳动,都是"人的脑、神经、肌肉、感官等的耗费。这是一个生理学上的真理"[1]。由于涉及与各器官运用相关的多种不同类型的操作,人类劳动具有多样性并存在简单劳动和复杂劳动上的差异。在此情况下,如果社会的收入分配是直接以劳动为决定变量的,那就存在简单劳动和复杂劳动进行折算和转

---

[1] 马克思.资本论:第1卷[M].北京:人民出版社,2004:88.

换的技术难题。在《反杜林论》一文中,恩格斯就提出:"现在怎样解决关于对复杂劳动支付较高工资的全部重要问题呢?在私人生产者的社会里,训练有学识的劳动者的费用是由私人或其家庭负担的,所以有学识的劳动力的较高的价格也首先归私人所有:熟练的奴隶卖得贵些,熟练的雇佣工人得到较高的工资。"[1]人类理性的直觉告诉我们,不同劳动具体如何折算和转换,如果我们试图采用某种统一的标准就简单劳动和复杂劳动进行数学换算,这在很大程度上超越于人的理性范围之外。

数学换算之所以难以进行,与两方面的问题有关:其一,是劳动的强度和性质问题。既然劳动有类型上的差异,只考虑劳动时间而不考虑劳动强度和性质的收入分配规则是不公平、不可取的。但是,一旦要考虑到劳动的强度和性质,收入分配规则的确定就存在难以克服的困难。在此方面,斯宾塞就认为:"假如所有的人都是土地耕种者,也许有可能对于他们各自的要求做出近乎真实的估计。但是,要搞清楚各种脑力和体力劳动者为了获取生活必需品总储量各自贡献的数量却是不可能的。"[2]

其二,是劳动的效率和质量问题。由于存在"有劳无功"的现象,劳动存在有效劳动和无效劳动之分。在此情况下,哪怕是对于斯宾塞所提到的土地耕种等活动,简单地以劳动时间的消耗量来度量劳动而不考虑劳动的效果也不可取。当然,对于无效劳动的问题,张彦认为:"按劳分配应该更准确地理解为按照劳动的价值进行分配或按劳动的贡献进行分配。"[3]问题是,如果收入的分配要按照劳动的价值来分配,那劳动的价值又怎么去衡量呢?如果社会的收入要按劳动的贡献来分配,那此时的分配规则究竟是按劳分配的规则还是按贡献来进行分配的规则呢?

斯图亚特·汉普曼指出:"存在着从远古至今日绵延不绝的具有恒定内涵和核心意义的基本正义概念;如同在仲裁和法院中的情形一样,它常常是指权衡各种要求和反要求的常规的和合理的程序。程序就是为避免毁灭性的冲突而设计的。"[4]现在,既然模式化的分配规则不可取,那在社会领域,作为伦理规范的收入分配规则只能是程序性的。因为,在规则表达的技术层面,作为收入分配规则的可能性类型,程序性规则并不要求就 F 的具体形式给出数学表达,也不要

---

[1] 马克思恩格斯全集:第20卷[M].北京:人民出版社,1995:219.
[2] 赫伯特·斯宾塞.社会静力说[M].张雄武,译.北京:商务印书馆,1996:62.
[3] 张彦.论财富的创造与分配[J].哲学研究,2011(2).
[4] 转引自戴维·米勒.社会正义原则[M].应奇,译.南京:江苏人民出版社,2001:5.

求对各影响因素的权重进行统一的赋值,此类分配规则在技术上克服了模式化分配规则确定所面临的在现实实践中难以操作的问题。

另外,在伦理层面,一旦我们选择模式化的规则来进行收入的分配,社会就需要将所有个体的相关方面都"加总"起来,与功利主义与均等主义等公平正义原则的伦理局限性一样,此等分配规则未能给个体的自由留下应有的空间。与此不同,程序性的收入分配规则不需要分配上的统一的"加总"考虑而给个体自由以可能的空间。当然,既然作为目标导向的规则整体上是程序性的,程序性规则所内含的选择及其结果的多样性意味着:最后的分配结果有无数可能的情形,而各种可能的情形都可能是公平正义的。从正义的立场出发,尽管没有人会认为恰巧由某一个人占有一切的状态是无关宏旨的,但这并不等于我们需要对最终结果做出具体确定:试图基于特定的正义观来选出有效的、同时也是唯一的正义分配形式是徒劳的。我们没有这个能力,同时也完全没有这个必要。

整体上看,尽管我们将公平的分配规则表述为 $F(x)$,但可逆性检验一致有效的公平收入分配规则是非模式化的,它不可能也不应该通过某一个精确的数学公式或者说数学函数把它表达出来。当然,正如历史的规则并不完全排斥即时性的安排那样,程序化的收入分配规则并不否定在规则的局部领域采取某种模式化的实体性安排:一方面,为了保障收入的公平分配,社会需要就影响收入分配的自然资源等初始禀赋做出公平的分配,有关初始禀赋的分配方式可能是模式化的、实体性的。另一方面,在一个允许个体自由选择的社会中,自然和社会的诸多偶然性因素影响和决定着社会收入的分配,为了克服偶然性因素对于分配结果的肆意支配,可逆性检验一致有效的收入分配规则可能对偶然因素进行某种人为的控制,这使得公平的收入分配规则在局部的范围内施加某种模式化的调整。

但尽管如此,作为目标导向的收入分配规则整体上来说是程序性的:模式化安排的意义不在于对个体的自由选择进行替代,而是对个体的自由选择做出某种限制,即每一个体在一定的实体性安排的限定下,通过公平的分配程序来确定自己的选择及其所得到的收入分配的结果。就此等规则而言,既然收入分配规范在整体层面是非模式化的,它给个体的自由选择及个体间的自由契约(包括无偿的转移)留下了应有的空间:社会的收入分配,不是通过模式化的分配公式来决定的,而是由个体间的相互协调——自由交易与转让——来进行的,模式化的实体性规则只是对自由协议的方式做出限制(包括对违约的惩罚)。

性质上,鉴于公平的收入分配规则是一种以个体自由选择为决定变量的分配程序,就收入公平分配规则所做的理论探索是有范围限定性的,是非穷尽的。理论上所探究的规则只是决定收入分配结果的基本框架:自由选择程序及其限制性条款,而不会包括个体在给定约束下的自由选择结果——社会范围内的诸多分配规则是在基本框架得以给定的情况下由个体进一步自由选择的结果。当然,也正是因为我们将公平收入分配规则的探索限定在有关自由选择程序及其限制性条款上,这里的研究与洛克与卢梭等政治哲学家有关自然法与社会契约的探索在性质上是相同的。

洛克等人所探究的自然法包括两个部分:其一,是允许和保护个体自由选择的规则;其二,是就个体自由选择进行限制的强制性规则。其中,对于洛克,其合法性概念试图去探究"作为一个在理想的历史当中产生的合法政体的标准是什么"。在洛克看来,一个合法的政体是"在不违背自然法强加在他们身上的任何义务的前提下,理性的人们通过契约建立起来的政体"[1]。这里面有两方面的内容:根本的自然法与契约缔造。对于前者,是非现实同意的,从某种意义上来说,是外在强制的;而对于后者,则是作为基本规则的自然法得以遵循前提下的个体自由交易与契约,是个体自由选择的结果。

而对于卢梭来说,他意识到不平等对于文明之种种恶习与罪恶的政治和社会后果。此等后果该如何解决呢?是否可以寻找某种正义原则去解决?究竟存在着何种关于权利和正义的原则,以致当社会通过自身的制度实现了这些原则时,那些产生于不平等的恶习和罪恶即使不全部地消除,也能够得到一定程度的抑制?"卢梭把社会契约看成理想原则的具体化,这些理想原则是自由而平等的公民在进行政治和社会合作的规范"[2]。就卢梭的社会契约而言,它不仅是保护自由的规则,同时也是限制个体自由的规则[3]。其实,也正因为与相关理论就自然法则与社会契约的探索所具有的同质性,这里就收入分配伦理规范的研究,可以被视为就收入分配自然法或收入分配社会契约的研究。

---

[1] 参见约翰·罗尔斯.政治哲学史讲义[M].杨通进,等译.北京:中国社会科学出版社,2011:273.
[2] 同[1].
[3] 与洛克和卢梭的理论具有相似性,密尔一方面论述了在性质上具有强制性的某些特定原则,如他有时所称的"当代世界的原则"(罗尔斯把这些原则看作是社会基本结构之政治正义和社会正义原则)。另一方面,《论自由》又强调自由,"使凡属社会以强制和控制方法对付个人之事,不论所用手段是法律惩罚方式下的物质力量或公众意见下的道德压力,都要绝对以它为准绳"。参见约翰·密尔.论自由[M].许宝骙,译.北京:商务印书馆,2015:10.

第七章

主体框架：市场及其逻辑

一、导言

既然作为目标导向和规范判准的公平收入分配规则是一种基于社会生产全过程的、具有普遍性和准永久性的程序性规则，那此等公平收入分配规则具体又如何呢？在就公平收入分配规则基本构件及其性质做出界定之后，接下来我们从主体框架角度就公平收入分配规则的基本结构进行探索。特别地，在可供选择的规则集合中，市场机制就是满足上述相关要求的规则类型：其一，市场机制是历史的规则，市场机制涉及社会生产的过程，市场机制下的收入分配与个体自由选择等因素密切相关；其二，市场机制本质上是程序性的规则，而不是福利经济学所理解的、模式化的以精确实现某一既定目标为导向的计算工具。同时，与新古典经济学将市场机制理解为按要素的边际贡献来进行分配的实体性分配规则不同，由于收入的分配依赖于个体的自由选择，市场的收入分配规则其实是一种非模式化的分配程序；其三，市场机制是普遍性的规则，因为市场机制利益协调的范围并不局限于特定的个体偏好结构和特定的社会经济状况。性质上，既然市场机制是符合相关规范要求的可供选择的分配规则之一，有关公平收入分配规则主体框架的探索可以以市场机制作为基本出发点，探讨市场机制作为收入分配伦理规范主体框架的可能性：作为目标导向的收入分配规范是否就是以市场作为基础的分配规则？抑或，收入的公平分配需要以市场机制的替代形式——比如政府计划机制之类的政治控制过程——作为基础？

显然，公平的收入分配过程是否需要以市场的自由竞争过程为基础，这取决于市场机制的公平性状况和水平，即市场机制能否经得起理性个体的可逆性检验。既然如此,那市场机制公平吗？能够经得起可逆性的检验吗？种种迹象得以表明,有关市场过程公平性的伦理判别,这在很大程度上被诸多的正义理论所忽视了。包括：其一,考虑市场机制在收入分配中的作用但仅仅将市场机制作为一个背景制度(background institution)而不试图就市场机制本身的公平与否进行判断的正义理论,比如,罗尔斯的正义论。罗尔斯的正义理论将市场机制作为前提和起点,其正义原则的意义在于对市场机制进行修正但并未涉及对市场机制本身的公平性进行论证和评价。其二,仅仅基于效率角度来对市场机制进行辩护的理论,比如新古典经济学的完全竞争市场理论。

事实上,如果市场机制不能从公平性的角度去辩护,将市场机制作为收入分配的制度背景是不可取的：如果市场机制不能公平协调社会合作中的利益矛盾和冲突,我们又有何理由将其作为公平分配机制的基础呢？为何不能以其他相比更公平的制度去取代市场的分配机制呢？与此同时,鉴于公平正义是社会制度的首要价值[1],如果市场机制只有效率而不公平,市场机制的合法性和正当性并不能依此而得到证明。我们姑且撇开完全竞争市场理论所辩护的对象的非真实性问题——完全竞争市场所辩护的是虚构的、假想的市场而不是现实的市场——不谈,哪怕它所辩护的是现实的市场,而现实市场的运行也是完全有效的,可以达到帕累托效率的水平,情况也是如此。

与罗尔斯等忽视市场机制公平性考察的理论不同,诺奇克的资格理论在一定程度上考虑了市场机制的公平性。但是,资格理论只是将收入的公平分配与市场的自由交换过程联系在一起,它未能就市场机制的公平性进行论证。而新古典经济学,当它们突破帕累托效率原则的伦理限制而就市场的收入分配状况进行考察时,它们在一定程度上涉及对市场机制的公平性的判别。特别地,由于考虑的是收入分配结果的离散程度,此类理论对市场机制的公平性持批判态度。就此等理论思路而言,由于它们未能将关注点放在产生结果的规则和程序上,它们对于市场机制公平性的评价存在方向性偏差。

现在,一旦我们考虑市场机制作为收入分配基础机制的可能性,市场机制本身的公平与否就成为我们考察的重点。与此同时,由于我们从公平分配规则的角度来理解收入分配的目标规范并采用可逆性检验一致有效的标准来就规则的公平性进行判别,对于市场公平性的评价将围绕市场机制而不是市场运行的具体结果而加以展开。特别地,鉴于市场机制所具有的自由选择、自己为自己负责

---

[1] 约翰·罗尔斯.正义论[M].何怀宏,等译.北京：中国社会科学出版社,2003:3.

与自由竞争等基本特征,在诸多时候和诸多利益的协调方面,市场机制的公平性是能得到伦理辩护的,而与之相对应的强制性的政治决策机制却无法通过可逆性的检验:在诸多的场合和领域,政治决策过程不仅不会促进分配的公平,反而会对利益分配的公平性产生干扰和扭曲。也正因为如此,作为收入分配伦理规范的公平分配规则,是以市场机制为基础和发挥决定性作用的规则。当然,在局部的范围和领域,公平的收入分配需要政治过程的控制,但政治过程对于市场机制的干预在诸多的时候依旧要基于市场的利益协调原理去进行:鉴于市场机制利益协调理念与方式天生所具有的公平性,政府对于市场的干预不是完全否定市场的基本原则而是使得市场运行的基本原则得以恰当的发挥。

二、自由选择与自我决策

直观上看,自由选择是每一个体所拥有的一项基本权利。自由主义者——比较有代表性的如密尔——认为一个人要对社会负责的唯一一种行为就是会影响他人的行为。而只涉及本人的那部分,"他的独立性在权利上是绝对的。对于本人自己,对于他自己的身和心,个人乃是最高主权者"[1],人们有权利自由地做任何他们想要做的事情。包括:(1)确定自己的人生目标和价值追求。"我"究竟应该追求什么?"我"的目标需要由"我"自己来决定。究竟什么东西是有价值的?这需要由"我"自己来判断和选择。个体的目标选择和价值追求——如个体对于收入和财富价值的判断——不应该受其他人的限制和约束。(2)自由选择实现自己目标的行为。为了实现自己的目标和价值追求,个体可以自由地安排自己的行为,比如有关劳动与闲暇的决策,只要其行为不侵害其他个体的利益。(3)个体的行为不受社会习俗、常规的约束,不受经济、性与娱乐等关系的限制,也不受所谓共同体理想的束缚。因为,在个体与社会习俗等约束的关系上,自由主义坚持的是康德式的自我观,认为自我优先于它的社会角色和社会关系:"我"可以质疑所参与的社会常规并放弃这样的参与——只要是"我"认为那些常规不再有追求的价值和意义[2]。

在制度安排上,既然自由选择、自我决定是个体的一项基本权利,主张由自由市场来决定收入的分配是极其自然的。因为,在市场机制下,个体的选择是自

---

[1] 约翰·密尔. 论自由[M]. 许宝骙,译. 北京:商务印书馆,2015:11.
[2] 威尔·金里卡. 当代政治哲学[M]. 刘莘,译. 上海:上海译文出版社,2015:282—283.

由的：(1)在消费方面,市场充分尊重个体的消费者主权(consumer's sovereignty),允许个体根据自己的偏好来选择自己所要消费的商品和服务;(2)在社会生产方面,个体根据自己的禀赋、优势和兴趣而自由选择自己的职业、工作并获得相应的收入和报酬;(3)而在交易方面,正如斯密眼中的屠夫和面包师那样,参与交易的市场主体基于自愿和互利的原则来交换各自所拥有的商品和服务,以满足各自的需求和偏好。概言之,在市场机制下,个体的收入是由各种类型的自由决策来决定。特别地,作为个体自由选择的结果和自然延伸,个体的偏好就能因此而得以显示,自由选择的结果就会将个体的偏好信息不断地从消费领域传递到生产等各个方面,实现资源的有效配置。

相反,对于政治化的公共决策过程,由于它往往允许一部分人将自己的偏好与选择强加在其他个体之上,这在诸多时候、诸多方面都因难以经得起可逆性检验而存在不公平:政治的强制干预形成了对于个体自由选择权利的侵犯,并在很大程度上存在着对于个体的不尊重。毕竟,正如自由主义所指出的那样,"要把人当作完全的道德存在者而加以尊重,允许人们进行自我决定是唯一的途径";反之,否认自我决定就是把人当作小孩或者动物,而不是把他们当作共同体中具有平等地位的成员[1]。相应地,政治过程的强制意味着部分个体的偏好得不到恰当的显示而会存在配置的低效率。

当然,一旦我们基于个体的自由选择权利来为市场机制的公平性进行伦理辩护,以柏拉图与卡莱尔为代表的社会精英主义可能对此进行反驳。在精英主义者看来,哪怕是纯粹的个体事物(假设不影响其他任何人),自由主义主张个体自由选择、自我决定是有局限性的:一方面,如果社会将个体的事务完全交给他们自己来处理,由于个体能力不足,或者准备不充分,他们可能会在自己的生活中屡犯错误:选择从事无意义、有失尊严甚至是对自己有害的事情。反过来,为了避免个体犯错,家长主义(paternalism)的政治强制是必要的,不可或缺;另一方面,个体对于自己事务的处理权利,应该以个体具有选择能力为前提,在个体能力不足的情况下,允许个体自由选择,这不是对个体的尊重,而是对他们的漠视和无动于衷。

在现代财政理论中,马斯格雷夫的优值品(劣值品)理论就认为,对于特定的商品和服务,由于个体不能对它们的内在价值做出正确的评价:对其价值评价过高(比如糖、盐超标的非健康食品)或者过低(如对歌剧和音乐会等高雅艺术的价

---

[1] 威尔·金里卡.当代政治哲学[M].刘莘,译.上海:上海译文出版社,2015:270.

值评价),个体无法做出最有效的决策[1]。进而,为了保证资源配置的效率,政府的干预——给予优值品以财政补贴与对劣值品征税——就有其必要性。而柏拉图的社会精英理论更是认为:"所有原则中最伟大者就是:无论男性还是女性,人们不可以没有领袖。任何人在做事情时,其头脑既不应当习惯于完全自己做主,也不应当习惯于完全出于热情甚至出于嬉戏的动机。无论在战争年代,还是在和平期间,人们应该将目光瞄向他们的领袖并忠心耿耿地追随他。例如,人们只有在领袖说过要这么做的情况下,才可以起床、活动、洗漱、吃饭……。一句话,他应该通过长期养成的习惯告诫他的灵魂:不要梦想行动自主,你根本做不到这点。"[2]

毋庸置疑,社会精英主义基于个体能力不足对于自我选择、自由决定进行批评是有其合理性的。其一,是事实层面的个体能力与准备的局限性:由于人类理性的有限性特征,个体在自我事务的处理上确实存在犯错的可能性。其二,是认可个体权利与尊重个体自我决定的能力基础,即个体自由选择的权利与对个体自我选择权的尊重往往是以个体具有应有的决策能力作为前提条件的:社会给予个体自由选择的权利、尊重个体的自我决定,这往往要以个体有能力为自己的行为负责为基本前提。因为,对于能力不够的人,比如儿童、精神错乱者以及暂时的残障者,自由主义同样认为我们可以采取家长式的管制。在此方面,密尔认为,自由选择的"教义只适合于能力已达成熟的人类。我们不是在论幼童,或是在论尚在法定成年男女以下的青年"[3]。相似地,弗里德曼认为:"我们不主张对疯子和儿童自由。在负责和不负责的个人之间不可避免地必须划出一条界线……对我们认为是不负责的那些人来说,家长主义是不可避免的。"[4] 逻辑上,既然对于儿童、疯子等能力不足的人,社会需要对其进行管制而不允许个体完全的自由选择与自我决定,那对于不能为自己做出正确选择的人,哪怕是精神上不存在障碍的成年人,社会有理由对其进行干预,以保障个体能够为自己做出

---

[1] R. A. Musgrave. The Theory of Public Finance: A Study in Public Economy[M]. New York: McGraw-Hill, 1959: 13. 理查德·A. 马斯格雷夫. 比较财政分析[M]. 董勤发, 译. 上海: 上海人民出版社, 1996: 10.
[2] 转引自卡尔·波普尔. 开放社会及其敌人[M]. 陆衡, 等译. 北京: 中国社会科学出版社, 1999: 21.
[3] 约翰·密尔. 论自由[M]. 许宝骙, 译. 北京: 商务印书馆, 2015: 11.
[4] 米尔顿·弗里德曼. 资本主义与自由[M]. 张瑞玉, 译. 北京: 商务印书馆, 1999: 34.

正确的决策[1]。毕竟,成年人、正常人同样可能决策失误,在生活中做出错误的选择:年龄大与精神正常并不能成为个体在生活中进行正确选择的绝对保障。

然而,尽管个体能力存在不足是一种客观事实,而对个体自由选择的权利与对个体自我决定的尊重也确实需要以个体的能力为基础,但基于自由选择、自我决定而为市场机制公正性所做的伦理辩护依旧有其合理性。因为,首先一点,反对自由选择、自我决定,是以完善论国家观为前提预设的。完善论国家观往往把特定的生活观或某一些生活观视为最有价值的生活方式,当个体的行为决策与此等观念所要求的价值排序不一致时,个体就"错"了。问题是,个体生活的诸多方面其实并不存在社会性的价值排序(我们暂且撇开个体生活的某些局部领域是否存在社会性的价值排序问题不谈),比如个体究竟是选择喝咖啡还是茶,是穿旗袍还是牛仔裤,是吃甜食还是吃麻辣食品,这往往只是存在个体的偏好排序而不存在对个体偏好排序进行优劣评价的社会价值排序。与之相对立的中性国家观(Neutral state)甚至认为,价值判断不同于事实判断,它无非是我们个人主观好恶的表达,它从根本上讲纯粹是任意的,根本不能被纳入为理性辩护或批判的范围[2]。既然个人生活领域存在没有社会性价值排序的领域,此等方面的个体选择就无所谓社会所认为的"对"与"错"。在此情况下,以个体能力不足、行为选择会存在失误而反对自由选择、自我决定就存在局限。相反,允许自由选择、自我选择倒是对个体自由与权利的尊重。

在个人生活领域,之所以坚持个体的自由选择与自我决定,一方面,是因为诸多的领域并不存在社会性的优先价值排序;另一方面,则与个体所具有的选择能力有关。除了完善论国家观所秉持的社会价值排序前提,反对个体自由选择与自我决定的另一前提预设是个体能力不足:个体无法为自己的生活做出合理的决策。但事实上,对于诸多的个体事务,个体完全具有为自己进行决策的能力。包括:其一,直接做出正确决策的能力。尽管个体有可能会犯错,但在绝大多数的时候,他们都有为自己做出正确选择的能力。在此方面,市场经济中个体的消费投资决策以及民主政治中的投票表决雄辩地证明了这一点。其二,间接

---

[1] 自由主义者可能坚持认为:"每一个正常的成年人都应该享有必须被他人尊重的、一定范围内的自我决定。如密尔所言,每个人一旦成年,为他们自己阐释个人经历的意义和价值,就属于本人的权利和特权"(参见威尔·金里卡.当代政治哲学[M].刘莘,译.上海:上海译文出版社,2015:270)。但问题是,我们为何要以年龄为依据来决定个体是否有自由选择、自我决定的权利呢?为何不以体重、身高抑或颜值作为考察的指标呢?基于年龄来划分权利本身是否就是建立在个体能力的基础之上的呢?

[2] 参见威尔·金里卡.当代政治哲学[M].刘莘,译.上海:上海译文出版社,2015:277.

做出正确决策的能力。在有的方面,如公共政策的制定、医疗与投资等方面,由于专业知识与技能缺乏等方面的原因,个体可能不能直接做出对自己最为有利的决策。但尽管如此,个体还有选择自己代理人——政治家、医生和投资家——并对他们的行为进行判断的、间接做出决策的能力。雅典的伯利克里就指出:"尽管只有少数人可以制定政策,但我们却能评判政策。"[1]

另外,主张政治强制干预的前提是强制者不会犯错,或者,强制者的决策相对更好。但事实上,强制者同样也可能犯错,并且,在诸多时候,"我"可能相比外界强制者更能做出对自己有利的选择。毕竟,每一个体的偏好和利益具有其特殊性,用密尔的话说:每一个人独一无二的人格使得他自己的利益有别于任何其他人的利益。而对于自己的利益,个体自己往往最清楚自己。进而,个体的事情应该尽可能地由个体自己来决定。就算我并非总是正确,但我仍然比他人更有可能正确:自己决策犯错误的概率可能性最小。而他人的阅历以及个体决策失误的可能性并不能成为推翻自我判断和自我决策的绝对理由[2]。既然个体有能力或相对有能力去解决自己的问题,相应的个体私人决策自然就应该由个体自己做主、自我决定。此时,政治的外界强制干预就没有说得过去的理由,正如在一个家庭中,当小孩长大成人,父母就不再应该随意干涉其行为选择那样。

对于不存在价值排序和(或)自己能够做出决策的领域或方面,个体应该自己做主,由个体来自由决策和自我选择。而对于存在价值排序且个体可能犯错误的领域,其实也并不必然意味着需要政府等力量的外在强制。首先一点,个体价值排序的失误不能成为强制干预的充分理由:尽管强制可以使得个体去选择所谓的有价值的生活,但在诸多时候,只有源自内心的生活才有价值。用自由主义者的话来说:当且仅当"我"遵从内心的价值力量,"我"的生活才能变得更好。外在的力量按照当事人并不认可的价值去支配当事人,其实并不会使其生活得更美好。毕竟,对个体无法做出正确选择的领域,如果对他们进行适当的劝诫,比如向他们明确阐述其行为选择可能给他们自己所带来的负面影响,即便没有政治强制,他们也往往会基于自己利益的考虑而做出有利于自己生活的理性决策。

另一方面,正如一个小孩只有自己不断地尝试走路才能步行那样,个体的能力只有在选择过程中才能得以提升。密尔就说:"智力的和道德的能力也和肌肉

---

[1] 转引自卡尔·波普尔.开放社会及其敌人[M].陆衡,等译.北京:中国社会科学出版社,1999:21.
[2] 威尔·金里卡.当代政治哲学[M].刘莘,译.上海:上海译文出版社,2015:214—215.

的能力一样,是只有经过使用才会得到进展的。而一个人做一件事若是只因他人做了那件事,那正和相信一个东西只因他人相信了那个东西一样,他的官能便不会被运用。"[1]在此意义上,个体选择的失败与错误在很多时候并不能成为政府强制干预的理由,相反,它恰正是成为个体自由选择、自我决定的依据:如果我们不愿意看到个体一直犯错,一直没有应有的决策能力,唯一可行的方案就是允许个体自由抉择、通过不断地选择来提升自己的能力,除此之外,别无他途。

三、自己对自己负责

与个体的自由选择相对应并作为个体自由选择的一个自然延伸,市场机制的第二个典型特征就是个体对自己的决策结果负责:如果"我"要获得特定消费与投资方面的收益,那"我"就需要承担相应的成本、代价和(或)风险;反之,如果"我"承担了特定决策的成本、代价和(或)风险,那"我"就对决策所获得的收益就具有权利。作为协调人际利益关系的一种可能机制,可逆性检验一致有效的收入分配机制之所以要以市场机制为基础,第二个方面的原因就与市场机制所具有的个体对自己行为和选择负责的制度性安排有关。因为,理性的直觉告诉我们,在绝大多数的场合,个体自己对自己负责的制度规则是公平的,能够经得起理性个体的可逆性检验。反之,不管是要求他人为"我"的选择承担代价,还是"我"无故获得他人行为选择所得的收益,这都是不公平的,无法经得起可逆性的检验。因为,在一般的场合,我们自己也不愿为他人的选择承担代价(比如为获得收入而花费的时间和精力),同时,在没有其他更特殊原因的情况下,我们一般也不愿看到自己所获得的收益(如收入和财富)被其他个体所无故地占有和攫取。

在诸多场合,自己对自己负责的市场机制具有天然的公平性。反之,对于此等领域,如果决定分配结果的社会规则不是自由的市场机制而是集中的政治化过程,比如集体消费与公共生产,情况可能完全得以改变。其一,在消费方面,如果产品和服务的消费是集体性的、政治性的:个体先向集体提供收入(比如税收收入),然后,大家从集体所提供的产品和服务中得到好处,那市场机制下个体成本和收益间的对等关系就因此而给破坏了,在诸多时候这会存在不公平并影响配置的效率。因为,集体消费的模式意味着:(1)有个体要为其他个体的消费头

---

[1] 约翰·密尔.论自由[M].许宝骙,译.北京:商务印书馆,2015:68—69.

单;(2)有些个体不需要承担成本就可以得到好处,或者是以少的代价能够获得高的收益。其二,在生产方面,与消费方面所存在的问题一样,集中的公共生产也会打乱个体选择(投资决策)与其行为收益之间的逻辑关系:个体可能因无法获得努力所应得的收益而存在不公平。

当然,一旦我们基于"个体自己对自己负责"来就市场机制的公平性进行辩护,这可能引致理论上的一些批评。在批评者看来,由于个体竞争起点是有差异的,在起点存在差异的情况下,强调个体自己对自己负责是不合理、不公平的。在此方面,德沃金虽然强调公平的分配结构应"敏于志向"(ambition-sensitive),即人们的命运应该取决于自己的志向(关于人生的远大目标和计划),但这是有前提的:公平的分配结构首先应该"钝于禀赋",即应该克服个体禀赋差异对于公平分配的不利影响。

确实,自己对自己负责需要有一定的前提条件,包括:(1)竞争起点的公平性;(2)个体对自己负责的能力及可能性。但前提条件的限定性并不能成为反对个体自己对自己负责的恰当理由:限定性条件只是意味着公平的收入分配规则需要为每一个体提供一个公平的竞争起点,为个体潜能的发挥提供可能(其实也正因为此等考虑,可逆性检验一致有效的收入分配规则提出了起点公平方面的规范要求),但在基本架构方面,自己对自己负责是不可或缺的。实际上,支持"钝于禀赋"的论者也强调:"当收入的不平等是由自由选择的结果而非境况左右的结果时,企图消除不公平的差别原则反而会制造不公平。"[1]

对于自己为自己负责的分配规则,除了从规则运行前提条件所给出的批评之外,理论上也存在针对规则运行结果方面的批评。比如,为协调个体利益分歧与保证社会财富的公平分配而提出的集体所有制观点。在此类批评者看来,自己为自己负责会引致社会冲突,而为了避免社会的冲突,强制性的公共决策模式有其必要。在此方面,柏拉图认为财产的私人占有会产生意见分歧,会让人专注于自私的欲望而忽视作为公共团体的一分子的义务。进而,为了防止"把国家弄得四分五裂,把公有的东西各各说成'这是我的'",他认为理想国的"护卫者不应该有私人的房屋、土地以及其他私人财产"[2]。相似地,康帕内拉也主张废除私有财产,因为这样,"由于两种对立的灾难(贫与富)而产生的一切恶习将消灭"

---

[1] 威尔·金里卡.当代政治哲学[M].刘莘,译.上海:上海译文出版社,2015:96.
[2] 柏拉图.理想国[M].郭斌和,等译.北京:商务印书馆,2002:200—201.

"一切因溺爱儿女和妻子、拥有财产和自私自利而产生的恶习也会完全消灭"[1]。至于托马斯·莫尔,他主张实行集体所有制,构建人人享受共同财产的乌托邦。在莫尔看来,"在别的国家,人们固然谈说公共福利,但所奔走打算的都只是私人的利益,"他们"把个人利益放在国民利益之上,亦即放在别人利益之上。"与之不同,"在乌托邦,私有财产不存在,人们就认真关心公事"[2]。另外,作为柏拉图和莫尔的信徒,卢梭同样将私有财产视为社会暴力和动乱的重要诱因[3]。在他看来,互相竞争和利益冲突"都带来秘而不宣的损人利己的欲望。所有这些都是私有制最初产生的后果"[4]。特别地,在土地私人占有方面,卢梭尽管认为将土地划归己有并说服大家承认其所有权的人"是文明社会的真正奠基人",但他同时又感叹道:如果土地私有制未形成,"人类将免除多少犯罪、战争和谋杀,免受多少不幸和恐怖啊"[5]。

对于上述观点,应该说,它们都有一定的道理:历史上,个体间的利益矛盾和冲突确实影响到社会的稳定。问题是,个体间的矛盾和冲突是否意味着需要否定自己对自己负责的原则而采取财产的集体所有制呢?问题并非如此简单。因为,为化解社会矛盾冲突而主张集体所有制的理论观点有一个基本前提:财产的集体所有制会缓解或消除个体之间的利益冲突。但实际上,在资源稀缺的限定前提下,个体之间的利益冲突不可避免,它不会因财产所有制形式的变化而得以发生根本性的改变:在财产的私人所有制下,个体在收入和财富的分配上存在利益冲突;而在集体所有制中,个体在财产的占有和分配上依旧存在矛盾,所有制形式的变化并不会消除个体的矛盾冲突性。

实际上,也正因为冲突的不可避免性,对于竞争性的资源来说,财产的占有模式只可能是私有的:社会财产及其利益最终会分到具体的个体而不可能为公共所有,而所谓的公共所有、集体所有其实只是政府所有,而不可能实现其主张者所意指的"公共"所有。在此情况下,基于名义上的"公"与"私"来就财产所有制做出选择的论点就存在局限性,比如,认为天然财富本来就有,"任何对其拥有分配权的'私'的声称都不能为社会所接受的观点"[6]。因为,既然资源的占有

---

[1] 托马斯·康帕内拉. 太阳城[M]. 陈大维,等译. 北京:商务印书馆,2010:65—66.
[2] 托马斯·莫尔. 乌托邦[M]. 戴镏龄,译. 北京:商务印书馆,2010:11.
[3] 塞缪尔·弗莱施哈克尔. 分配正义简史[M]. 吴万伟,译. 南京:译林出版社,2010:61.
[4] 让-雅克·卢梭. 论人类不平等的起源和基础[M]. 高煜,译. 桂林:广西师范大学出版社,2002:118.
[5] 同[4]:106.
[6] 张彦. 论财富的创造与分配[J]. 哲学研究,2011(2).

最终都是个人的占有，财产占有形式选择的出发点不是所谓的"集体所有"与"私有"，而是考虑不同制度下个体占有和分配收入的合理性、公平性。至于比较的结果，相比通过政府占有财富的共同占有制，在诸多时候，每一个体自己对自己负责的、私人占有的市场分配模式更能够经得起可逆性的检验。

四、市场的自由竞争

可逆性检验一致有效的公平收入分配机制之所以需要以自由的市场机制为基础，除了自由选择和自己对自己负责的考虑之外，这还和市场的自由竞争有机制关。由于自由竞争，自发的市场机制在诸多时候能够公平解决社会合作中的利益冲突，能恰当兼顾各主体的利益。涉及三个层次：其一，是对其他个体利益的考虑与关注。在市场上，每一个主体都是理性的行为主体，利益的共生性使得个体在追求自己利益的时候主动去考虑其他个体的利益，比如生产者主动去考虑消费者的需要：消费者究竟需要什么？其二，是保障交易的双方都能获利。市场的交易过程，是个体基于同意的契约过程。一般地，在尊重彼此自愿选择的前提下，市场交易的双方都能从交易中获利，否则，契约就难以达成。其三，竞争在一定程度上能够保障各交易主体利益分配的公平性。因为，在自由准入的市场结构中，受竞争机制的约束，卖方不能要价太高，否则，其他的生产者就会把其顾客抢走；而买方则不能把价格压得太低，要不然其他买方会把其所需求的产品和服务给买走。

与这里所表达的合理分配社会合作利益的公平理念不同，已有有关市场公平的主流观念是建立在等价交换意义上的"对等原则"基础之上的。在此类观点的支持者看来，市场是一个交换的体系，市场交易的公平需要以等价交换作为基础和条件。等价交换理念的历史相当悠久：它曾经出现在亚里士多德有关经济公平的理论表述中。后来它更是充分体现在西方经济学和传统社会主义经济学的价值理论中。在相当长的一段时间里，传统的社会主义经济理论家正是以这一理念为逻辑起点，孜孜以求地研究如何按照商品的价值来制定正确的价格[1]。

表面上，等价交换之类的"对等"原则是公平合理的，而市场的公平性也可以依此而得到辩护。但事实上并非如此。因为，如果市场的交易过程是一个等价

---

[1] 周为民,陆宁.按劳分配与按要素分配——从马克思的逻辑来看[J].中国社会科学,2002(4).

交换过程,那交换对于交易双方来说是完全没有意义的:如果进行交换的物品 x 和 y 是完全等价的,那理性个体为何还要花费时间和精力来进行交换呢?事实上,个体之所以参与社会的交易,恰在于交换的"不等价":交换对于双方来说都是有利可图的,即交换的过程本质上是一个价值的增进过程而非简单的价值转移过程。进而,基于等价交换来为市场机制进行辩护就没有什么价值和意义。

当然,除了基于等价交换的解释外,理论上也有基于"贡献与索取对等"来就对等原则进行诠释的公平分配理念。在持此类公平观念的论者看来,个体获得收入的过程,是一个向社会进行索取的过程。个体的索取如果要正当、合理,首先需要向社会做出贡献:"贡献是索取的源泉"。相应地,个体向社会索取多少是合理的,这以个体的贡献量为限,"索取再多,至多应等于而不应多于贡献""索取等于贡献为公正,索取多余贡献为不公正,索取少于贡献则是仁爱"[1]。

与上述表述相似,哈耶克认为:"一人享有之利益应当与其他人从其活动中获致的利益相符合。"[2]而克拉克,他一方面认为,"如果每个人的收入与其所生产的数额相等",即"工人生产的数额与其获得的收入相等""利息等于资本的产出,利润与调和工作的产物相一致,……财产权在它产生之初就得到了保障,这样,社会就相对公平,社会制度和国家便有存在的理由"[3]。另一方面,其边际生产力理论则基于"对等"来为市场机制的公平性进行了辩护。用阿瑟·奥肯的话说,基于一定的假设,一个竞争的市场将按照对产出的贡献付给工人和投资者价值,此理论也因而在20世纪初被某些社会思想家视为竞争经济公正原则的神启[4]。

毋庸置疑,公平分配考虑贡献因素是有其道理和依据的。也正因为如此,诸多的公平正义理论都强调以个体的贡献为依据来进行分配。圣西门认为,公平分配应"使每个社会成员按其贡献的大小,各自得到最大的富裕和福利。"[5]相似地,摩狄曼·J.艾德勒主张"按照每个人创造的财富在所有人共同协作以创造

---

[1] 参见王海明,孙英.社会公正论[J].中国人民大学学报,2000(1).
[2] 弗里德里希·冯·哈耶克.自由秩序原理[M].邓正来,译.北京:生活·读书·新知三联书店,1997:114.
[3] 相反,工人阶级"生产出来的财富尽管很少,但若是全部归自己所有,他们也许不会产生革命的心思。如果他们产出的财富很多,而自身得到的仅仅是其中一小部分,即自己的财富被剥夺了,那么,工人阶级就有革命的权利"。参见约翰·贝茨·克拉克.财富的分配[M].彭逸材,等译.北京:人民日报出版社,2010:3—5.
[4] 阿瑟·奥肯.平等与效率:重大的抉择[M].王奔洲,等译.北京:华夏出版社,1999:39—40.
[5] 昂利·圣西门.圣西门选集:第二卷[M].董果良,译.北京:商务印书馆,1985:293.

的总财富中所占的比例进行分配"[1]。另外,王海明与孙英所提出的社会公正的实在原则认为"贡献是权利的实在源泉和依据,社会分配给一个人的权利应该与他的贡献成正比"[2]。而可逆性检验一致有效意义上的公平收入分配规则之所以以个体的自由选择为决定变量,这在很大程度上也是考虑到个体贡献因素的重要性。

但是,公平分配考虑贡献方面的因素,这同"索取与贡献相等"完全是两码事。与等价交换所存在的问题一样,收入分配的公平并不是贡献和索取在数量上的等同:如果个体所得到的(索取)和所付出的(贡献)完全一样,那社会合作对于个体并没有太多的价值。而个体参与社会合作之所以是有价值的,是因为每一个体之索取和所得都大于其贡献和付出(因为合作产生合作剩余)。作为促进社会合作的一种可能机制和类型,市场机制的意义在于自由的竞争机制能公平分配因社会合作而产生的剩余,而不是促成占有与付出的对等。

另外,与这里基于利益的公平协调来就市场机制进行伦理辩护不同,新古典经济学就市场机制所做的辩护在很大程度上是资源配置方面的。福利经济学的基本定理表明:在完全竞争的条件下,市场配置的结果是帕累托有效的。理论上,尽管福利经济学的基本定理有着严格的数学证明,但基于此等理论来为市场经济进行伦理辩护并不可取。一方面,是理论辩护的对象存在偏差。鉴于运行的市场总是现实形态的,有关市场机制的伦理辩护应该建立在现实市场这一基点之上,而完全竞争市场模型完全是理论的虚构。撇开完全竞争市场是否真是一种理想的市场不谈,以虚构的模型来为市场进行辩护其实是削弱了市场的力量。从某种意义上说,相关的辩护与其说是在支持市场,而不如说是在否定市场。

另一方面,也是这里需要特别强调的一方面,是理论辩护的伦理依据存在问题。福利经济学基本定理就市场机制所做的辩护是建立在资源配置的有效性之上的。但是,作为社会协调的一种可能机制类型,单纯从有效性的角度来进行辩护是不足的:如果市场机制缺乏公平性,那不管其运行效率如何,市场机制在伦理上都难以得到辩护。事实上,市场机制之所以有它的魅力和合理性,首先在于其公平性,而资源配置的有效性,恰正是市场公平协调的一个结果:在利益得以

---

[1] 摩狄曼·J.艾德勒.六大观念:真善美、自由、平等、正义[M].陈珠泉,等译.北京:团结出版社,1989:185.

[2] 作为其社会公正实在原则的补充,王海明、孙英还提出了社会公正的潜在原则,将德才作为职位等权利获取的潜在源泉和依据.参见王海明,孙英.社会公正论[J].中国人民大学学报,2000(2).

公平协调的基础上,鉴于影响资源配置的障碍因素得以化解,个体对于自我利益的追求会将社会运行的结果引导向对社会最有利的方面。与之不同,对于完全集中统一的政治化过程,它妨碍了竞争机制对于个体间利益的恰当协调,在诸多的时候,它不仅难以保证利益分配的公正性,也难以实现资源配置的有效性。

对于市场机制下个体利益追求导向社会公共利益的理论逻辑,亚当·斯密的"看不见的手"原理对此做了最有影响力的理论表述。在其被广为引证的一段话中,斯密指出:"由于每个人都努力把他的资本尽可能用来支持国内产业,都努力管理国内产业,使其生产物的价值能达到最高程度,他就必然竭力使社会的年收入尽量增大起来。确实,他通常既不打算促进公共的利益,也不知道他自己是在什么程度上促进那种利益。……他只是盘算他自己的安全;由于他管理产业的方式目的在于使其生产物的价值能达到最大程度,他所盘算的也只是他自己的利益。在这场合,像在其他许多场合一样,他受着一只看不见的手的指导,去尽力达到一个并非他本意想要达到的目的。"[1]在这里,有关市场机制下个体利益追求导向社会利益结果的内在逻辑,斯密的"看不见的手"原理只是给出了形象化的说明并未就此给出严格的理论论证。而其内在的逻辑和机理,正如我们有关集体利益、公共利益、社会利益得以实现的一般原理所表明的,"看不见的手"原理之所以成立,这在很大程度上源于市场机制的公平性:市场机制能够公平解决社会合作中的利益冲突(保证利益分配的公平性),而作为利益冲突得以解决的一个逻辑推演,理性个体对于自我利益的追求自然会将社会运行的结果引向社会最有效的方面[2]。也正是市场机制所具有的自然的、天生的公平性,作为伦理标准的收入分配规则是以市场为基础的分配规则。

五、政治干预与规则修正

规范性上,一旦市场机制的公平性得到了辩护,那是否意味着可逆性检验一致有效的公平分配机制需要完全排斥政府的力量呢?历史上,曾有无政府主义者——比较有代表性的如戈德温、施蒂纳、普鲁东与克鲁泡特金——在某种意义上为纯市场机制进行过辩护。对于无政府主义者来说,他们相信,从来没有人能

---

[1] 亚当·斯密.国民财富的性质和原因的研究:下册[M].郭大力,等译.北京:商务印书馆,1997:27.
[2] 曾军平.个人主义、利益分配与集体利益的实现条件[J].财经研究,2008(1);曾军平.自由意志下的集团选择:集体利益及其实现的经济理论[M].上海:格致出版社,上海三联书店,上海人民出版社,2009:82—83.

够成为另一些人的合法权威。进而,要求人们遵从这种权威的任何强迫措施都是不合法的。但事实上,对市场机制公平性做出辩护和论证,这并不等于可逆性检验一致有效的收入分配机制就是将政治机制完全排除在外的、无政府意义上的纯粹市场机制形式。

首先,无政府主义者基于政府的强制性来反对政治干预在逻辑上说不通。由于社会分工对于社会生产力提升所具有的意义,同时,也因为个体能力上所存在的种种局限和不足,个体与个体必须通过一定的机制和制度而连在一起;强调个体在消费与生产方面的自由选择,并不意味着个体是独立的、与世隔绝的消费者和生产者。在此情况下,社会就必须要有一种对人际利益关系进行协调的机制。然而,不管社会决策机制如何,不管它是市场机制还是政治机制,由于它们都可能无法获得相关个体的一致同意,市场机制的选择本身也可能是强制的结果,而市场机制本身也可能蕴含着强制,蕴含着对不认可市场机制个体的强制。进而,简单地基于政府机制的强制性而选择市场机制在逻辑上说不通。

无政府主义者基于政治机制的强制性来反对政治机制,其问题不仅是市场机制选择过程中的潜在强制,同时也是政治机制兼容个体自由的可能性。一方面,在规则的选择上,政治机制尽管具有其强制性,但政治机制本身也可能获得相关个体的认可,即政治机制的确定本身也可能是个体自由选择的结果。此时的制度安排与个体自由选择并不矛盾。事实上,就诸多的无政府主义者来说,他们反对的只是未经个体同意的政府,而不是所有的政府形式。穆瑞·罗斯巴德就说:"只有得到其治下每个公民书面上的首肯,国家制度才能证明自己的正当性。"[1]换言之,如果国家制度获得了公民的认可,那它们完全是有其正当性的。

另一方面,在制度规则的运行层面,政治的干预并不必然意味着对于个体自由选择的否定。因为,政府对经济的干预不仅可以是替代性的,也可以是保护性的、辅助性的。其中,关于替代性的干预,就是用政治化的集体决策完全取代市场分散化的自愿协调过程。包括:(1)在消费上以集中的公共提供来取代分散的私人提供;(2)在生产上以集体化的公共生产来取代私人所有制意义上的私人生产;(3)在交易上以基于政治过程的公共定价抑或政府定价来取代市场的竞争定价;(4)在分配上以政府的集中分配来取代市场基于个体自由选择的分配。而保护性的、辅助性的干预,政府并不直接干预私人的个人选择与市场的自由交易:

---

[1] 转引自约翰·托马西.市场是公平的[M].孙逸凡,译.上海:上海社会科学院出版社,2016:前言。

保护性的干预纯粹是保护市场的自由选择和交易,而辅助性的干预则只是为个体自由选择与个体间的契约提供制度保障和支撑。现在,假如政府的干预只是保护性的和辅助性的而不是替代性的,那社会的利益协调其实还是基于自由市场机制来进行,政治干预与个体自由并行不悖。

其实,政府的干预不仅不必然意味着对于自由选择、自我负责与自由竞争的否定,对于组织良好的社会来说,为了保障个体的自由选择、自我责任与自由竞争,在某些领域和方面,政府的干预其实还是不可或缺的。因为,在完全的无政府状态下,正如霍布斯的丛林法则所显示的:自然状态是个体相互敌视的战争状态和不稳定的状态,是个体自由不能得以充分保障的状态,是强者获取收益而将成本无限向弱者进行转移的状态。事实上,也正是因为自然状态下个体间相互倾轧的可能性及问题,霍布斯认为个体的理性决策必然诉诸于政治的干预:基于自然状态的假设与契约主义的伦理标准,霍布斯对"利维坦"得以同意的逻辑做了哲学论证。在霍布斯看来,在自然状态下,理性个体会在不放弃自己道德平等的前提下,愿意将自己的某些权力让渡给国家,只是国家必须将个体委托的这种权力用于保护个体免于社会动荡和资源匮乏的伤害。就这里的论证来说,正如人体系统的自发协调离不开人类理性的有意识控制(比如注意保暖和饮食健康等)那样,政府干预对于市场的公平运行是不可或缺的:在没有政治权威与相关制度加以保障的情况下,人类很难走出霍布斯所描述的丛林社会的伦理困境,而个体的自由选择以及市场得以运行的相关法则就难以得到切实的执行。

鉴于政府对于保护个体自由、维护社会公平正义所具有的价值和意义,尽管自由主义者基于自由的保护而主张对政府的权力运作进行制度限制,但自由主义者——比较有代表性的如亚当·斯密、冯·哈耶克与米尔顿·弗里德曼等——并不是无政府主义者。就斯密来说,尽管他强烈反对重商主义国家对于市场的肆意干预,但他完全支持国家在保护个体自由中的积极作用。在斯密看来,保护本国社会的安全、建立严正的司法行政机构与维护某些公共机关和公共工程是君主或国家所需要承担的义务[1]。而弗里德曼,他强调了自由在社会秩序与社会架构中的指导作用。在他看来,"对于一个自由主义者而言,合适的手段是自由讨论和自愿合作。这也就意味着:任何形式的强制都是不合适的,"但他同时也强调"在思想上不自我矛盾的自由主义者并不是无政府主义者",并

---

[1] 亚当·斯密.国民财富的性质和原因的研究:下卷[M].郭大力,等译.北京:商务印书馆,1997:251—284.

将维护法律和秩序、规定财产权的内容等明确界定为政府的职责范围[1]。

对于诺奇克来说,其有关持有正义的资格理论在很大程度上将公平的收入分配规则与不进行政治调整的自由市场规则联系在一起。其"最小国家"(minimal state)观抑或"最低限度"国家观认为公共教育、公共保健、公共交通、公共道路与公园等都是不需要的,但诺奇克的最小国家并不是无政府状态,是政府防止暴力侵犯的国家,是提供保护措施,以"保护人们免于暴力、偷盗、欺诈以及强制履行契约的国家"[2]。至于布坎南,他讨论公平收入分配规则时所论述的纯粹市场机制是以政府保护产权为基本前提的,而不是将绝大多数政治情形抽象掉市场经济模型。该模型有两个特点:其一,存在政府而不是完全的无政府状态。其二,政府作用有限,政府的存在以保护生命和财产、保证契约得以实施的法律为基本前提。也就是说,他考虑的模型是一个最低限度国家或者一个具有保护职能的国家,是诺奇克的"最低限度的国家"意义上的分配机制,而不是纯粹的无政府状态的分配[3]。

对于公平收入分配规则的建构,政府其实不只是简单地对市场自由选择和交易进行维护,其实政府首先需要对个体权利范围及个体自由选择的边界进行界定。在一个资源客观有限的体系中,自由是有限制的。进而,对于个体自由的界限进行确定是不可或缺的。弗里德曼曾援引一位法官的话说:"我移动我拳头的自由必须受到你下巴的接近程度的限制。"[4]而在收入的分配方面,由于个体选择是收入分配结果的决定性变量,而个体间的自由选择存在冲突:一个人的行为会对周围其他人产生影响。在此情况下,公平的分配规则就需要政府对个体的自由进行界定。

另外,尽管市场机制在绝大多数都能够公平协调个体间的利益冲突并公平决定个体的收入水平。但是,人类理性的直觉也告诉我们,市场机制能够公平协调利益的程度不是绝对的。比如,受自然偶然性因素的影响,个体可能无法保障基本的生存权,而个体基本生存权得不到保障的社会是不公平的,无法通过理性个体的可逆性检验。对于市场机制不能公平协调利益冲突的领域,人类理性的力量就应该发挥其作用的范围,而不能让人类完全受制于自然偶然性、随机性的

---

[1] 米尔顿·弗里德曼.资本主义与自由[M].张瑞玉,译.北京:商务印书馆,1999:24,36.
[2] 罗伯特·诺奇克.无政府、国家和乌托邦[M].姚大志,译.北京:商务印书馆,2008:前言.
[3] 詹姆斯·M.布坎南.自由、市场与国家——80年代的政治经济学[M].平新乔,等译.上海:上海三联书店,1989:183—184.
[4] 米尔顿·弗里德曼.资本主义与自由[M].张瑞玉,译.北京:商务印书馆,1999:27.

肆意支配。进而，我们同样有理由相信：在市场机制起决定性作用的前提下，政治机制依旧有其用武之地的。进而，在基本的制度框架上，作为目标导向和伦理规范的公平收入分配机制就是那种由市场对于分配结果起决定性作用而人类理性的政治过程又对市场机制进行维护、修正和调整的"混合"机制类型。

六、混合机制的比较

当然，值得强调的是，尽管这里同时强调政府和市场的作用而将市场和政府混合在一起，但由于对市场机制运行状况理解存在差异等方面的原因，可逆性检验一致有效意义上的混合规则与主流经济学、财政学理论所主张的混合经济模型存在很大的不同。

首先，是政府干预经济思路的不同。基本框架上，可逆性检验一致有效的公平收入分配机制是以市场为基础的、发挥市场决定性作用的规则。因为，在诸多问题的解决上（比如与私人产品的生产、消费及交换有关的利益分配问题），市场是我们人类到目前为止所发现的、用来进行人际利益协调与分配的最公平的机制。照此逻辑，政府干预经济的基本思路不是简单去取代市场，而是尽可能发挥市场机制的潜力：(1)对于市场能够公平协调的领域，应该完全由市场去公平协调；(2)对于市场不能完全公平协调的领域，应该创造条件由市场去协调；(3)对于市场公平协调失效的方面，这需要政府机制发挥其作用，但政治机制还是可以参照市场机制的协调原理来架构。在此方面，由于未能充分理解市场机制的利益公平协调原理，在诸多的领域，主流经济理论所理解的混合机制是政府去取代市场的机制：对于市场不能完全公平协调的领域，主流经济理论不是为市场的运行去创造条件，而是人为地用政治过程去取代市场的协调过程；与此同时，对于市场公平协调失效的方面，相关的理论也没有参照和借鉴市场机制的原理去构建利益协调的制度规则。

其次，是政府干预经济的领域存在不同。由于考虑到政府干预经济方式的多样性，对于可逆性检验一致有效的分配规则来说，政府干预经济的范围在很大程度上与政府干预经济的方式有关：其一，对于保护性的干预活动，由于市场范围内个体的良性互动要以法律——政府制度使所有权和契约得以实施为保障，而保障财产所有权和维护契约实施的法律规则义是全方位的、全涉性的，它涉及市场活动的方方面面，因此，从此等意义上说，政府活动的领域其实是全方位的，在市场和政府之间并不存在"这应该属于政府、那应该属于市场"所谓边界划分问题;其二,对于维护性的干预活动,此等干预的范围依赖于市场可以公平协调但需要保障性条件的领域;其三,对于替代性的干预活动,则是市场机制无法公平协调而需要人为政治机制架构的领域。与此不同,由于未能就政府干预活动方式做出理论的区分,主流经济学、财政学所理解的混合经济有关政府活动干预领域的表述一直含混不清,比如,未能区分替代性活动领域的有限性与保护性活动领域的全涉性。当然,对于替代性活动干预领域的具体确定,由于采用可逆性检验一致有效作为判别市场运作良好与否的规范标准,公平分配规则所要求的政府活动领域与主流经济学、财政学所确定的范围还是存在差异。

再次,是政府干预经济的作用点。就主流经济学、财政学理论所主张的混合经济来说,与其资源配置范式及结果公平导向相对应,政府干预经济的作用点是最后的结果。与此不同,由于关注点在于决定结果的分配规则,就可逆性检验一致有效的公平收入分配规则而言,政府干预经济的作用点是决定结果的制度规则。有两方面的含义:一是政府干预收入分配等问题的必要性;二是政府经济干预作用点的限定性,即应该限于制度调整而不是结果的调整。在对重商主义的干预思想进行批评时,斯密曾睿智地说:"每一个人,在他不违反正义的法律时,都应听其完全自由,让他采用自己的方法,追求自己的利益,以其劳动及资本和任何其他人或其他阶级相竞争。"[1]在上述表述而论,正义的法律就是政府的制度调节,而自由选择则是市场机制的自由运行。应该说,就规则干预与结果干预做出区分,这对于恰当发挥政府在收入公平分配中的作用具有重要的意义。诸多有关政府行为的规范经济理论之所以存在问题,在很大程度上就是因为未能在规则干预和结果干预之间做出区分。比如自由主义的经济理论,当它们基于斯密的理论来主张市场的自由调节、反对政府的强制干预时,他们往往忽视了斯密所强调的自由市场所必要的"正义的法律"的前提。相反,那些对于斯密理论进行批评而强调政府干预的学者,他们其实并未能如斯密那样去透彻领悟市场秩序得以形成的内在逻辑,他们在强调政府干预必要性时忽视了政府干预经济的方式:应该侧重于外在的制度架构,而不应该将关注的重点放在可以肆意调整的政策操作上。可逆性检验一致有效意义上的公平收入规则的架构应该侧重于竞争规则的完善而不应该直接参与和干涉市场内在的竞争。

最后,是干预的时间节点的差异。既然政府对于市场的干预是在规则层面进行的,正如前面的相关分析所表明的,政府对经济的干预就是事前的、是宪法

---

[1] 亚当·斯密.国民财富的性质和原因的研究:下册[M].郭大力,等译.北京:商务印书馆,1997:252.

性的调整,我们所确定的公平收入分配规则是具有准永久性和稳定性的一般制度规则,而不是主流经济学、财政学理论所阐释的对市场进行事后补救的、依赖于特殊社会偏好和经济结构的特殊政策。因为,逻辑上看,如果有关市场机制的修正是事后进行的,那对分配结果进行调整就没有规则依据。至于资源配置,既然结果已经产生,进一步的修正已经因无济于事而没有多大的意义,有意义的调整应该在问题尚未出现之前去进行。

至于如何在事前的宪法性层面去就市场规则进行修正和调整,鉴于作为决定收入分配结果的程序性规则一般涉及三个环节:起点设定的规则、过程控制的规则与结果调整的规则[1],在公平收入分配规则基本框架得以确定的基础上,有关公平分配规则具体结构的探索就可以从对应的三个方面来进行:起点如何设定是公平的?公平的过程规则如何?结果如何调整才公平?为了便于分析,我们接下来首先就公平分配规则的结果调整问题做出探讨,然后依次讨论过程控制和起点设定。对于各个环节的规则,鉴于规则的选择涉及两个层次:其一,是自然的规则(如市场机制)与人为的机制(如政治决策规则)的选择;其二,是人为的政治机制的选择。进而,对于各环节分配机制的讨论,均可以从对应的两个层面来探讨:公平的规则是否需要对自然的市场规则进行调整?如果进行调整,公平调整的范围、程度和(或)方式如何?

---

[1] 与这里的阶段划分存在不同,徐梦秋在流程上将公平的类别划分为机会的公平、起点的公平与结果的公平。参见徐梦秋.公平的类别与公平中的比例[J].中国社会科学,2001(1)。

第八章
结果调整:何谓结果公平?

一、导言

按照就市场运行结果进行调整的程度来划分,可供选择的收入分配规则有几种具有代表性的类型:其一,不进行任何调整的完全自由模式,此等模式主要为自由至上主义的理论家所主张;其二,绝对均等的平均主义模式,即认为公平的收入分配的需要结果的均等;其三,有限修正模式,该模式主张对市场运行的结果进行修正和调整但不主张完全的平均分配,具体包括收入差距缩小、限定差距大小与保障个体基本权利等不同的理论模式。

在结果调整的规则设定方面,既然可供选择的分配规则有多种可能类型,那作为目标导向的可逆性检验一致有效的公平规则又是何种规则类型呢?它们究竟是就市场运行结果进行调整的规则还是不进行调整的规则?如果公平的分配收入规则需要对市场运行的结果进行调整,就市场运行结果做出调整的程度如何?而为保障结果调整的制度安排具体又该怎样?

在公平收入分配规则的基本框架得以确定的基础上,本章将探讨可逆性检验一致有效的有关结果调整的分配规则。方法上,鉴于有关结果调整的规则会受到起点设定与过程安排的影响,为了便于分析并避免不必要的争议,在就结果调整的规则进行分析时,我们一般假设市场竞争的起点已经得到了恰当的配置,而竞争的过程也完全符合基本的公平准则:相关的规则安排都能一致通过个体的可逆性检验,即在其他环节制度安排均公平正义的假设下,我们考虑就结果进行调整的公平分配规则的具体形态。而起点和过程存在不公的情形,则往往作为例外来加以讨论。

二、超越资格理论

诺奇克的资格理论反对就市场运行的结果进行调整。因为,其一,个体对于基于市场竞争所获得的收入具有权利。在诺奇克看来,如果"我"拥有我自己,那"我"就拥有自己的天赋;而如果"我"拥有自己的天赋,那"我"就拥有任何靠着自己的天赋所产出的东西[1]。否则,如果有人通过强制的方式(如强制性的收入再分配)占有我的劳动产品,那这就等价于此人能够命令我去工作,此人其实就是"我"的主人,而"我"则是此人的奴隶[2]。其二,个体对于收入的权利,与个体的生命和自由一样,都是个体绝对的、无条件的、神圣不可侵犯的权利,它可以排斥任何个人、团队乃至政府的强制和破坏。在诺奇克看来,人们对于自己的财产拥有资格(如果这些财产是通过正当途径获得的),而资格意味着:个体有绝对权利按照自己认为恰当的方式自由地处置自己的财产,只要处置不涉及暴力和欺诈。反过来,就自由交换结果所进行的干涉和调整——不管此等调整是个体的强迫还是政府基于税收支出方案而进行的强制转移(即此类调整是违背当事人意愿的)——都是不正义的,都会侵犯个体应得的权利,即便税收等方面将为无家可归者提供食物和住房。当然,如果"我"愿意,"我"可以自由送给他人(诺奇克并不反对自愿的私人慈善行为),同时,为旨在保护私人产权、保护人们免于暴力、偷窃、欺诈以及保障自由交换机制运行的警察和司法背景制度提供维持运转所需的经费例外[3]。

诺奇克以个体权利来确定有关人类行为的道德边界约束完全有其合理性。首先,个体权利的神圣不可侵犯性,这是公平正义的客观要求,如果某种利益确实是个体权利的话。罗尔斯就认为,"正义否认了为一些人分享更大利益而剥夺另一些人的自由是正当的,不承认许多人享受的较大利益能绰绰有余地补偿强加于少数人的牺牲"[4]。相似地,斯宾塞也是不妥协地相信财产权神圣性和绝对性的人。他所提出的作为"正确社会关系法则"的第一个政治原则(或原理)就

---

[1] 除了诺奇克基于自我所有权前提推导出财产权的论证,理论上还有诉求自由与互利(契约式的理性选择理论表达了这个观念)等多种论证方式。参见威尔·金里卡.当代政治哲学[M].刘莘,译.上海:上海译文出版社,2015:165—179.
[2] 参见迈克尔·桑德尔.公正:该如何做是好?[M].朱慧玲,译.北京:中信出版社,2012:72.
[3] R. Nozick. Anarchy, State, and Utopia[M]. New York: Basic Books, 1974: 1.
[4] 约翰·罗尔斯.正义论[M].何怀宏,等译.北京:中国社会科学出版社,2003:3—4.

是:"每个人都有做一切他愿意做的事的自由,只要他不侵犯任何他人的同等自由。"[1]在他看来,强迫一个人向另外一个人进行救济,和国教制度强迫一个人信某一特定的宗教具有相同的性质:既然我们认为向一个人"征税来支持一套他不相信的教义是不公正的,难道另一个人不可以同样合理地抗议他被征税来维持一项他不支持的救济制度吗"[2]?

其次,诺奇克有关个体对于他们选择结果具有权利的论点也有其相当的合理性:(1)直观上看,"我"对"我"选择的结果、获得的收入具有权利;(2)即便"我"对于自己所获得收入并不具有权利,那"我"至少相比其他人会更有权利;(3)如果有人对"我"的权利进行质疑,那质疑的依据是难以经得起反问和推敲的:如果"你"认为"我"的占有不公平,那么,"你"所应该调整的是你的自由选择及其相应的收入占有而不是去质疑和调整"我"的收入水平,如果决定收入分配结果的规则是公平合理的话。

但是,自由至上主义基于个体的财产权利来反对结果调整的理论论证存在局限性。主要涉及两个层面的问题:首先,是基于自我所有权来对个体占有收入的权利进行伦理辩护的哲学论证问题。因为,"如果我像诺奇克所相信的那样对于自己从市场交换过程中积累的全部财富具有资格,那么,我就不仅必须是自己能力的正当所有者,还必须成为最初没有所有者的外部资源的所有者"[3]。问题是,外部资源并非由"我"创造,而"我们拥有自己的天赋——这个事实(如果这是一个事实的话),并不能保证这样一种结论:任何人可以为着自己的目的正当地占用不能通过自己的天赋加以创造的事物"[4]。特别地,回溯既往,外部资源不仅不属于"我",也不属于在此之前将其转移给"我"的任何一个人:最初占有外部资源的所有者并不能基于自我所有权而对土地等资源具有正当资格,他们自然就没有将土地等资源转移给他人的正当权利。进而,"我"也不能基于自由转移的过程而对自己所获得的外部资源以及进一步所获得的收入具有权利。事实上,也正是外部资源所有权方面的问题,资格理论的批评者指出:如果假设外部资源是共同拥有的,那么再分配并不是对自我所有原则的否定[5]。

---

[1] 赫伯特·斯宾塞.社会静力说[M].张雄武,译.北京:商务印书馆,1996:52.
[2] 斯宾塞还认为:"否认任何主教或宗教会议有权利替他选择他应该接受哪一种教义,拒绝哪一种教义。为什么他不也否认任何救济委员会的委员或教区会议有权利替他选择谁值得接受他的施舍,谁不值得接受他的施舍呢?"赫伯特·斯宾塞.社会静力说[M].张雄武,译.北京:商务印书馆,1996:139.
[3] 威尔·金里卡.当代政治哲学[M].刘莘,译.上海:上海译文出版社,2015:143.
[4] 同[3].
[5] 宋少鹏,龚蔚红.分配正义与社会和谐[J].政治学研究,2006(1).

其次,是基于权利来反对结果调整的论证局限。这具体与自由至上主义论证的两个前提预设有关:其一,是权利优先于正义的前提预设。诺奇克有关持有正义的资格理论之所以反对对收入分配进行人为的调整,其基本前提是权利优先于正义:不能基于分配正义要求而侵犯个体权利。就此等论证而言,逻辑上,如果权利确实是优先于正义的,那基于正义原则来确定收入分配规范就会受到权利的限制和掣肘。但实际上,一种权利之所以能成为权利,无非是因为特定个体拥有此等权利是公平正义的、是经得起可逆性检验的,即权利是通过公平正义原则来定义的,而公平正义原则所要解决的恰正是个体权利边界的确定及合理权利的维护问题。比如个体自由选择的权利。个体需要自由,但正如斯密所表明的,它是以公正法律规范约束为前提条件的[1]。在此情况下,简单地基于权利维护来否定对市场分配的结果进行调整就存在局限性了,如果结果调整本身公平正义的话。

其二,是结果调整侵犯权利的前提预设。在就个体占有收入的权利进行论证时,诺奇克的前提假设是,就结果做出调整意味着对于个体权利的侵犯与对规则的违背。但问题是,个体的权利是由公平的规则来确定和维系的,正如参与赌博的个体可以事先去约定"赢家请客"那样,就结果所进行的调整完全可以在预先设定的宪法性规则中确定下来:如果公平的收入分配规则要求事先就结果调整做出规定,基于事先设定的规则来就结果进行调整并没有侵犯个体的权利,相反是对个体权利的维护(维护了低收入者的权利)。

为了展示结果调整兼容个体权利维护的可能性,我们假设有两种规则——不就市场运行结果进行调整的规则 f 和就市场运行结果进行调整的规则 g——可供选择。假设在规则 f 下,收入分配的结果由初始状态 D_1 变为 D_2,而规则 g 的运行则首先使得初始状态从 D_1 变为 D_3(之所以不是 D_2,是因为规则本身会影响收入分配的总量和结构),然后再按照规则 g 所设定的条款进行调整后得到的结果为 D_4:

$$D_1 \to f \to D_2$$
$$D_1 \to g \to (D_3 \to D_4)$$

就此例子而言,如果公平的收入分配规则是 g 而不是 f,由 D_3 调整至 D_4 并没有侵犯个体的权利,因为,此等调整其实是公平规则 g 的一部分。进而,是否

---

[1] 亚当·斯密.国民财富的性质和原因的研究:下册[M].郭大力,等译.北京:商务印书馆,1997:252.

需要就市场运行结果进行调整的关键不在于调整是否侵犯了个体的权利,而在于有关结果的调整是否是公平分配规则的一部分。或者说,可逆性检验一致有效的分配规则是否应该包含调整:公平的收入分配规则究竟是规则 f 还是规则 g?

有关公平收入分配规则就市场运行结果进行调整做出事先规定的可能性,布坎南在某种意义上对此持否定意见。在布坎南看来,在起点位置已获得满意调整、竞争已被适当设立障碍的范围内,对结果实行再分配转移不存在多少有说服力的论点。相反,在给定的契约下,如果进行收入的分配和调整,这将破坏事先的契约基础[1]。但事实上,自由的市场机制具有偶然性和不确定性,而偶然性的存在使得市场机制的运行可能会产生理性个体所不愿意看到的结果,比如,个体的基本生存权未能得到切实保证的极端情形。现在,倘若我们所选择的收入分配规则是就市场分配结果不进行任何人为调整的自然的市场机制,那是否意味着:在基于理性而选择的"未来"社会结构中,我们应该完全接受自然和社会各种偶然性因素的支配?哪怕我们能清楚地意识到,不进行任何调整的社会结构完全有可能出现有人饿死或(和)冻死的问题,我们依旧应该坚持不调整的规则而对人类社会可能面临的个体饥荒等问题无动于衷?

直观上看,答案是否定性的。在此方面,康德曾从普遍性法则的角度就个体有对处于困境的同胞进行帮助的道德义务进行了论证。康德指出:"行善,即尽自己的能力帮助身处困境的其他人得到他们的幸福,对此并不希冀某种东西,这是每个人的义务。因为每个身处困境的人都期望自己能得到其他人的帮助。但是,如果他让自己的准则,即不想在其他人身处困境时又向他们提供援助,声张出去,也就是说,不使它成为普遍的准许法则,那么,当他本人身处困境时,每个人都同样会拒绝给他以自己的帮助,或者至少有权拒绝他。所以,如果自私自利的准则会成为普遍的法则,它本身就将自相矛盾。"[2]

类似地,在就诺奇克的资格理论进行评价时,金里卡承认诺奇克所构想的篮球明星张伯伦对其收入具有权利的例子有一定的说服力,"因为它吻合了我们关于选择的直觉。"但是,他同时又批评指出:"假设我们按照罗尔斯的差别原则确定了最初的分配 $D1$,即每个人在开始都有一份平等的资源,但在篮球赛结束

---

[1] J. M. Buchanan. Liberty, Market and State: Political Economy in the 1980s[M]. Brighton: Harvester Press, 1986:136.
[2] 伊曼努尔·康德. 康德著作全集:第 6 卷[M]. 李秋零,译. 北京:中国人民大学出版社,2007:464.

时,……那些可能没有谋生能力的残障者将耗尽他们的资源并处于饥饿的边缘。而我们的直觉明确告诉我们,我们仍然可以向张伯伦的收入抽税以避免让那些人挨饿。"[1]

而就这里的理论逻辑来说,遵循可逆性检验一致有效方法去确定公平收入分配规则的理性个体不会选择不就结果进行调整的纯自然的市场机制,而会选择那种就市场运行的结果进行某种人为调整的规则。毕竟,通过人类理性的设计,个体基本生活可能无法得到保障的问题在制度上是完全可以解决的:事前的机制设计和安排可以防止此等现象的出现。至于布坎南所说的不能以任何借口来破坏事先的协议问题,这只是说明事后的、未有事先规则设定的肆意政治的分配不具有合理性,但对于基于事前规则而进行的宪法性调整,正如他自己的立宪分配思想所主张和强调的那样[2],它完全可能会以某种"背景制度"而出现在个体的理性选择之前。

有关避免个体挨受饥饿与免遭严寒威胁的必要性,诺奇克在一定程度上意识到了其道德的力量。在他看来:"每个人对诸如机会平等和生命等事物都拥有一种权利,并且可以强行这权利。"[3]然而,对机会平等与生活平等权利的强调,并未促使诺奇克支持将一部分人的收入强制转移给其他人以保障这一权利的实现。因为在他看来,"此等'权利'的实现需要以别人可能对其拥有权利和资格的事物、物资和行为作为基础":"我们不能向张伯伦课税以补贴残障者为生活付出的代价,因为,他对自己的收入拥有绝对的权利。虽然麦凯的观念——对于生活的'公平前景'的一般权利——在直觉上是有吸引力的,但对于事务的特殊权利充满了权利的空间,使得在特定的物质条件下,根本就没有一般权利的立足之地。"[4]

然而,问题是,诺奇克并没有提供一个积极有力的论证来支持自己的正义观点:对于按洛克的方式已经获得的东西或通过合法的交换或馈赠等方式而获得的某些东西,我们为何具有所有权? 在此方面,金里卡评价指出:诺奇克没有直接为体现上述引文中的这个主张辩护,即一个人对已经拥有的物品的财产权,必须总是优先于其他人拥有一些最低限度的权利,以及历史财产权"占据了权利的

---

[1] 威尔·金里卡.当代政治哲学[M].刘莘,译.上海:上海译文出版社,2015:137.
[2] J. M. Buchanan. Liberty, Market and State: Political Economy in the 1980s[M]. Brighton: Harvester Press, 1986:133.
[3] 罗伯特·诺奇克.无政府、国家和乌托邦[M].姚大志,译.北京:商务印书馆,2008:286.
[4] R. Nozick. Anarchy, State, and Utopia[M]. New York: Basic Books, 1974:238.

空间"。是什么赋予了诺奇克式的"特殊的权利从属关系"超越了各种东西(有些可能是要求权利者的自由所必不可少的)权利的要求的绝对优先权呢?为什么正义要求对财产权有如此严格的理解呢?这是比传统的自然法理论家更严格的理解[1]。

当然,一旦我们强调了就市场分配结果进行调整的必要性,自由至上主义可能还会对此进一步加以反驳。此时反驳所采取的依据之一是作为根基的康德式原则:"个人是目的而绝非仅仅是手段;未经得个人的同意就不能为着他人的目的而牺牲或利用他们"[2];"任何人都不能为了他人而被牺牲"[3]。伦理上,基于"人是目的而不仅仅是手段"来进行辩护是可取的。而功利主义,它之所以能够获得诸多论者的支持,这在很大程度上与其所秉持的"以人为本""以人作为万物的尺度"的价值理念有关[4]。但问题是,在何种意义上,我们是在利用他人,仅仅把人当作手段而不是目的?将一部人的收入转移给另外一部人,是否意味着我们是在把人仅仅当作手段而不是目的呢?自由至上主义者基于未经个体同意不能利用他们来反对结果调整,这有一个基本前提:个体账户上的财产是个体的权利。但实际上,个体权利是由公平的规则所确定的,如果公平的分配规则要求调整分配的结果,那个体对于账户上需要做出调整的资金、产品就没有权利,进而分配的调整也就没有利用他们、没有把他们异化成手段。

除了从财产权利(更准确地讲是富人的财产权利)的角度加以反驳之外,也有论者从有利于穷人和(或)社会进步的角度来反对结果的调整。其中,有关有利于穷人的辩护,约瑟夫·汤森与曼德维尔有一定的代表性。其中,汤森反对公众为穷人提供救济,而曼德维尔则呼吁取消济贫法。在汤森看来,穷人本质上是"懒惰和恶毒的",具有内在的劣根性[5]。而要改变穷人劣根性,就需要他们去忍受饥饿、贫穷和痛苦。反过来,如果穷人没有饥饿、贫穷与痛苦的刺激,他们就会浑浑噩噩,醉生梦死。

---

[1] 威尔·金里卡.当代政治哲学[M].刘莘,译.上海:上海译文出版社,2015:138.
[2] R. Nozick. Anarchy, State, and Utopia[M]. New York: Basic Books, 1974: 30-31.
[3] 同[2]:33.
[4] 具体体现在以下几个层面:其一,功利主义采用世俗体系而不是神学体系,主张以人作为判别的标准和最终价值尺度,而不是如某些道德哲学家所宣称的那样,要按照上帝的神圣意志而生活;其二,功利主义着眼于现实世界而不是主张在虚无缥缈的彼岸世界获得所谓的永生;其三,功利主义以人为中心而不是以国家等超个体的实体作为目标,认为国家等组织只是实现人的目标的工具而不是相反。参见威尔·金里卡.当代政治哲学[M].刘莘,译.上海:上海译文出版社,2015:13.
[5] 参见塞缪尔·弗莱施哈克尔.分配正义简史[M].吴万伟,译.南京:译林出版社,2010:116—117.

应该说,救济穷人反而不利于穷人发展的观点,这确实反映了某些社会现实:过度的社会福利会纵容个体的懒惰,养成个体好逸恶劳的习惯,甚至会使得他们因此而丧失自我。但如果我们因此反对向穷人进行救济,这就做出了过分的引申。其一,在客观的事实层面,对于那些抱怨穷人天生懒惰的人来说,情况实际上却恰如斯密所描述的,最下等职业的劳动者在职业选择上面临着包括来自上等阶级人民在内的各层次人群的竞争[1]。在诸多时候,穷人之所以贫困,并非他们不求上进,而是他们缺乏上进的途径和机制。其二,尽管过度的救济确实会导致个体懒惰问题的出现,但如果救济有限且方式是合理,那问题就不会存在,至少不会很严重。特别地,从极端情况来说,如果缺乏基本的保障,穷人都饿死了或者冻死了,那对他们有利根本就无从谈起。

至于从有利于社会进步角度就结果调整进行反驳,马尔萨斯指出:"人们争夺食物和其他生活必需品的斗争,使得每个时代都有人因饥饿和疾病而死亡。所以有人认为,让尽可能多的穷人迅速死亡对于整个社会来说是有好处的。"[2]基于自然选择的进化论逻辑,以赫伯特·斯宾塞为代表的社会达尔文主义者[3]认为:穷人的饥饿对社会其他成员有用,对于穷人本身没用,遗憾的是他们或许只好死掉。在斯宾塞看来,既然穷人不适合生存,就应该被消灭。"大自然为什么要努力清除这些人呢?因为要给世界腾地方,让更优秀的人生存。"斯宾塞认为,正如疾病和干旱清除其他低劣动物物种一样,"在事物的自然秩序下,社会将不断消除它的不健康的、低能的、呆笨的、优柔寡断的、缺乏信心的成员,"而《济贫法》阻碍了社会净化的过程,它向穷人"提供源源不断的必需品,绝对地鼓励了轻率、无能的人的繁殖,而由于加重了维持家庭的困难,妨碍了有能力、有远见的人的繁殖"[4]。而阿瑟·扬甚至宣称:穷人在战争中被打死比"成为辛苦工作的人日益严重的负担和累赘更好……你能对他们做的最大好事就是让他们来迎接敌人炮火的攻击"[5]。对于此类观点,这里想要提问的是,究竟谁代表社会?穷人难道不是社会的一部分么?难道社会就只是富人的社会吗?如果我们认为社会是由个体组成的,而穷人也属于社会的一部分,那这

---

[1] 亚当·斯密.国民财富的性质和原因的研究:上册[M].郭大力,等译.北京:商务印书馆,1997:66.
[2] 转引自塞缪尔·弗莱施哈克尔.分配正义简史[M].吴万伟,译.南京:译林出版社,2010:118.
[3] 值得注意的是,达尔文并不是一般意义上的"社会达尔文主义者",提出"适者生存"概念和政治项目不应该"干扰"生存竞争观点的人是斯宾塞而不是达尔文。参见塞缪尔·弗莱施哈克尔.分配正义简史[M].吴万伟,译.南京:译林出版社,2010:120—121.
[4] 赫伯特·斯宾塞.社会静力说[M].张雄武,译.北京:商务印书馆,1996:144—145.
[5] 转引自塞缪尔·弗莱施哈克尔.分配正义简史[M].吴万伟,译.南京:译林出版社,2010:118.

明显不利于穷人的制度安排,我们又如何说是对社会有利的呢?

尽管社会是由人组成的,而穷人也是社会的一部分,斯宾塞等反对者还是可能会说,对穷人进行救济是不可取的,因为,他们根本就无法生存在世界上。也就是说,此类观点的持有者将人们贫穷的根源归结为人们身体上、道德上、心灵上的缺陷,而不是自然和社会各种偶然性因素对于人们生活的肆意干扰和影响。至于如何判别个体是否有能力存活在世上,基本的办法是让他们自生自灭:"如果他们有能力活下去,就活下去,说明他们应该活着;如果生存能力不足死掉了,那么他们死了最好。"[1]对于此等论证,这里所要反驳和质疑的是:其一,穷人之所以穷,究竟是因为他们没有生存的能力呢,还是社会未能给予他们发展潜能的充分机会呢?事实上,对于前启蒙时代鄙视穷人、冷酷抛弃穷人的看法,"斯密对穷人尊严的描述替代了多个世纪以来处于支配地位的观念"。其实,也"正是人们深信不疑的观念遭到颠覆,才可能出现人们有权利摆脱贫困,国家在确保人权的时候,应该试图消除贫困等观念"[2]。其二,对于个别确实因能力不足而难以在世上生存的个体,我们是否真应该如此的冷漠呢?社会进步的含义究竟是什么?是人具有更高的智商?还是更具有人际的关怀和温暖呢?其三,就我们这里的论证思路来说,如此冷漠的做法能否通过理性个体的可逆性检验?

三、缩小收入差距吗?

在结果的调整上,基于调整的程度来划分,收入分配规则有两种可能的备选类型:其一,以保障个体基本生存为限的有限调整模式;其二,以缩小收入差距为目标的无限调整模式。现在,既然公平的分配规则涉及针对市场运行结果的人为调整,那么,就结果进行调整的公平规则究竟是何种规则呢?在实践层面,在现代社会,无论是自由国家、福利国家还是社会主义国家,人们普遍观念中所支持的规范模式是以收入差距缩小为目标的无限调整模式。因为,政府在进行收入再分配时,其通行做法是:起先通过个人所得税、财产税、遗产税与赠予税等制度安排,将富人的部分财富和收入划归国家,然后又以无偿转移的方式,比如社会保障、社会保险、社会救济、优抚安置、养老金、失业救济金与医疗伤残保险等将资金转让给穷人。但是,不管是收入还是支出,也不管是它们当中的何种类

---

[1] 转引自塞缪尔·弗莱施哈克尔.分配正义简史[M].吴万伟,译.南京:译林出版社,2010:121.
[2] 同[1]:92.

型,人们判断收入分配公平与否的依据大都是以收入差距缩小作为判别标准的。而在我们国家,自改革开放以来,收入差距有不断扩大的倾向,基尼系数从1981年的0.288上升至2008年的0.491(最高点),之后,差距虽然有所缩小,但仍旧远高于国际上所提出的警戒线的0.4的水平[1]。针对收入差距不断扩大的客观事实,社会的普遍观点是,我国收入分配的公平性越来越恶化了。进而,他们主张采用累进所得税等政策方案来对现有的收入分配格局进行调整。

关于收入公平分配的差距缩小模式,它不仅在实践中得以应用,同时,作为实践的理论基础,它在学界也获得了广泛的认可。在现代经济学研究中,当人们以基尼系数、相对差异系数、罗宾汉指数、阿特金森指数与泰尔熵等指标来就个体间收入分配的公平程度(有时还包括地区间的公平性)进行度量和评价时,他们就或明或暗地认可了差距缩小意义上的收入分配规范。至于缩小收入差距的理由,这在很大程度上与人们所持有的公平理念有关:其一,是均等主义的公平理念。由于公平往往被理解为占有的均等,人们普遍的观点认为,贫富差距是不公平的,需要加以控制和调整。其二,是功利主义社会福利最大化的公平理念。在此方面,庇古的福利经济学基于边际效用递减假说为收入差距缩小做出了伦理辩护和理论论证。庇古的福利经济学提出了效率和公平这两大福利命题。对于前者,庇古主张通过"增加社会产量和实现生产资源的优化配置"来实现,因为"一个人的实际收入的任何增加,会使满足增大";而对于后者,庇古认为,"根据古老的'效用递减规律',……任何使穷人手中实际收入的绝对份额增加的因素,只要从任何角度看不导致国民收入所得缩减,一般来说就增加经济福利"[2]。进而,现代福利经济学主张通过公平分配来增加福利,认为要增加福利,就应当缩小个体间收入的差距。

然而,关于收入差距缩小目标,尽管现实中广被采用,而理论上也获得诸多论者的支持,但人类理性的直觉告诉我们,此等目标规范有其很大的局限性。因为,从极端的角度看,一旦我们将收入差距缩小作为目标,那言下之意就是:收入均等是公平的。现在,既然基于使人平等来理解公平正义存在伦理局限性,将公平与均等相等同的观点就不可取。因为,收入分配公平本身并不要求结果的均等;平等主义者基于人的平等而将公平理解为均等分配在很大程度上是对公平的误解,因为均等分配在诸多场合都无法经得起可逆性的检验。

[1] 参见李实,朱梦冰.中国经济转型40年中居民收入差距的变动[J].管理世界,2018(12).
[2] A.C.庇古.福利经济学[M].朱泱,等译.北京:商务印书馆,2006:101—102.

在此方面,恩格斯指出:"平等应当不仅是表面的,不仅在国家的领域中实行,它还应当是实际的,还应当在社会的、经济的领域中实行。尤其是从法国资产阶级自大革命开始把公民的平等提到首位以来,法国无产阶级就针锋相对地提出社会的、经济的平等的要求,这种平等成了法国无产阶级所特有的战斗口号。"[1] 但恩格斯所支持的"经济和社会领域的平等"并不是平均主义。在《反杜林论》中,恩格斯强调指出:"决不能把'普遍的公平原则'和那种粗陋的平均主义混淆起来。"[2]

其实,也正因为平均主义本身的非公平性,我们也不能如罗尔斯那样,以平均主义的分配作为分析的起点和参照。按照罗尔斯的思路,公平的分配首先是平均分配;然后在此基础上去提升福利最差个体的状况:"除非有一种改善两个人状况的分配,……否则一种平等的分配就更可取。"[3] 这里的问题是:为何要以平等的分配作为参照起点?这是否意味着公平的分配就是平均主义呢?

当然,针对有关平均主义分配的批评,收入缩小差距目标的支持者可能反驳说,强调缩小收入差距,这只是需要将收入的差距限定在一定的范围,而不是支持占有绝对均等的平均主义。至于差距如何限定,这在理论上有两种具有相似性但又略有不同的模式:一是整体离散程度的限定模式,比如将社会收入分配的基尼系数限定在某一个合理的水平;二是限定最高收入者与最低收入者收入的相对距离,比如柏拉图所确定的"最富的人的收入与最穷的人的收入之比最高不能超过4∶1"[4] 的规范标准。

对于上述两类目标规范,毋庸置疑,它们在一定程度上克服了绝对平均主义所存在的伦理困境,但是,问题并未得到根本解决。因为,一旦主张缩小收入差距的论者拒绝了绝对的平均主义,他们立刻会碰到合理差距的具体确定问题:如果收入的公平分配需要遵循差距缩小原则而对市场运行的结果进行调整,那此等调整应该调整到何种程度呢?事实上,鉴于社会的复杂性,同时更是鉴于公平收入分配规则必然要给个体自由留下空间的伦理必要性,所谓的合理差距其实根本无法确定。

合理收入差距的确定具体涉及两个层面的问题:其一,是差距整体水平的确定问题。比如基尼系数水平的确定,在可能性上,基尼系数的取值区间是[0,

---

[1] 马克思恩格斯全集:第20卷[M].北京:人民出版社,1995:116—117.
[2] 同[1]:324.
[3] 约翰·罗尔斯.正义论[M].何怀宏,等译.北京:中国社会科学出版社,2003:76.
[4] 哈维·罗森.财政学[M].平新乔,等译.北京:中国人民大学出版社,2000:147.

1],那究竟多少比较合理?而对于柏拉图所说的相对差距标准,合理范围又如何呢?为什么是柏拉图所提出的4∶1而不是3∶1、5∶1或其他?其二,是在整体差距水平得以给定前提下具体分配格局进一步的确定问题。因为,在整体差距水平得以给定的前提下(比如某一公平合理的基尼系数水平),可供选择的收入分配状态有无数可能的情况,那何种具体分配状态才是社会所应寻求的公平分配状态呢?如果我们确定某一种满足差距标准的分配状态是公平正义的,那其得以选择的依据是什么?如果目标规范不对具体的收入分配状态做出确定,那这是否意味着同等差距的分配状态是无差异的、等价的呢?可以发现,在理论上明确收入公平分配的所谓合理差距是不可能的。毕竟,只要承认了个体自由选择对于个体收入的决定性作用,那就意味着会存在无数种可能的公平分配格局,我们无法从无限可能的分配格局中去寻找到所谓的公平分配结果[1]。

如果收入差距缩小目标只是技术上的而不存在伦理方面的问题:公平分配确实需要缩小收入差距,或者,缩小差距有助于公平分配目标的实现,以缩小收入差距作为收入分配的目标完全是可取的,缩小收入差距至少是分配公平的目标方向,但实际上并非如此。一方面,缩小收入差距并非公平分配所必须:如果起点已经进行了调整、是公平的,个体间收入存在差距完全是正当的。毕竟,在起点公平等得以保障的情况下,每一个体都是具有无限潜能的个体,个体可以且应该为自己的生活负责。另一方面,在起点公平和过程公平都得以保障的情况下,为缩小收入差距所进行的调整不仅未能保障公平目标的实现,它更是引致了分配不公等方面的问题。其一,在事后的政治调整方面,如果决定结果的收入分配规则是公平的,肆意的结果调整会违背事先的契约而存在不公。其二,在事先的宪法性调整层面,也就是公平分配规则的架构方面,如果收入分配规则的选择以收入差距缩小为目标,那和功利主义所存在的伦理困境一样,以差距缩小为目标的收入分配规范没有给个体自由留下应有的空间,这无法经得起可逆性检验,进而其本身是不公平的。因为,不管我们选择的差距标准是什么,也不管我们所确定的合理的差距水平如何,差距缩小目标需要将社会个体的分配状况统一起来考虑,它会禁止人们为自己的生活而自由选择个体所能获得的收入水平。事实上,也正因为如此,如果说自由至上主义的思想家反对任何的结果调整、并以此来反对防范市

---

[1] 作为上述问题的前提,合理差距的确定首先面临差距标准的选择问题。由于衡量差距大小的指标有多种可能的类型,而不同指标所反映的差异度又往往有异,那何种标准是合适的?是基尼系数、相对差异系数抑或其他?

场偶然性因素的真正的宪法性调整或结构调整时，他们走得太远了，并减弱了他们自己论点的力量；而当功利主义与福利国家的缔造者试图基于某种社会最大化或最小化来对收入分配的结果进行大规模的调整时，他们也走得太远了。

然而，尽管收入差距缩小意义上的公平分配目标本身存在难以克服的技术困难并存在伦理的局限性，但理论上还是有论者会坚持缩小收入差距。在他们看来，为了对起点与过程的不公做出修正，缩小收入差距不仅是必要的，也是可取的。因为，根据诺奇克的资格理论，当下资格的正当性取决于在先的资格是否是正当的：如果在先的资格是正当的，通过市场交换所达成的任何新的分配都是公平正义的；反过来，作为一个逆否命题，如果在先的资格是不正当的，存在起点不公正方面的问题，新的分配也就不正当，是不公平的。既然收入的公平分配必须要以初始起点公平与过程公平为前提，如果市场运行的起点和(或)过程存在不公平，通过缩小收入差距来就市场运行的结果进行调整似乎就有了可靠的理由。

但逻辑上，起点公平与过程公平的必要性与现实起点和过程的不公平性并不能推导出缩小收入差距的结论。一方面，如果收入分配规则的问题在于起点和(或)过程的不公平，问题应该通过起点的设定和过程的控制去解决，而不应基于结果的调整来实现。毕竟，不管结果如何去调整，起点和过程所存在的不公问题依旧存在。另一方面，即便是要采取事后的补救措施来对起点与过程的问题做出纠正，此等调整也并不应该是差距缩小意义上的，而应该针对起点和过程的问题来加以展开，事后纠正意义上的调整(比如针对非法所得而采取的没收处罚等矫正性行为)与差距缩小意义上的调整在性质上存在天壤之别。

对于起点与过程的不公平，能够事先加以解决的，这需要在事先的制度安排上加以规范和调整。但主张缩小差距的论者还是会争辩说：在起点不公等进行调整之后，就收入分配结果进行调整还有必要，因为，有的问题是无法事先加以解决的：比如因个体禀赋差异而导致的收入不平等。在此方面，功利主义认为，由于个体禀赋的分布是随机的、专断的，个体的获利能力并不构成个体得到奖赏的合法基础。进而，功利主义哲学家认为，社会需要一个独立的分配正义原则，以克服潜能的偶然分配对于人类的支配和影响。而罗尔斯，尽管在正义的理解上他同功利主义存在重大的分歧，但他也认为，如果一个社会现存收入和财富的分配方式是自然资质与自然禀赋(即自然的才干和能力)的先前分配累积的结果，那"这一结果从道德观点看是任意的"[1]。这意味着，功利主义与罗尔斯主

---

[1] 约翰·罗尔斯.正义论[M].何怀宏,等译.北京:中国社会科学出版社,2003:74.

义都认为个体起点禀赋上的差异是不公平的,但直接就起点禀赋差异进行调整往往难以进行。在此情况下,就事先起点不公所做的调整于是就转向事后的结果层面的调整。

表面上,起点方面的不可调整的不公为结果的调整提供了可靠的理由,但事实上,此等理由和依据依旧不成立。姑且我们撇开相关论者所提出的起点差异是否真的存在不公的问题不论[1],哪怕起点的差异真是不公平的,通过缩小差距来解决起点不公的做法依旧存在局限。理论上,既然此时主张结果调整的依据在于就起点与过程不公进行调整所存在的技术困难,那在直接纠正都难以操作的情况下,间接的事后纠正同样会存在问题,甚至相比直接的事前纠正会更难。

通过结果调整来化解起点不公所存在的问题,一方面,是问题得以解决的可能性问题,另一方面,是基于结果调整来化解起点与过程不公所引致的新的不公平问题,如侵犯个体自由选择的可能性。因为,最终的收入分配结果,它除了受个体潜能禀赋的影响之外,也受到个体努力与选择的影响。但在规则安排上,在就结果进行调整时,我们无法将潜能的影响与选择的影响完全区分开来,我们无法区分个体间收入的差距究竟是源于先天的天赋还是源于后天的选择。在此情况下,基于起点的差异及其调整的困难来为缩小结果的差距提供理由就不可取,除非我们认为结果的差异完全源于潜能的差异。特别地,个体潜能本身是不断开发和变化的,潜能本身会受到个体选择的影响。在此情况下,尽管个体的收入差异在一定程度上会反映出个体潜能的不同,但在个体自我决策对于结果具有支配性影响力的客观情况下,随着个体的理性选择过程,个体初始潜能对于收入的影响会逐渐地模糊,而依禀赋差异就结果做出调整的理由就愈发不充分。

从已有的相关讨论情况来看,由于需要以个体禀赋差异的识别为前提,沃德金所设想的基于假想的保险市场来实现起点公平的方案——因天赋较差而导致生活水平处于相对劣势的个体能够得到物质上的补偿[2]——就不可行。也正因为如此,尽管德沃金以"钝于禀赋"为取向的补偿方案所要解决的是起点的不公平问题,但德沃金最后所给出的政策建议事实上并不是事前的,而是强调在事后的结果层面去进行调整:关注如何在接受市场经济导致的不平等的前提下对这些不平等予以修正。但问题是,如果个体间收入和财富的差异是源于选择而

---

[1] 对于起点公平的讨论,请参见本书第十章第三节的相关分析。
[2] 罗纳德·德沃金.至上的美德——平等的理论与实践[M].冯克利,译.南京:江苏人民出版社,2012:70—80.

非先天的禀赋,我们是否还要实施保险方案以实现强者对弱者的补偿呢?

对于上述问题,德沃金的回答是:"就算某些人致富纯粹是出于勤劳而不是出于天赋,……我们仍然向富人征税以资助穷人。"[1]可以看出,德沃金的方案其实是将市场经济条件下的收入不平等与分配不公相等同,然后考虑通过税收——支出转移方案来实现收入从优势群体向弱势群体的转移。既然此等转移调整也涉及个体经由努力获得的收入差异(区分于因禀赋不同而引致的差异)的调整,德沃金以"钝于禀赋"为目标的方案此时其实背离了该方案的另外一个目标:敏于志向。

缩小收入差距一方面被人们视为一种目标,即促进收入公平分配的目标;另一方面,它也往往被人们视为一种手段,如维护社会稳定。贝勒斯认为:穷人如果没有教育和工作,就只能"用犯罪来实现这些目标"[2]。鉴于此,社会哲学家往往就试图基于财产所有制等方式的变革来进行财富差距的调整,以化解社会的矛盾和冲突。在此方面,柏拉图建议通过收入和财富的调整来增加群体意识,以减少因财富差异所引致的社会矛盾和冲突。在他看来,如果你把一些个体的财富、权力或人口转移给另一些个体,"那你就会永远有许多的盟友和不多的敌人"[3]。而摩尔,他之所以主张废除私有财产,其依据就在于这样能够"消除野心和政治冲突的根源"。在摩尔看来,悠闲的人富有而干活的人贫穷,是不公平的[4]。至于卢梭,他则强调了不平等所带来的罪恶和伤害:"最强者把他们的势力当作占有他人财产的权利,而最不幸的人也把他们的贫困当作这种权利。……富人们巧取豪夺,穷人们盗窃抢劫,双方都怀有非常强烈的偏见,窒息了人们天然的怜悯、压抑了还很微弱的正义的呼声。"[5]

表面上看,基于维护社会稳定来就缩小收入差距进行辩护是有力的,但实际上并没有这么简单。为了说明这一点,我们可以从社会不稳定得以产生的根源开始。对此,我们可以考虑这么一个社会:(1)社会的制度规则是公平的(包括对个体基本生存权利的保障)且获得了大家的一致同意;(2)社会范围内所有个体的心态良好而没有妒忌心理。在此假设下,我们可以设想,由于个体选择、运气以及初始禀赋不同等方面的原因,个体最后所获得的收入是有差距的,有的时候

---

[1] 参见威尔·金里卡.当代政治哲学[M].刘莘,译.上海:上海译文出版社,2015:105.
[2] 转引自塞缪尔·弗莱施哈克尔.分配正义简史[M].吴万伟,译.南京:译林出版社,2010:63.
[3] 柏拉图.理想国[M].郭斌和,等译.北京:商务印书馆,2002:137.
[4] 托马斯·莫尔.乌托邦[M].戴镏龄,译.北京:商务印书馆,2010:115—116.
[5] 让-雅克·卢梭.社会契约论[M].何兆武,译.北京:商务印书馆,2003:119.

差距可能还会比较大。现在的问题是,此时的差距大会导致社会不稳定吗?直观上看,如果社会制度规则是公平的,是可逆性检验一致有效的规则类型,而个体的心态都是良好的,社会就不会存在不稳定的问题:心态良好的个体都会接受公平规则所产生的结果而不会对分配结果存在不满。

这也就意味着,社会不稳定的根源有二:分配规则的不公平以及个体心态的不健康(现实过程中,收入差距大之所以会被视为社会不稳定的根源,很多时候在于:收入差距大与社会不稳定都是社会制度规则的不公所引致的,这于是给人以错误的印象,认为收入差距大是社会不稳定的根源)。既然社会不稳定的根源在于规则不公和心态不良,维护社会稳定就应该从公平规则的构架与个体心态的调整这两个方面去进行:如果规则不公,那应该调整规则;如果是个体心态的问题,所要调整和矫正的是个体的心态。现在,如果试图通过缩小收入的差距来维护社会稳定,这在很大程度上就不得要领:这不仅不解决问题(因为问题的根源没有解决),也不利于问题的解决(因为这意味着对规则和心态调整的忽视),甚至会带来社会不稳定(因为随意的调整会侵犯一些个体的正当权利而引发矛盾和冲突)。

除了维护社会和谐稳定的考量,缩小收入差距还往往被视为政治平等的基础并因此而得以辩护,比如公民共和主义者有关重新分配财富的建议。与均等主义者具有相似性,公民共和主义者也提出一些财产平均化的建议,只是此种传统主要关注政治权利而不是物质财富的平均分配:财富的均等化不是目的,而是一种手段,一种促使公民在影响政府行为的能力方面获得更加平等的手段,一种旨在把政治领域的腐败最小化的手段,一种增加城邦表达公民意志能力的手段[1]。在此方面,卢梭曾考察了不平等在各种社会变革中的发展进程,他认为

---

[1] 除了维护社会稳定与促进政治平等之外,弗莱施哈克尔认为平等主义还有第三个传统:基督徒共同生活的乌托邦实验,即以宗教为基础的对世俗财富的冷漠。因为,耶稣和他的早期跟随者意识到,"对物质的贪婪可能让人远离精神追求。为什么富人进入天堂比骆驼穿过针眼还难?不是因为富人没有关照穷人,而是因为财富是假神,对它的追求与对上帝的崇拜直接产生了冲突,一个人不能同时侍奉上帝和财神。"当然,为缩小收入差距所做的方方面面的辩护,它们不是截然分开的。比如卢梭,他从根本上来说是公民共和主义者,但他也是柏拉图和莫尔的信徒,抨击私有财产是暴力和社会动乱的源头。与此同时,卢梭的世俗语言里带有基督徒对财富的怀疑,干扰人们对真正价值和人生意义的把握。在他的《第二论》中,他说财富的积累取代了欣赏大自然的更纯真的快乐(参见塞缪尔·弗莱施哈克尔. 分配正义简史[M]. 吴万伟,译. 南京:译林出版社,2010:57,61)。但问题是,信奉财神与侍奉上帝的冲突,财富积累对于其他快乐的替代,这在多大程度上构成了强制收入分配的理由呢?撇开平等主义者所提出的问题是否真的是一个问题不谈,哪怕真是问题,相关问题的解决究竟是靠强制还是靠基于说服的自由和自愿呢?

"法律和财产所有权的确立是第一阶段,行政官职位的设立是第二阶段,第三阶段即最后阶段,就是合法权力向专制权力的转变"。在卢梭看来,"第一阶段认可富与穷的分野,第二阶段认可强和弱的分野;第三阶段则认可奴隶主与奴隶的分野——这便是最大程度的不平等"[1]。

在这里,卢梭将经济的不平等视为政治不平等的前提和基础,进而,卢梭主张通过经济上的平等来促进政治平等。对于上述从政治平等角度来为经济平等进行辩护的观点,这里所要提出的问题是:(1)收入与财富的不均等引致了政治上的不平等,我们究竟是应该消除收入与财富的不均等还是切断收入与财富不均等影响政治不平等的机制和途径呢?(2)假如经济侵蚀政治的途径未能切断,收入和财富的均等是否必然会消除特权与腐败而实现政治上的平等呢?(3)既然经济对于政治公平的侵蚀需要一定的机制和途径,与消除政治特权等有关的政治平等必须要依赖于经济上的平等才能实现吗?

四、保障个体的基本生存

与完全否定结果调整的自由至上主义观点不同,同时,也和收入差距缩小意义上的公平分配规范存在差异,作为早期观点——有些人应该生活在匮乏之中,否则他们就不工作,或者,他们的贫穷是神圣秩序的一部分——的一种替代和进化,现代的观点认为:"人人都应该得到一定程度的物品,不管他是否有美德,只是在一些基本需要(房屋、健康、教育)都分配给每个人之后才去考虑功过问题。"[2]在此方面,艾德勒尽管坚持"贡献较大的人有正当理由比贡献较少的人获取更多的财富",但他也认为,由于可用于分配的财富的数量是有限的,没有一个人"应该赚取(不是偷窃或抢劫)这么多的财富,以至剩下的部分不够分配给所有的人或家庭来使他们能够维持在经济足够的基础线上。"至于其中的理由,艾德勒是以绝对法则的形式来表达的:每一个人都有天生的自然权利要求获得满足人类经济需要所要求的最低限度的财富[3]。与此等绝对性辩护有所不同,王海明则将保障个体权利的依据归为个体的贡献:个体的基本权利——保障个体生存的基本经济权利与选举权和被选举权等基本政治权利——之所以要平

---

[1] 让-雅克·卢梭. 社会契约论[M]. 何兆武, 译. 北京:商务印书馆, 2003:132.
[2] 参见塞缪尔·弗莱施哈克尔. 分配正义简史[M]. 吴万伟, 译. 南京:译林出版社, 2010:6.
[3] 摩狄曼·J. 艾德勒. 六大观念:真善美、自由、平等、正义[M]. 陈珠泉, 等译. 北京:团结出版社, 1989:185—186.

等,这在于每个人都是缔结社会的一个成员[1]。他借用潘恩的话论证说:"每个人都是社会的一个股东,从而有权支取股本。"[2]

由于自然和社会所存在的各种偶然性和不确定性,纯粹的市场机制并不能为每一个体提供最基本的保障(哪怕市场机制的起点和过程是公平的,能够经得起可逆性的检验),可逆性检验一致有效的收入分配规则确实有必要保障每一个体的基本生活需要。至于其中的缘由,无理由的绝对原则辩护应该说是不够的,毕竟,在艾德勒的理论框架中,保障个体基本权利的原则本身并非绝对的根本性原则,因为他所做的辩护就将按贡献分配的原则与基本权利保障原则相并列。其实,也正因为权利维护原则和按贡献分配的原则都不是根本性的原则,王海明直接基于贡献原则来就个体基本权利保护所做的辩护同样有局限性:如果保障基本生存权利的依据是个体贡献,那这是否意味着需要将丧失劳动能力的个体排除在基本权利的保护范围之外?或者,贡献仅仅要求他是参与缔约的一个人而与其具体的贡献量无关?如果是这样的话,此时的原则是否还叫按贡献分配呢?如果我们将作为缔结社会的成员也称为贡献,那为何基本权利的保护要基于"人头"的贡献,而其他方面的利益分配则需要按照努力与成就等来进行分配呢?

与上述辩护有所不同,可逆性检验一致有效的收入分配规则之所以需要保障每一个体的基本生活需要,这是因为保证个体基本生存权的制度安排是公平正义的,能经得起理性个体的可逆性检验。因为,如果收入分配结果调整的规模以基本生存的保障为限,富人也会认为,此等收入调整抑或说转移是必须的:当自己因某种不幸而使得基本生存无法得到保障时,他们同样希望得到社会的援助。这也就是说,保障个体生活需要之所以是个体的权利,这是公平正义的要求。当然,既然此等程度的收入转移能经得起可逆性检验,是平等待人的、公平的,由此所进行的调整自然就应该纳入宪法性的社会契约之中。

作为收入分配伦理规范的公平分配规则之所以需要保障每一个体的基本生活需要,这是可逆性检验有效意义上的公平正义的内在要求。与这里从公平角度来就结果调整所做的论证和辩护不同,有论者可能认为应该将就结果调整所做的辩护建立在更高的价值原则之上。在他们看来,有关基于公平原则得到的结果,"如果不是为了达到比公平更高的价值目标,如全人类的幸福,不是出于比

---

[1] 王海明.平等新论[J].中国社会科学,1998(5).
[2] 托马斯·潘恩.潘恩选集[M].马清槐,译.北京:商务印书馆,1997:143.

公平更高的原则,如人道主义原则,是不可随意改变公平的结果的"[1]。

对于这一论点,我们首先应该肯定的是:基于公平原则来就通过公平规则所得到的结果做出调整在逻辑上是画蛇添足的。但是,不能基于公平原则来就通过公平规则所得到的结果做出调整,这并不意味着有关结果的调整可以建立在人类幸福与人道主义等"更高"价值原则之上。因为,公平正义是收入分配规则等社会制构建的最高价值原则:与其说人道主义是相比公平正义原则更高的原则,不如说人道主义原则是可逆性检验一致有效的公平正义的组成部分;而全人类的幸福原则,抑或我们平时通常所论述的社会利益、公共利益、集体利益等原则,正如我们就集体利益等原则所做的理论诠释那样,它们并非超越于公平正义之上的,相反,一种利益如果真的是社会的、公共的、集体的,那些等利益分配首先必须是公平正义的,要经得起换位思考意义上的可逆性检验[2]。

与这里强调保障个体基本的生存权利相同,休谟、斯密等自由主义者并不恪守绝对的财产权。休谟认为:"富人在道德上有义务将他的多余的财物的一部分分给贫困的人。"[3]在《道德原则研究》中,休谟指出,当社会即将毁灭于极端的必需时,"人人都可以能为自己提供明智所能命令或人道所能许可的一切手段。公众,甚至在必需较不紧迫时,不征得所有者的同意就打开粮仓"[4]。至于斯密,在《法学演讲录》中,他指出:"一个被普遍遵守的规则是,如果人家不愿意,就不能强迫任何人卖掉财产。但是在紧急时刻,人们将突破所有的法律。在饥荒经常出现的时候,他们将打开粮仓迫使所有者按照他们认为合理的价格出售。"[5]另外,阿马蒂亚·森等人对罗尔斯的自由优先性原则(第一正义原则)进行了质疑:"将自由置于绝对优先的位置这一观点过于极端。为什么我们总是认为饥饿、饥荒以及医疗卫生的缺乏没有对自由的侵犯那么严重?"[6]

与休谟和斯密的观点基本相似,阿奎那在绝大多数情况下均支持财产的所有权,但有关财产神圣不可侵犯的、绝对的观点,总是被更重要的目标所战胜:在个体面临生存威胁时,他们都主张生命的所有权高于个体的财产权利[7]。阿

---

[1] 徐梦秋.公平的类别与公平的比例[J].中国社会科学,2001(1).
[2] 曾军平.集体利益:一种理论假说[J].财经研究,2006(9).或参见曾军平.自由意志下的集团选择:集体利益及其实现的经济理论[M].上海:格致出版社,上海三联书店,上海人民出版社,2009:86.
[3] 大卫·休谟.人性论[M].关文运,译.北京:商务印书馆,1997:522.
[4] 大卫·休谟.道德原则研究[M].曾晓平,译.商务印书馆,2004:38.
[5] 转引自塞缪尔·弗莱施哈克尔.分配正义简史[M].吴万伟,译.南京:译林出版社,2010:46.
[6] 阿马蒂亚·森.正义的理念[M].王磊,等译.北京:中国人民大学出版社,2012:58.
[7] 参见塞缪尔·弗莱施哈克尔.分配正义简史[M].吴万伟,译.南京:译林出版社,2010:39—48.

奎那认为:"如果有人是在这样极端需要之中,又找不到一个愿意给他一些东西的人,就可以拿别人的东西来救自己。为了同样的理由,一个人也可以保留那属于别人的东西,把他作为施舍之用。如果除了拿别人的东西没有其他的方法去救助有急需的人,那么就是拿别人的东西也是可以的。"[1]相反,如果其他个体有急需,但个体在满足自己需要之外还有剩余,强调财产所有权是不可取的:"你所保留起来的,是饥饿者的面包;你所储藏的,是裸裎者的衣服;你所让其腐蚀的,是赤足者的鞋履;你所埋藏地下的,是匮乏急需者的银钱。为此,你原能救助多少人,你却伤害了多少人。"[2]

值得指出的是,尽管阿奎那支持对个体生存权的保障,但阿奎那对于财产获取正当性的辩护是建立在生命权高于财产权的基本判断之上,这在一定程度上也认可了此等做法对财产所有者存在侵犯的"事实":在这里,"财产权的破坏被比财产权更重要的需要合法化了,是财产制度内的合法行为,是侵犯财产权但合法的例子"[3]。但实际上,作为一种权利,如果它真的是权利,那它从某种意义上来说就应该是绝对的,是一种未经个体同意就不能加以强制性剥夺的东西:如果权利——不管是生命权还是财产权——本身不具有绝对性,那强调个体的权利就没有太多的价值和意义(至于个体的权利范围究竟如何,这另当别论)。进而,尽管人是万物的尺度,收入、财产只是一种手段而不是目的,基于生命所有权高于财产权来就强制性的收入转移进行辩护存有瑕疵,自由至上主义者就可能因此而对基本生活保障制度进行反驳:由于涉及收入的强制性转移,诺奇克就认为保障个体基本生存权利的安排是非正义的,不能被社会所接受[4]。

与此不同,一旦我们基于可逆性检验一致有效的标准、从宪法性制度架构的角度来就基本生活保障制度进行辩护,财产权利相对性所存在的问题就能够得到避免。因为,在事先的宪法性制度规则的架构层面,鉴于个体都有维护其基本生活的权利,有关基本权利保障的制度安排可以在收入并未产生之前就确定。而在事先给定的制度安排下,为保障个体基本生存所进行的调整就不是在侵犯个体的权利(因为按照事先的规则,"被侵犯者"本身就没有这个权利),而是在维护个体的财产权,或者更准确地说,就是维护贫困者为维持基本生存而应有的财

---

[1] 托马斯·阿奎那.神学大全:第八册:论爱德[M].胡安德,译.台湾:中华道明会、碧岳学社联合出版,2014:169—170.
[2] 同[1]:164.
[3] 参见塞缪尔·弗莱施哈克尔.分配正义简史[M].吴万伟,译.南京:译林出版社,2010:40.
[4] R. Nozick. Anarchy, State, and Utopia[M]. New York: Basic Books, 1974:168.

产权(因为事先的规则已经规定了个体获得基本保障的权利)。

在有关结果调整的规则选择层面,可逆性检验一致有效的收入分配规则不仅需要保障个体的基本生存权利,同时也只要保障个体的基本生存权利,而不需要去缩小所谓的收入差距。一方面,在起点得以公平设定的情况下,如果竞争的规则是公平的,个体间的收入差距不会很大。现实中,诸多收入差距的形成,恰在于制度规则的不公,比如贪污腐败、强取豪夺的情形;另一方面,也是尤为重要的一方面,如果有关个体起点设定与竞争过程的规则都是公平的,能够经得起可逆性的检验,而规则在结果层面又切实保障了个体基本生存的权利,每一个体都应该凭借自己的能力来谋取自己的生活空间,进一步在个体间进行收入的强制转移就难以经得起可逆性的检验:其一,从富人的角度看,进一步的转移会侵犯其自由选择的权利,对他们是不公平的。毕竟,当穷人自己是富人时,他们也不太会愿意过多地将自己劳动成果强制性地转移给那些有基本保障但不努力奋斗的人。其二,从穷人的角度看,在基本生存得以保障的前提下,以收入差距缩小为目标的进一步调整会固化他们的依赖性并强化他们的耻辱感,这可能会使他们逐渐丧失自我。其三,从社会的角度看,过度的收入转移会加重财政负担等方面的问题。福利资本主义国家的实践就表明,旨在促进平等的诸多方案增加了财政的负担并降低了企业的竞争力和社会的生产绩效。在20世纪80年代,美国总统里根和英国首相撒切尔夫人论证说福利国家忽视了个人责任,窒息了创造力,降低了效率。相应地,许多福利方案逐渐被削弱[1]。

如果对市场运行结果的调整以基本权利的保障为界限,在基于个体选择来决定分配结果的制度规则下,自然与社会的各种偶然性必然会对收入分配的格局产生影响。在有些论者看来,受随机因素支配的收入分配格局是不公平的。在此方面,功利主义认为市场的结果是肆意的,进而,社会需要基于独立的分配准则来就结果进行调整。同样地,在罗尔斯看来,由随机性来决定社会收入的分配是不道德的。而他所提出的"无知的面纱",一方面是为了克服私利对公正决策的影响,另一方面的意义在于:"无知的面纱"可以保证任何人在原则的选择中都不会因自然的机遇或社会环境中的偶然性因素得益或受害[2]。在罗尔斯看来,由于自然与社会的偶然性是肆意的,是不公平的。从这个意义上来说,仅仅保障个体基本生存权利似乎是不够的:公平分配要克服偶然性和随机性对于个

---

[1] 威尔·金里卡.当代政治哲学[M].刘莘,译.上海:上海译文出版社,2015:120—121.
[2] 约翰·罗尔斯.正义论[M].何怀宏,等译.北京:中国社会科学出版社,2003:12.

体生活命运的支配和影响。

但实际上,在对收入分配结果的调整方面,尽管处于"无知之幕"背后的理性个体不会完全被动去接受自然偶然性的随机支配,但这绝不意味着规则运行中的偶然性因素应该得以彻底摒弃和废除。毕竟,试图将随机性的影响力排除在公平分配规则之外是不可能的。因为在一个强调自由选择的社会结构中,个体的自由选择及其结果必然带有随机性和偶然性:既然决定结果的收入分配规则要以个体选择作为决定性的变量,自然的偶然性因素就不可避免地会纳入分配规则中来。反过来,如果试图完全克服随机性因素对于收入分配结果的影响,这就会否定个体自由选择的作用。

其实,试图彻底排除随机因素对于分配结果的影响,这不仅不可能,同时更是非必要:在收入分配方面,发挥偶然性因素的作用对于利益冲突的公平解决是不可或缺的。就罗尔斯来说,鉴于其差别原则希望能够最大限度地缓和自然劣势和社会劣势对人们造成的不公正影响,此等原则削弱了个人选择和个人努力的正当效果[1]。另一方面,受人类理性局限的限制,可逆性检验一致有效的收入分配规则必然会依赖于自然偶然性和随机性的决定性作用。因为,对于诸多的利益分配问题,人类理性的力量可能无从在每一个体的最终所得与其先天的禀赋特征及个体努力等变量之间建立直接的对应关系,而只能依赖于随机的不确定因素。其实,作为伦理判准的公平收入分配规则之所以是市场起决定性作用的程序性规则而非完全的实体性规则,其中一个重要原因就与程序性规则的不确定性有关:受人类理性的局限,收入公平分配的具体结果需要由具有随机性和偶然性的决策程序去确定。

公平是否涉及权利的大小问题?它是否只是一个分配结构?或者说,公平是否只是要求大家的分配结构满足某种模式而不涉及分配的具体规模呢?有论者认为:成员资格可能并不只是意味着平等,也可能是拥有绝对数量的 X。也就是说,成员也许会具有一定的资格(权利),但这些资格不是根据平等得以理解的。毋宁说,它们是拥有绝对数量的 X——不管所说的 X 是什么——的资格,比如这里所讨论的保障个体基本生存权利的公平。

有关"水平"公平而不是"结构"公平的诠释,米勒认为不合理。他以交通的例子来说明:虽然国家必须无可避免地承担起对允许人们自由地从一个地方流动到另一个地方的公共(交通)体系——诸如公路和铁路网、公共交通等——的

---

[1] 威尔·金里卡.当代政治哲学[M].刘莘,译.上海:上海译文出版社,2015:96.

责任,但试图确定对自由活动的某种绝对水准的权利是不合理的。在米勒看来,从公民身份的视角看,重要的不是每个人都应享有"流动"的某种定量,而是不管哪一种交通体系被采纳,都应当尽可能平等地对待人们[1]。

现在,既然有关结果调整的规则强调了救助的水平,这意味着公平不仅涉及结构,也涉及水平。之所以如此,因为水平、规模涉及市场结构与政治规则之间的比较,涉及进一步的结构问题。也就是说,在一般理论层面,尽管公平涉及的是分配的结构,但一定层次的结构会涉及另外一个层次的规模。在这一点上,当米勒试图将水平问题撇开在公平体系之外时,他在很大程度上并没有注意到总量与结构的上述辩证关系。

可逆性检验一致有效的结果调整问题不在于是否涉及救济的水平,而在于救济的水平究竟应该有多高?因为,一旦我们将结果的调整限定在基本生活保障的水平,这就存在一个问题:何谓基本?保障个体基本生活的收入水平究竟多高才是公平合理的?在斯宾塞看来,就基本规模做出确定存在难以克服的技术困难,进而,作为反驳的理由之一,斯宾塞反对国家在收入分配上的作用[2]。斯宾塞质疑道:"什么是生计?""称为生计的东西究竟应该处于饥饿和奢侈两个极端之间的什么地方?"[3]在他看来,生存权利的概念其实是不清楚的,进而,也就不能用确切的方式去解决问题。

另外,斯宾塞还认为:(1)保障基本权利的目标不可能得以实现。与哈耶克反对社会计划那样,斯宾塞认为社会是极端复杂的,社会科学的目的不是"指导社会演化的有意识的控制,而是要证明这种控制是绝对不可能实现的"[4]。(2)个体不会就权利救济目标达成一致:"有人认为能公平要求的一切只是勉强维持生存。另一个人则暗示不仅仅限于生活必需品。有些比较前后一致的人,把这种学说推进到它的合理结果,他们只对财产共有制才感到满意。"[5]

斯宾塞的不可知论有某种合理性。因为,人的理性是有限的,人类对社会的控制应该是有限的。就收入公平分配的问题而言,如果要确定一个具体的所谓

---

[1] 戴维·米勒.社会正义原则[M].应奇,译.南京:江苏人民出版社,2001:265—266.
[2] 斯宾塞反对国家帮助穷人的理由不仅有技术操作上的原因,同时更有伦理方面的。具体包括:(1)作为社会达尔文主义者,他认为穷人应该死掉;穷人不适合生存,帮助不起作用;(2)国家救济穷人相比私人慈善要差,如腐蚀慈善的美德;(3)正义方面的原因;(4)穷人的懒惰。参见塞缪尔·弗莱施哈克尔.分配正义简史[M].吴万伟,译.南京:译林出版社,2010:122.
[3] 赫伯特·斯宾塞.社会静力说[M].张雄武,译.北京:商务印书馆,1996:138.
[4] 参见塞缪尔·弗莱施哈克尔.分配正义简史[M].吴万伟,译.南京:译林出版社,2010:122.
[5] 赫伯特·斯宾塞.社会静力说[M].张雄武,译.北京:商务印书馆,1996:138.

公平结果,这就超出了人类理性的范围。但另一方面,不可知论完全反对社会控制则否定了人类理性的力量。实际上,既然公平的收入分配并不是去确定具体的分配结果,斯宾塞所说的操作性问题在很大程度上能得以避免:将收入分配伦理规范与公平分配规则联系在一起的意义之一就在于避免对公平分配具体结果的计算。至于基本生存保障规模的具体水平,尽管不同人可能有不同的看法。但当我们基于可逆性检验一致有效的方法去进行判断时,个体间的分歧并不会很大,人们能就基本权利保障的大致范围达成一致。

当然,就这种一致而言,它可能不是完全的、没有差异的吻合,而只是范围上的大致相同,但这并不影响一致范围的合理性。毕竟,正如前面有关公平正义原则界定的分析所表明的:公平正义的分析本来并不要求严格精确的。但尽管如此,此等标准与收入差距缩小标准还是存在根本性的差异:一方面,是确定上的技术难度问题。从整体上去确定合理的收入差距范围基本上是不可能的,而具体的分配格局的确定则更是如此,而基本权利保障则有可以大致界定的范围。另一方面,是其伦理的正当性、合理性。尽管保障个体基本生存权利的规则安排同样会缩小收入的差异,但这与为缩小差距而进行的调整存在根本性的不同,毕竟此等差距缩小的程度是极其有限的,而此时的差距缩小本身不是目标而只是保障基本权利的附带结果。事实上,也正是强制转移的程度有限,此等调整给个体的自由选择留下了应有的空间并极大程度地降低了穷人的依赖性和羞辱感,同时也不会给财政和社会造成沉重的负担。

五、以国家救助为主导

在可能性上,保障个体的基本生存权利不仅可以依赖于社会契约的强制来实现,即政府通过强制性的税收征收等方式来保障每一个体的基本生存权利,同时也可以通过个体间的自愿救助来完成,即完全基于个体自由捐赠的慈善救助来保障个体的基本生存。现在的问题是,既然政治强制和自愿的慈善捐赠都是保障个体基本生存权利的可能方式,那何种救助方式较为恰当?可逆性检验一致有效的救助方式究竟是基于税收的政治强制还是基于私人慈善的自愿救助?

在此问题上,马尔萨斯与斯宾塞对私人慈善做出了辩护(反过来则是对国家救济的批评)。马尔萨斯没有提倡让穷人去死,但他并不主张由政府去救济(马尔萨斯是第一批呼吁取消对穷人进行公共救济的人之一)。因为,他认为私人慈善是好方法,可以充分满足穷人的基本需要[1]。相比而言,国家强制救济穷人的机制则存在方方面面的问题:其一,正如宗教上的强制那样,为救济穷人的征税侵犯了个体的自由;其二,强制性的征税给纳税人带来痛苦;其三,强制性的征税会影响到个体仁慈心的作用而腐蚀慈善的美德。在此方面,斯宾塞就认为,同情是把社会性的人和野蛮人得以区分开来的机能,是产生公正的观念使人们关注彼此权利要求的机能,是一种相比其他一切机能更需要运用的机能,而国家强制干预的结果恰正是减少了这一机能的需求,限制了它的运用,遏制了它的发展,因此延缓了人类进化、适应社会的过程[2]。

与马尔萨斯和斯宾塞等反对国家救济的观点不同,可逆性检验一致有效意义上的公平分配规范认为社会救助应该以强制的国家救济制度为主导:能够用社会契约加以确定的社会救助,都应该以正式的法律制度加以明确。一方面,由于个体搭便车等方面的原因,私人慈善往往无法完全满足个体救济的要求[3]。强制性的国家救助能够克服个体搭便车的机会主义行为而保证个体的生存权利。另一方面,正式的国家救助制度相比更能够保证社会救助责任及其成本的公平分摊。毕竟,保障每一个体的基本生存权利是整个社会而不只是社会部分群体——如慈善捐赠者——的责任,相应地,用于救济的成本就应公平地由社会全体成员来承担。现在,如果社会的救助机制依赖于个体自发的捐赠,由于参与捐赠的往往只是部分的个体,而有诸多的个体并没有承担其应有的责任范围。相比而言,政治性的强制税收机制能够将成本分摊到每一责任主体,它相比私人捐赠更有可能促进成本的公平分摊。

至于斯宾塞等反对国家救济的观点,尽管其观点有一定的事实支撑:强制征税确实可能会侵犯个体的自由、给个体带来痛苦并在某种意义上减少同情心的自发应用,但他所给出的论据并不足以作为反对国家救助的理由。其一,正如前面的分析业已指出的那样,只要我们认为保障个体的基本生存是每一个体的基本权利,强制性的税收与支出转移方案并没有侵犯个体——为保障个体基本生存而向其征税的个体——的自由和权利,而是在维护基本生存得不到保障的个体的自由和权利。因为,可逆性检验一致有效的公平分配规则并不赋予个体对于其所得收入的完全所有权。其二,如果公平的收入分配规则要求我们对生活

---

[1] 参见塞缪尔·弗莱施哈克尔.分配正义简史[M].吴万伟,译.南京:译林出版社,2010:118.
[2] 赫伯特·斯宾塞.社会静力说[M].张雄武,译.北京:商务印书馆,1996:143.
[3] 参见米尔顿·弗里德曼.资本主义与自由[M].张瑞玉,译.北京:商务印书馆,1999:183.

陷入困境者进行救助,强制性的税收在很大程度上就是不可或缺的:因征税而导致的"税痛"问题其实是支持而不是反对国家税收方案的理由。在私人慈善存在不足的情况下,强制性的税收就不可避免了,否则有个体就得不到救济,或者救济的程度存在不足。其三,至于个体同情心作用的发挥问题,鉴于强制性的国家救助制度的意义在于个体责任的强化,它并不禁止个体慈善,进而,同情心依旧可以自发发挥作用。特别地,在个体自发救济可能不足情况下,国家的作用不是在限制同情心,而是在强制同情心发挥作用,对于麻木不仁者进行外在的强制而促使他们承担应有的救助责任。

其实,除了社会责任的承担及其相关成本的公平分摊等原因之外,正如康德所分析的,强调国家在社会救助中的主导性作用还有更进一步的有关个体平等与尊严方面的原因。康德认为"政府有权强迫富人提供维持那些在最必要的自然需求上不能自己维持自己的人的资金"[1],比如向富人征税以救济穷人。在康德看来,在私人慈善与国家救助的选择上,富人赠予穷人物品的私人关系是道德堕落,由国家来管理穷人救济相比私人慈善有道德优势。一方面,康德认为私人慈善给人施舍"抬高了施舍者骄傲"的同时"贬低"了接受者:在给别人施舍时,施舍者会自我感觉比接受帮助者优越,这破坏了道德最核心的本质。进而他建议"最好去看看穷人是否有获得帮助的其他办法,而不是以遭到贬低的方式接受施舍"[2]。另一方面,尽管康德认为在道德上"我们有义务对一个穷人行善",但他又认为"由于这种恩惠却也包含着他的幸福对我的慷慨的依赖性,而慷慨毕竟是对他人的贬抑"[3],相比而言,由政府来进行救助就能保证个体的平等、维护个体的尊严并降低私人慈善所包含的人际依赖性。

政府救助之所以相比私人慈善更有道德上的优势,就这里的思路来说,如果对穷人的救济是基于强制性的社会契约来实现的,那在社会契约的确定阶段,个体在某种意义上都处于罗尔斯的"无知的面纱"之后:在未来的社会,"我"究竟是救济者还是被救济者,这是不清楚的。此时,签署契约的个体是平等的。特别地,由于未来身份的不确定性,当个体签署保障基本生存的社会契约时,从某种意义上来说,个体其实是自己救助自己:未来幸运的"我"去救助未来不幸的

---

[1] 伊曼努尔·康德.康德著作全集:第6卷[M].李秋零,译.北京:中国人民大学出版社,2007:337.
[2] 参见塞缪尔·弗莱施哈克尔.分配正义简史[M].吴万伟,译.南京:译林出版社,2010:99.
[3] 鉴于行善及其恩惠所蕴含的人际依赖性,康德认为行善者有义务去采取行动:"把这种善要么表现为纯粹本分,要么表现为微不足道的帮助来免除接受者的自卑,并且维护他的自尊心。"参见伊曼努尔·康德.康德著作全集:第6卷[M].李秋零,译.北京:中国人民大学出版社,2007:459—464.

"我"。与此不同,在自愿救助机制下,由于个体的身份已经清楚,收入和财富具有明确的所有权,自愿救助机制是一个人对另外一个人的救助,此时的个体在很大程度上就处于不平等的地位。

当然,强调强制的政治机制在维护个体基本生存权利方面的作用,这并不等于自发的自愿救助应该完全得以禁止抑或取消。其一,完全禁止个体自愿的慈善捐赠限制了个体的自由选择。其二,私人慈善有时是必要的。因为国家的作用是有限的,在某些特殊的、偶然的状况处理方面,私人的慈善是不可或缺的(这在很大程度上与此时正式制度的高昂运行成本有关);在强制性的政治机制难以应用的领域,对于私人慈善的否定其实是对社会弱势者及其不幸的残忍,而不是对他们人格的尊重。其三,私人慈善贬低人的问题并不是必然的。因为,私人慈善的问题在很大程度上与个体间的直接救助存在关系。如果救济是间接的,即救济不是直接在个体与个体间进行,而是个体的捐赠先进入一个公共的基金,然后由政府或其他组织来进行救助,相关的问题在很大程度就得以避免。

事实上,考虑到将捐赠资金纳入公共基金的可能性,用于保障个体基本权利的税收可以在慈善捐赠之后征收。特别地,如果私人的慈善捐款可以完全解决个体的基本生活保障问题,国家甚至不需要强制性征税;如果私人的慈善捐赠数额不足,国家就强制性征税,而征税的规模则为私人慈善捐赠不足以保障个体基本权利的部分。就此等综合性的救助制度而言,鉴于它将私人慈善与国家强制进行了有机的整合,其优势是显而易见的:(1)由于有国家的强制力及其税收作为保障,每一个体的基本生存权利能得到切实的保障,这能够克服单纯私人慈善制度可能面临救助不足的风险。(2)由于慈善救济被转化为间接的救助方式,康德所论及的私人慈善存在贬低穷人等方面的问题在很大程度上得以克服。(3)由于国家强制力的发挥是以私人慈善为前提的,斯宾塞所论及的国家救济影响私人同情心培养应用的问题这在很大程度上可以得到避免。

个体之所以不能给自己提供最基本的生活保障,有两种不同情况:因自己主观不努力所造成的主动贫困和受客观因素所限而形成的被动贫困。其中,对于前一种情形,既然问题的根源是个体自己主观上的不努力,不管是基于强制性的税收——支出转移方案,还是依赖于慈善的自发捐赠,以此来为其生活提供基本保障似乎不可取:收入的人际转移意味着需要其他的个体来为其懒惰行为承担代价,这会导致以邻为壑的、责任转移的个体机会主义行为。按此逻辑,为保障个体基本生活而进行的结果调整似乎要对造成个体贫困的原因进行区分并对不同群体采取不同的政策策略。但事实上并非如此简单。一方面,保障基本的生存是个体的权利;另一方面,对个体进行区分会存在信息的制约。在信息不对称的情况下,社会对于需要救济者难以进行识别。

那如何避免不需要救济的个体混入其中呢?在个体对象的识别上,阿奎那已经认识到操作上的困难:"在多数情况下,很难确定拿了别人食物的人在拿食物时是真正快饿死了还是仅仅'饿了'"。当然,由于"强烈暗示他主要关心的是上帝的法庭而不是人类法庭的审判。上帝知道什么需要是紧急需要,那个是因为紧急需要而拿别人财产的人也应该知道她本身的需要是紧急需要。这个人可以被确保在这种情况下他或她没有犯罪,不需要被惩罚苦修。"至于"在人类法庭如何区分'紧急需要'和简单的'饥饿和赤裸',阿奎那没有提供指导意见"[1]。

其实,也正是因为个体区分所存在的信息约束,对于主动贫困和被动贫困的区分会带来诸多的问题。在此方面,自由平等主义的批评者就认为,就主动贫困和被动贫困做出区分是不可取的,因为"分辨的过程会削弱公民礼仪(civility)与团结——而最初引导人们关心正义的,正是团结"。在对自由平等主义进行批评时,沃尔夫就指出:自由主义的平等主义"在促进一种错误的关于平等的氛围"。在他看来,自由平等主义对主动贫困和被动贫困的区分会导致不信任、羞耻和屈辱。因为,就主动贫困和被动贫困进行区分其实是鼓励国家用不信任的眼光来打量弱势公民,而为了克服这种不信任,弱势者就必须要去"揭示屈辱",即是说,"为了免遭贫困,他们不得不去证明自己的确受害于某些被动劣势——要么自己的自然天赋较差,要么自己在孩童时期遭受过虐待,……这必然会损害而不是加强公民间的团结纽带和相互关心"[2]。相似地,安德森指出:自由主义的平等主义强调分辨出主动不平等与被动不平等,但这样却使"应当的"穷人只能获得缺乏尊重的怜悯,而使"不应当的"穷人面临家长式统治的威胁[3]。与之不同,如果救济是普遍性的而不是选择性的,由于社会范围内的所有个体都可以获得基本的收入,选择性制度所存在的问题都得以避免。

公平的收入分配规则需要保障个体的基本生存权利,但个体间收入的无偿转移,不管此等转移是基于个体自愿的,还是基于税收强制的,这在一定程度上都存在责任的转移。进而,为了避免与此相关的问题,对收入转移进行某种限制是必要的。相关的限制方式包括:(1)基本条件限定。在此方面,阿奎那指出:

---

[1] 参见塞缪尔·弗莱施哈克尔.分配正义简史[M].吴万伟,译.南京:译林出版社,2010:41—42.
[2] 转引自威尔·金里卡.当代政治哲学[M].刘莘,译.上海:上海译文出版社,2015:123.
[3] 同[2].

"即使一个人面临饥饿和赤裸,也没有权利靠偷盗来满足这些需要,除非饥饿和赤裸到了威胁生命的地步。不过,富人应该觉得有道德义务把自己多余的东西分给穷人一些。"[1] (2)所有者优先原则:"每一个人,首先应该照顾自己,以及他应该负责照顾的人。……如果尚有所余,才可拿来救助别人的需要。"[2] (3)获得财产所有者的许可:个体为救急之需而拿别人东西时,"假如这样做而没有危险的话,就必须先征求物主的同意"[3]。(4)规模适度。格劳秀斯认为"使用属于别人的财产不应该超越适当的限制"[4]。(5)归还抑或是补偿。如果可能的话,他应该在这个紧急需要阶段过去之后,采取一切可能的措施归还或者补偿。因为,对于诸多的个体来说,其贫苦和困难可能是偶然性的,那么,贫困时期所获得的补贴可以通过其他时期的收入来进行补偿。(6)其他的条件。引用"格列高利九世教令集":"任何因为饥饿或者赤裸而盗窃食物、衣服或者公牛的人必须接受三个星期的悔过苦修。"[5] 我们相信,在制度规则的限制下,个体将自己责任转移给他人的机会主义行为会得到极大程度的限制。

[1] 参见塞缪尔·弗莱施哈克尔.分配正义简史[M].吴万伟,译.南京:译林出版社,2010:194—195.
[2] 托马斯·阿奎那.神学大全:第八册:论爱德[M].胡安德,译.台湾:中华道明会、碧岳学社联合出版,2014:163.
[3] 同[2]:170.
[4] 参见塞缪尔·弗莱施哈克尔.分配正义简史[M].吴万伟,译.南京:译林出版社,2010:42.
[5] 同[4]:41.

第九章
过程安排：何种竞争过程？

一、导言

公平收入分配规则的构建不只是事关结果的调整。作为结果调整的基础和前提，正如马克思所指出的，收入分配首先涉及结果调整之前的社会生产过程："照最浅薄的理解，分配表现为产品的分配，因此它仿佛离开生产很远，对生产是独立的。但是，在分配是产品的分配之前，它是(1)生产工具的分配，(2)社会成员在各类生产之间的分配（个人从属于一定的生产关系）——这是上述同一关系的进一步规定。这种分配包含在生产过程本身之中并且决定生产的结构，产品的分配显然只是这种分配的结果。"[1]由于收入分配不只是简单的产品分配而事关产品得以分配之前的社会生产过程，撇开产品及其收入的形成过程来讨论收入分配的伦理规范是不可取的：作为目标导向的收入分配规范要求产生结果的过程也是公平的。进而，在就结果调整方面的公平分配规则做出分析之后，本章将就公平收入分配规则所要求的过程公平的规范结构做出分析：可逆性检验一致有效的公平收入分配的过程具体如何？当然，为了便于讨论，在讨论公平的分配过程时，我们一般都假设：其一，竞争起点是公平的，相关设定都能够经得起可逆性检验；其二，有关结果调整的规则是公平的，即在规则上社会保障每一个体的基本生存权利。

在基本的制度结构方面，前面就公平分配规则主体框架所作的分析表明：可逆性检验一致有效的收入分配规则是市场起决定性作用的规则，公平的收入分

---

[1] 马克思恩格斯选集：第2卷[M].北京：人民出版社，1972：99.

配需要依赖于自由市场的运行过程。也正因为如此,本章就公平分配过程的探索将围绕规范的自由市场运作过程来展开。特别地,在现代经济学的理论分析中,一种较为普遍的做法是:人们倾向于用所谓的"完全竞争"或"完美竞争"(perfect competition)的理论结构来对现实市场的运行状况进行检验和判别:如果现实的市场结构符合了完全竞争市场的结构特征,那市场运行就是良性的、有效的,否则,现实的市场运行就是失灵的、无效的[1]。因为福利经济学的基本定理在数学上证明:完全竞争市场能够实现资源的最优配置,使得市场机制下的分散决策能够达到一个符合帕累托效率的结果;反之,如果现实市场的结构特征不满足完全竞争市场的相关前提预设,资源配置就达不到最优的水平[2]。鉴于完全竞争市场对于市场判别所具有的标杆性作用,我们以完全竞争市场作为分析的起点,讨论可逆性检验一致有效的公平分配过程是否就是完全竞争市场结构所定义的过程。

二、并非完全竞争的市场规则

正如哈耶克所归纳和总结的:"从人们普遍接受的观点来看,完全竞争或完善竞争一般会提出三项预设:(1)同一种性质的商品将由众多较小的销售者供应或为较小的购买者所需求,然而其中却没有一个人期望通过个人的行动对价格施以可感受到的影响;(2)人们可以自由地进入市场,而且对于价格的波动和资源的流动来说也不存在其他的限制;(3)所有参与市场过程的人都完全了解相关因素。"[3]由于完全竞争市场存在诸多的限定性条件,以完全竞争市场作为市场规范的做法在理论上遭受了批评。在批评者看来,完全竞争市场所要求的前提预设过于苛刻而不具有现实的可行性。

事实上,尽管基于完全竞争市场来为市场机制的合理性进行辩护在理论上不可取,但基于完全竞争市场难以实现而就其规范作用所做的批评则是无关宏旨的。因为,在价值导向上,如果完全竞争市场结构真能够有助于实现人类所追求的目标,那不管其限定条件如何,此等市场都是市场结构完善所要努力追求的方向。进而,对于完全竞争市场合理性的讨论,不应该侧重于它是否过于理想,

---

[1] 参见弗里德里希·冯·哈耶克.个人主义与经济秩序[M].邓正来,译.北京:生活·读书·新知三联书店,2003:137.

[2] K. J. Arrow, G. Debreu. Existence of an equilibrium for a competitive economy [J]. Econometrica, 1954, 22(3): 265-290.

[3] 同[1]:141.

而应该聚焦于完全竞争市场是否真是人类所追求的市场规范目标？用这里的规范标准来说,完全竞争市场结构是否是公平的、能够经得起可逆性检验的市场？或者说,如果我们站在"无知的面纱"背后来选择社会的协调机制,作为理性个体的我们是否会选择完全竞争市场结构来将"我"和"我"的同胞们彼此协调起来？

理论上,尽管可逆性检验一致有效的收入分配规则是以自由竞争市场为基本结构的,但我们并不能因此而认为作为目标导向的市场过程就是完全竞争的市场过程。一方面,完全竞争的相关预设条件并非自由竞争所必须的：(1)自由竞争本身并不要求所有个体都是价格的接受者：个体在一定程度上对于价格具有控制力和影响力,这并不会影响和否定个体之间的自由竞争;(2)自由竞争本身并不需要消除所有不利于"完全竞争"的限定性因素。在现实性上,阻碍"完全竞争"的因素不仅有人为设定的障碍,如政府所施加的资格管制,也有运输成本等因素所引致的自然限制。撇开人为的限制因素姑且不谈,运输成本因素所施加的自然限制在诸多时候也并不必然妨碍个体的自由竞争,正如摩擦力的存在并不必然影响个体的自由行动那样；(3)完全竞争市场结构所要求的充分信息预设,同样也不是自由竞争所必须的。一个生产者和另外一个生产者就产品销售进行自由竞争时,他们并不需要充分知道竞争对手的生产成本与技术特征。另一方面,新古典经济学家支持完全竞争市场的理论依据主要是效率方面的而不是这里所关注的公平：作为收入公平分配机制的备选类型,完全竞争市场如果需要得到辩护,那其利益协调机制应该是公平的,能够经得起可逆性的检验。

当然,尽管新古典经济学为完全竞争市场做出辩护的伦理依据主要是效率方面的,但这并不否定从公平角度来为完全竞争市场做出伦理辩护的可能性。事实上,在就完全竞争市场的有效性做出辩护的同时,新古典经济学理论在一定程度上也为完全竞争市场的公平性做出了辩护。在此方面,福利经济学的第二定理表明：在完全竞争市场结构下,任何"可欲"的、公平的分配结果都可以通过初始禀赋的调整来实现。基于这一点,新古典经济学家可能争辩说：既然任何可能的收入分配结果都可以基于初始禀赋的调整来实现,完全竞争市场与收入的公平分配并不存在必然的冲突：在实现资源配置效率的同时,完全竞争市场也能解决收入的公平分配问题。

另外,作为边际革命的"产儿",尽管克拉克的边际生产率决定论的主要目的在于从实证角度去讨论各种要素——资本、劳动和土地——的报酬是如何被决定的,但其分配理论还具有就市场公平分配进行伦理辩护的规范意蕴。因为,此理论认为：其一,在完全竞争市场机制下,各种生产要素都按照同一法则得到各自应得的份额,收入分配不存在剥削——要素报酬上的差异和高低是各自边际生产率差异的体现;其二,根据"尤勒定理",只要实现了边际生产率法则这个要求,社会总产品会被分配殆尽而不存在剩余[1]。

然而,尽管福利经济学第二定理和克拉克的边际生产率理论在一定程度上为完全竞争市场的公平性做出了辩护,但我们并不能因此而认为作为收入分配伦理规范的市场过程就是完全竞争市场所刻画的理论类型。因为,首先一点,完全竞争的诸多预设不仅不是自由竞争所必要的,更是与可逆性检验有效的公平竞争规则相违背。毕竟,在公平的竞争规则下,创新的个体应该获得超额的报酬而不应该只是获得平均利润,但在完全竞争市场下,由于个体都是价格的接受者,所有个体都无法获得超额利润,这对创新者来说是不公平的,无法经得起可逆性的检验。

其实,也正是因为其不公平,完全竞争市场其实是缺乏创新激励的、低效的市场。新古典经济学之所以在配置效率与完全竞争市场结构中建立联系,这在很大程度上与新古典经济理论对效率本身理解的偏差有关。从完整意义上来说,效率应该涉及两个层面的规范要求:其一,是静态的效率,即稀缺资源给定情况下的最优利用,以达到效用可能性边界;其二,是动态效率,即与创新有关的效用可能性边界的外向拓展。新古典经济学所秉持的帕累托效率所涉及的只是静态效率,至于动态效率则被忽视了。也就是说,新古典经济学对于完全竞争市场效率的辩护主要是静态的而不是动态的。但问题是,尽管资源配置的效率需要我们就给定的稀缺资源进行最充分的利用(实现静态的配置效率),但它更是要求我们去拓展人类的效用可能性边界范围(实现动态效率)。

理论上,既然我们指出了完全竞争市场结构的非公平性及其低效性(动态效率方面),这其实也就意味着:福利经济学第二定理和边际生产率理论为完全竞争市场公平性所做的相关伦理辩护存在其局限性。其中,就福利经济学第二定理所做的辩护来说,其基本的前提预设是:收入的公平分配所涉及的是一种具体的分配结果,而公平分配的结果是外生给定的,可以事先加以确定。但有关收入分配伦理规范实体形态的分析表明,收入公平所涉及的是公平的规则而不是具体的结果,而公平的分配状态不可能也不应该先于市场的运作过程而得以确定:公平的分配状况只是公平竞争的一个结果。事实上,如果分配规范所涉及的是收入分配的结果,那讨论收入分配过程完全是无关宏旨的,有关收入分配的规范

---

[1] 晏智杰.译者前言[M]//乔治·J.施蒂格勒.生产与分配理论.北京:华夏出版社,2008.

分析并不需要考虑收入形成的过程及决定结果的规则。

至于边际生产率理论所给出的理论辩护,这里首先所要指出的是,由于现实的市场结构往往并不满足边际生产率理论所要求的前提假设,正如完全竞争市场理论从配置效率来就市场机制所做的伦理辩护那样,基于边际生产率理论来就市场机制公平性所做的辩护同样不成功(假如边际生产率理论提出者试图做出此辩护的话):将市场机制的公平性建立在诸多非现实的假设前提下,这其实是削弱了而不是维护了市场机制进行公平分配的力量。另一方面,也是这里需要特别强调的一方面,在伦理方面,哪怕现实的市场运行完全符合了边际生产率理论的条件,此等辩护依旧不成功。因为,按此理论,根据边际生产率来分配社会产出是唯一合理的分配法则。但实际上,在合作的社会中,公平分配方式并不是通过某种模式化的分配公式得以确定的,收入分配的公平很大程度上依赖于产生收入分配的程序性过程。

理论上,一旦我们指出了完全竞争市场的非公平性及其低效性,有论者可能会反驳:基于套利等手段和方式,从长期来看,自由竞争市场就是完全竞争市场所描述的市场结构。如果完全竞争市场结构是不可欲的市场结构,那是否意味着自由竞争市场机制也是不可欲呢?这是否就否定了市场在收入分配与资源配置中的决定性作用呢?应该说,作为一种客观实际,自由竞争市场确实会存在趋向于完全竞争市场结构的倾向,但这并不等于完全竞争市场结构将成为自由市场过程的最终形式而出现。因为,自由市场的竞争过程,一方面是市场趋向均衡的过程,另一方面则是个体为获得更多的超额利润而不断打破均衡的过程:技术、方法等方面的创新会不断打破市场的均衡而形成不均衡,竞争市场均衡只是自由市场这一枚硬币的一个方面。

也正因为竞争对于市场均衡所具有的两面性,新古典经济理论的长期趋势其实是让人费解的:鉴于市场竞争过程并没有时间的限制,市场竞争过程是无期的而不是所谓长期的。在这样一个无限持续的过程中,完全竞争市场结构所描述的均衡只是市场竞争过程中的一种潜在趋势,而不代表市场运行的整体状况。在市场趋向均衡的同时,市场运行的非均衡力量在持续性地"阻碍"和"干扰"完全竞争市场均衡的形成。其实,也正是因为市场过程本身所存在的非均衡的力量,如果我们将完全竞争市场理论理解为一种对于现实市场运行进行描述的实证理论而不是指引人们如何改造市场的规范模式,完全竞争市场理论对于市场过程的刻画是不完整的,它只是描述了市场竞争趋向均衡的方面而忽视了与均衡趋向永远伴随的反均衡的力量,而市场机制的反均衡力量,其实是市场机制动态效率的动力源泉。

三、市场的自由准入

可逆性检验一致有效的收入分配规则否定完全竞争市场结构在收入公平分配中的作用,这只是意味着完全竞争市场的某些方面是不可欲的,这绝不等于要否定完全竞争理论所设定的全部方面。事实上,公平的分配规则依赖于完全竞争市场所预设的自由准入条件而反对设置人为的障碍。

可逆性检验一致有效的公平分配规则之所以支持市场的自由准入,这首先在于自由准入是机会公平的内在要求。所谓机会公平,或者更准确地说是形式上的机会均等,就是职务和地位向所有人开放而不施加任何人为的限制:一方面,我们的命运不应该因为种族或民族这类任意性因素就据此享有特权;另一方面,每个人都"享有公平前景的权利",没有人仅仅因为自己的种族、性别或社会背景等因素而在竞争中处于不利的地位(包括人为地将部分个体排斥在特定的职务和地位范围之外)。换言之,仅仅因为出身与种族之类的差异就使得某人的命运变坏,这是不公平的,一个公正的社会应该排除种族、阶级与性别等对个体的不利影响;不会因为我碰巧地生长在一个"错误的"群体中就处于相对不利的地位。

一般地,在制度规则安排上,公平的收入分配规则之所以需要以形式上的机会公平为基本前提,这在于机会均等是公平的必然组成部分[1]。一方面,"机会均等背后的哲学含义是个人不应该对他们的境遇负责,而应该对他们的努力程度负责";另一方面,基于可逆性检验一致有效的公平正义原则,在一般的社会制度层面,人的命运应该由自己决定,每一个体应该取决于自己的选择而不是取决于他们的境况:"如果我们认为一个人的所有选择都不是在他自己的控制之下,且所有的选择都是由其境遇决定的,那么,我们就可以把一个社会中所有的不平等归因为境遇。"[2]

当然,在形式上的机会公平得以充分保障的前提下,部分个体进入特定职位和地位的实质机会还是可能相比其他个体要低,但这并不能成为将他们排除在

---

[1]《2006年世界发展报告》所依据的政治哲学,从根本上来说是机会均等。参见约翰·罗默.公平促进效率:对《2006年世界发展报告》的评论[J].经济社会体制比较,2006(3).
[2] 约翰·罗默.公平促进效率:对《2006年世界发展报告》的评论[J].经济社会体制比较,2006(3).

外的理由。相反,我们要建立各种制度来保障此等个体获得成功的可能性。用布坎南的话来说:"一个佃农的孩子同一个亿万富翁的孩子相比,绝不可能拥有成为总统的平等的机会,但是,可以建立各种制度以保证佃农的孩子不被公开地从竞争中排除出去。"[1]

其实,自由准入不仅是机会公平的内在要求,同时,它也是保证市场机制公平利益协调的基本条件。因为,根据可逆性检验一致有效的公平分配观,利益的公平分配需要合理兼顾各市场主体的利益:偏袒买卖任意一方的交易机制是不公平的,无法通过理性个体的可逆性检验。现在,如果有市场主体获得了行政的独占许可而处于垄断地位,那利益协调的天平就会倾向于垄断者。相反,在允许自由准入的市场结构中,生产者过分获取合作剩余如果不是说是不可能的,那也是非常困难的。因为,现实的和潜在的竞争者会对其过分攫取合作剩余的定价行为形成强有力的限制和制约,并进而保证合作利益的公平分配。

当然,需要指出的是,公平竞争所需要的自由准入应该是社会意义上的而不是技术意义上的,自由准入并不像完全竞争市场模型那样要求个体能无成本地进入:个体进出市场总是有成本和代价的,市场总是存在技术上的壁垒和约束。在此情况下,尽管沉没成本等因素的存在会给市场占领者一定的竞争优势,但这并不能成为市场机制存在不公的依据:一方面,竞争优势在诸多时候是公平竞争的需要,是给予创新者必要的激励和奖赏;另一方面,如果市场真是完全自由准入的,而没有行政特权等社会性限制因素,自由准入机制就会直接或间接地对优势者所能施加的不公行为进行限制。

然而,尽管自由准入对于市场的公平竞争具有非常重要的意义,但在现实实践中,自由的市场准入制度却往往被反面加以应用:出于各方面的考虑,政府经常通过行政垄断的方式而对个体参与市场竞争做出法律上的限定而将部分甚至是绝大多数个体排除在特定的生产经营之外。由于限制了竞争者的进入,行政垄断是对自由竞争的彻底否定,进而,它也就成为竞争的威胁和障碍。特别地,由于此等类型的垄断是政府赋予和维护的,它排除了所有可能的潜在竞争者,不管竞争者是国内的还是国外的,也不管竞争者是直接的(如牛肉生产者对牛肉生产者)还是间接的(如牛肉生产者对猪肉生产者),由此而带来的负面影响相比任何的私人垄断所可能带来的负面影响要大。

---

[1] 詹姆斯·M. 布坎南.自由、市场与国家——80年代的政治经济学[M].平新乔,等译.上海:上海三联书店,1989:195.

相比私人垄断,政府的行政垄断之所以问题更加严重,这是因为,在私人垄断下,只要市场是自由准入的,潜在的竞争压力必然会抑制过分的垄断行为:市场的自由准入会使得私人垄断难以形成,即便存在垄断,其垄断行为也会受到极大程度的限制。或许正是因为私人垄断的有限性,在《国富论》中,亚当·斯密所批判的主要是政府赋予特权的行政垄断而非私人垄断的力量。关于这一点,施蒂格勒认为这是斯密在理论上的疏忽[1]。其实,从更合理的角度来说,在斯密所持有的自由放任的思想体系内,私人垄断问题并不是一个特别的问题,如果行政垄断被否决而准许企业自由进入市场的话[2]。至于行政垄断,由于有政府为其保驾护航,它所面对的竞争压力就彻底绝缘了,由此所带来的往往是垄断企业的不思进取与对消费者福利的过分盘剥,并进而遭到了斯密严厉的批判[3]。

当然,有关行政垄断对于市场公平竞争所带来的危害,行政垄断的支持者也可能对此表示认可。他们之所以依旧认可政府的行政垄断,往往有其他的逻辑和理由。具体包括:其一,为保证产品质量而支持行政垄断。为了使得市场所交易的产品在质量上有保证,有的论者主张政府对市场主体的资质进行管制,将不符合相关规定和标准的企业排除在经营许可的范围之外,这就使得拥有资格的经营者处于垄断地位。其二,为价格稳定而垄断。在我国,有论者就认为:政府对烟草、酒类、石油、成品油等进行垄断经营有利于价格稳定;其三,为资源配置效率而赋予垄断特权。鉴于私人垄断定价所带来的"哈勃格三角"意义上的效率损失,政策制定者对于价格的干预可能采取直接定价的方式,而为了对被管制的企业进行补偿(由于其定价权受到限制),政府往往赋予被管制企业以垄断地位而将其他潜在竞争者排除在外;其四,政府为获得财政收入而赋予自己所拥有的企业以垄断性的特权,比如盐铁专卖制度[4]。

对于上述理由,撇开行政垄断所引致的非公平问题不谈,即便是为了产品质量等因素的考虑,行政垄断在逻辑上也是说不通的。尽管一个良好的市场需要保障产品的质量,但产品质量的保障不是通过事先的准入来解决的,而是通过事后的惩处来实现的:在企业进入市场之前,任何人都无法事先判断和保障何种企业的产品会有质量的保障。而价格的稳定,从短期来说,政府对价格的控制也许能够防止价格的剧烈波动,但从长期来看,由于难以根据市场的供求状况做出相

---

[1] 乔治·J.施蒂格勒.经济学家和说教者[M].贝多广,等译.上海:上海三联书店,1990:55.
[2] 参见曾军平,杨君昌.公共定价分析[M].上海:上海财经大学出版社,2009:198.
[3] 亚当·斯密.国民财富的性质和原因的研究:上册[M].郭大力,等译.北京:商务印书馆,1997:56.
[4] 同[2]:199.

应的调整,政府对价格的控制会导致对市场稳定性的更大的破坏。至于配置效率问题,一个真正有效的市场,必然是一个自由竞争的市场,是一个能够激发创新潜能的市场,撇开政府的价格管制是否真能促进资源配置效率问题不谈,赋予行政垄断的市场并不利于市场的创新和成本的节约。事实上,也正因为如此,为了财政收入的最大化,政府应该放开对于产业的管制而允许市场的充分竞争,政府应该尽可能地将其收入建立在税收之上而不是基于所有权的专卖制度之上。

四、基于市场理念的政治干预

对于社会范围内的商品和服务,按照其受益是否存在竞争性来分,可以分为两大类:受益存在竞争性的私人产品和受益不存在竞争性的公共产品。在消费模式的选择上,对于受益具有竞争性的产品和服务,由于它们的受益完全是私人性的,在个体基本权利得以保障的基础上,采用市场的私人消费模式无疑最为公平合理:谁消费,谁就承担成本。反过来,如果采用公共提供的方式,这难免会引致成本与受益不对等的问题,即一部分人得到好处,而消费的成本则由其他个体来买单。而对于受益具有非竞争性的产品和服务,现代经济学理论则认为:这需要采取集体消费的公共提供方式。因为,既然商品和服务是非竞争性的,那意味着个体消费和使用资源的边际成本为零。进而,资源的有效利用就需要免费提供,采用私人提供的市场模式会导致资源配置的低效率。对此,在讨论公共产品提供问题时,萨缪尔森就指出:"即使灯塔的管理者——假定通过雷达跟踪——能向每一个附近的使用者收费,这一事实本身并不能保证灯塔服务能像根据市场价格而提供的私人物品那样,以社会最优的方式提供出来。因为,容许更多的船只使用灯塔的社会成本是零附加成本。"[1]

事实上,消费上具有非竞争性的公共产品存在两种不同类型:可排斥性的公共产品和非排斥的公共产品。其中,对于可排斥性的公共产品,尽管市场的收费机制会影响资源的充分利用(与其消费上所具有的非竞争性特征有关),但经由市场而不是政府来提供有其依据和理由(为保障个体基本权利所需要的公共产品除外)。

---

[1] 转引自罗纳德·H. 科斯.企业、市场和法律[M].盛洪,等译.上海:格致出版社,上海三联书店,2009:183.

首先,对于那些受益具有可排斥性的活动,市场起决定性作用的协调机制相比政治化的替代机制更能够保证成本与收益的对等,更加的公平,更加能够经得起可逆性的检验。尽管公共提供意味着用公共的资金来为公共消费买单,这保证了集体受益与集体消费成本之间的对等和平衡,有一定合理性,但此等消费模式还是存在公平性方面的问题:政治化的公共提供模式只是保证了整体层面的受益与成本的对等性,而个体层面的对等性依旧难以保证:在政治化的集体消费模式下,个体所获得的收益不取决于他们各自为此而支付的代价。与之不同,市场的私人提供则会在个体的受益与个体承担的成本之间建立起直接的关联,受益多的负担多,受益少的负担少,不受益的则不承担成本。

其次,是集体活动所引致的矛盾和冲突。在人际利益的协调方面,由于个体偏好、收入水平以及消费习惯与传统等方面的客观差异,个体所偏好的支出往往是有差异的。不管是从支出的类型还是从支出的规模来看,都是如此。对于相关的产品和服务,如果采用集体的政治过程来提供,由于政治过程往往只有一个结果,这难免会因为意见不一致而产生个体间的矛盾和冲突。与此不同,如果它们采用分散化的市场机制来提供,相关的矛盾可以缓解甚至是避免[1]。

最后,是私人提供对个体自由选择的维护。在市场的运作机制下,个体的选择是自由的,个体可以根据自己的偏好和约束来进行选择,这为个体的自由留下了应有的空间。与之不同,受决策机制性质的限制,集体决策过程中的个体自由往往有限。也正是分散决策对于个体自由保护所具有的价值和意义,在有关立宪民主的讨论中,布坎南强调了分散决策的重要性:"只要通过政治结构的设计可以减少个人价值观与利益之间的潜在冲突,那么,我们实际上就没有必要老是去担心并思考个人必须自愿默认的必要性,这些个人在集体决策过程中是被践踏的,只要他们拥有参与的权力,他们就必须自愿默认同意某一种方案。"[2]

对于市场能够公平协调的领域,经济的运行需要交给市场去完成,政府的作用在于保护而不是干涉市场过程。而对于市场公平协调有局限性的方面,鉴于市场机制协调利益方法所具有的特定的公平性,政府对市场的干预同样不是简单地以政治过程去取代市场的利益协调过程,而是尽可能创造条件以使得市场的竞争机制发挥作用。比如,医疗方面的价格确定问题。与其他市场存在不同,

---

[1] 曾军平.公平分配、规则架构与财税政策选择[J].税务研究,2015(7).
[2] 詹姆斯·M.布坎南.自由、市场和国家——80年代的政治经济学[M].平新乔,等译.上海:上海三联书店,1989:370—371.

在医疗领域,对于药品的需求一般是由医生而不是由患者自己决定的。在此情况下,医生可能为了自己的利益而过度用药并引发药品价格"虚高"的问题。比如,在我国,由于医院存在收入的提成制度,价格越高的药品,医生从中提成的收入就越多,这就使得医生有给患者过度用药、用高价药的激励,相应地,价格低廉的药品则得以拒用,尽管其疗效也许和高价药差不多。

对于药价"虚高"的市场乱象,有论者主张政府对药品价格进行管制,甚至主张采用完全由政府买单的公费医疗体制。但事实上,医疗市场存在问题,并不等于医疗市场的运行需要排斥市场机制,而是应该构建和维护有助于价格竞争的机制,比如,取消以药养医的制度安排。毕竟,如果医生的报酬不依赖于其所开出的药品的数量和价格,那么,人类固有的良知会促使医生根据患者的利益去选择药品的类型和数量,市场的竞争机制自然会促使药品价格维持在一个公平合理的水平。

强调市场竞争机制对于价格形成的决定性作用,是以竞争机制能够公平协调为前提基础的。但在现实的实践过程中,市场竞争机制有难以直接发挥作用的领域,比如非排斥性公共产品的供给。因为,如果支出受益是非排斥性的,即使个体不承担支出责任,他也可以从其他个体或单位的支出中获得好处,这使得个体有"搭便车"的激励:个体都不愿意为集体活动承担应有的成本而只想坐享其成。另一方面,如果有个体和单位在市场上销售和出卖此类产品和服务,也没有个体愿意为此买单。在此情况下,如果社会要获得相关经济活动的好处,政府就必须去承担相应的支出责任,即以政治化的决策过程去取代市场的自发协调过程。

在此方面,穆勒指出:"确保航行安全的灯塔、浮标等设施,也必须由政府出资建设与维护。因为,虽然船舶在海上航行时得到了灯塔所提供的服务,但是却无法让船舶在每次受益之后都缴纳相应的费用,所以,任何人都不会出于为获取个人一己之利的动机而去建立灯塔,除非国家为此强制征税,然后再用税收去补偿建立灯塔的个人。"[1]与穆勒的观点基本相同,西奇威克也认为,政府应该对于非排他性公共支出承担支出的责任。他指出:"在大量的和各种各样的情况下,这一论断(即通过自由交换,个人总能够为他所提供的劳务获得适当的报酬)明显是错误的。因为,某些公共设施,由于它们的性质,实际上不可能由建造者或愿意购买的人所有。例如,这样的情况经常发生:大量船只能够从位置恰到好

---

[1] 约翰·穆勒.政治经济学原理[M].金镝,等译.北京:华夏出版社,2013:906.

处的灯塔得到益处,灯塔管理者却很难向它们收费。"[1]

然而,对于受益不可排斥的支出,尽管它要求由政治化的公共决策过程去取代市场化的私人决策机制,但市场机制所涉及的基本原则和理念依旧是可以且需要加以借鉴的。比如,市场机制所强调的自己对自己负责的公平理念:尽可能基于受益原则来分摊公共产品的成本。然而,与这里对于市场原则的强调有所不同,在主流的财政理论中,受益原则的使用是受到极大限制的。在此方面,马斯格雷夫就明确指出:"由于受益课税只适用于财政总收入的一小部分,所以对于绝大部分财政收入来说,优良课税标准的制订一直与支出无关。"[2]

对于此等观点,应该说,在公共产品筹资的收入制度安排上,由于我们无法准确知晓个体对于公共产品的偏好,同时,个体间的效用和福利也存在人际的不可比性,彻底地应用受益原则来分摊成本确实存在难以克服的技术困难。但这并不等于受益原则在公共产品成本分摊问题的解决上无用武之地。毕竟,正如马斯格雷夫所指出的那样,受益原则的使用之所以受到限制,并不是因为受益原则本身不合理(马斯格雷夫认为受益课税是理想的课税[3]),而是因为它难以实施。这也就是说,如果受益原则是可实施的,那此等原则是需要考虑并得以应用的。

实际上,从现实的情况看,对于某些公共服务,尽管我们难以确定每一个体的受益是多少,但我们可以确定个体是否属于受益的群体。进而,在考虑公共收入的筹集制度时,我们可以且应该采用受益原则:公共支出的受益群体应尽可能地和成本承担群体对应在一起。比如区域性公共品应该由所属区域的个体不是全体公民而来承担成本(基本方法是分税制)。当然,在保证受益的群体和负担责任群体之间的对应关系之后,由于我们无法明确单一个体的受益情况,进一步的成本分摊只能采用能力原则。但是,由于此时的能力原则是建立在受益原则的使用基础之上的,它和单纯的能力原则的使用存在很大的差异[4]。

---

[1] 转引自罗纳德·H.科斯.企业、市场和法律[M].盛洪,等译.上海:格致出版社,上海三联书店,2009:182.

[2] 理查德·A.马斯格雷夫.财政学说简史[M]//阿兰·奥尔巴克与马丁·费尔德斯坦.公共经济学手册.匡小平,等译.北京:经济科学出版社,2005:14.

[3] 理查德·A.马斯格雷夫认为:"尽管受益课税被视为一种理想的课税,但是大部分税收收入和相应的税收分析,必须联系支付能力来研究。"理查德·A.马斯格雷夫.财政学说简史[M]//阿兰·奥尔巴克与马丁·费尔德斯坦.公共经济学手册.匡小平,等译.北京:经济科学出版社,2005:3.

[4] 曾军平.公平分配、规则架构与财税政策选择[J].税务研究,2015(7).

第十章

起点设置:何谓起点公平?

一、导言

根据罗尔斯的划分,社会有两类基本益品:其一,自然的基本益品,如健康、智力、活力、想象力以及其他自然天赋等;其二,社会的基本益品,如收入、财富、机会、权力、权利和自由等[1]。在具体形态上,收入分配规则起点设定方面的公平问题往往与罗尔斯所论及的自然基本益品与社会基本益品的个体占有差异有关。包括:(1)由自然随机性、偶然性所引致的个体天赋、内在潜能、外在机会以及对自然资源占有等方面的不同;(2)由家庭引起的与财产继承及人格培养等有关的个体在财产和教育资源占有方面的差异;(3)个体自己所引致的、因上一阶段选择与机遇等方面的差异而引致的不同个体在下一阶段的起点上的差异等。

问题是,可逆性检验一致有效的公平收入分配规则应该如何来设置竞争的起点呢?对于个体在竞争起点上的差异,公平的收入分配规则需要对此做出怎样的设定?起点公平要求分配规则遵从于自由平等主义的"钝于禀赋"原则——完全抹平个体潜能禀赋等方面的差异——而使所有个体具有完全相同的起跑线吗?或者,如竞争者能力存在明显差异的比赛那样,选择给强者设置某种障碍或施加某种不利条件(这等价于给弱者以竞争的有利条件)的规则,以便我们即便达不到也要接近起点位置的平等吗?抑或另一方面,起点公平不需要实质性的平等而只是追求给予个体以发展可能的形式上的机会均等?

---

[1] 约翰·罗尔斯.正义论[M].何怀宏,等译.北京:中国社会科学出版社,2003:62.

乔万尼·萨托利将机会公平分为平等进入（access）和平等起点两个方面。其中，"作为平等进入的机会平等，即对平等的功绩给予平等的承认。例如职务向才能开放的说法。"而"表现为平等起点（或平等出发点）的机会平等，即为了平等利用机会，一开始就应具备平等的物质条件"[1]。对于平等进入，抑或我们通常所说的形式上的机会公平，它不仅是起点公平的必要组成部分，同时也是保证公平竞争的必要条件，作为目标导向的收入分配规则以此等机会均等为原则来设计起点公平是完全必要的。在现代社会中，为收入公平分配所作的代表性辩护就是建立在此等理念之基础上。问题是，形式上的机会公平是否能够充分保障收入分配的起点公平呢？公平的收入分配规则是否还对萨托利所言的平等起点抑或实质性的机会公平提出了规范要求呢？在就公平规则所涉及的过程控制和结果调整做出分析之后，本章就公平规则所要求的起点设定做出分析和探讨。

二、超越形式上的机会公平

正如金里卡所总结的，流行的机会公平观不仅认为机会公平是必要的，在很大程度上甚至认为它是充分的："当且仅当存在着获取职务和地位的公平竞争时，收入与名望的不平等才被认为是合理的。"[2]但实际上，以形式上的机会公平来就收入分配起点公平做出界定是不完整的：可逆性检验一致有效的起点公平不只是形式上的机会均等，而是需要实质性的机会公平。在此方面，罗尔斯认为，单纯的机会公平为不应得的自然禀赋留有太大的余地，以至于允许它们过多地影响我们的命运：自然自由体系最明显的不正义之处就是它允许收入分配的份额受到自然禀赋等非常任性的专横因素的不恰当影响[3]。相似地，在就流行的形式上的机会公平观点——把能够获得社会利益的平等机会赋予了每个个体就等同于消除社会的不平等——进行评价时，德沃金表达了类似的看法。在德沃金看来，"由于自然资质是不应得的，那个流行的机会公平观点与其说是不可靠的，还不如说是'不诚实'的"[4]。对于罗尔斯与德沃金的观点，姑且我们不论其论证的依据及其合理性如何，但结论本身是没问题的。因为，人类理性的直觉告诉我们：在职位和地位向所有人开放、形式上的机会公平得以保障的社会

---

[1] 乔万尼·萨托利.民主新论：古典问题[M].冯克利，等译.上海：上海人民出版社，2015：524.
[2] 威尔·金里卡.当代政治哲学[M].刘莘，译.上海：上海译文出版社，2015：73.
[3] 约翰·罗尔斯.正义论[M].何怀宏，等译.北京：中国社会科学出版社，2003：73.
[4] 同[2]：75.

中,对于运气不佳的个体,他们还是可能会得不到发展,还是难以充分施展自己的内在潜能,这无法通过可逆性的检验。进而,公平的收入分配规则需要我们就个体的竞争起点做出实质性的调整,而不是任由起点配置受自然、家庭与社会等各种偶然性因素的肆意支配。

在起点设置上追求实质性的机会公平有两个层面的含义:一方面,起点公平不只是形式上的机会均等;另一方面,也是更为基础的一方面,作为一个基本的前提,起点公平是公平分配不可或缺的组成部分。然而,与这里强调起点的公平设定不同,起点的调整问题在很大程度上被诸多的理论分析与政策实践所忽视了。比如,福利国家的传统运作:福利国家资本主义把财产和技艺禀赋最初分配的实质不平等当作给定的内容而加以接受,然后再试图通过事后的办法对收入分配的结果进行再分配,它所关注的是如何通过税收和转移方案实现对市场不平等进行事后的修正,而起点设定的问题则往往被武断地排除在公平分配的领域之外。

福利资本主义之所以忽视起点的配置,这与传统观念上人们所持有的结果均等的公平理念有关:其一,既然收入分配的公平正义是基于具体的分配结果来体现的,收入公平分配目标的实现必须要依赖于结果的调整:如果分配的结果不符合预先设定的抑或说外在给定的公平分配目标,结果的调整就是不可或缺的;其二,由于结果公平只关心最后的分配结果而不关注分配结果得以产生的过程,收入的公平分配只需要考虑结果而不需要考虑起点如何设置;其三,既然追求的是结果,收入公平分配的所有问题——不管它是起点方面的还是过程方面的——自然也都可以通过事后的结果调整来加以解决,考虑其他方面的公平似乎没有必要。

应该说,如果公平分配追求的是公平的分配结果,忽视起点设定而只关注结果的调整是有道理的,而对忽视起点设置的批评则是无关宏旨的。但关键的问题是,在实体形态上,公平分配涉及的是决定结果产生的分配规则而非单纯的分配结果。在此情况下,忽视起点的设定问题就不可取了。因为,即便我们从规则设定的角度来理解结果的调整(即将结果调整理解为就结果进行调整的事先规则设定),鉴于有关结果调整的规则只是公平分配规则的一个环节,忽视起点调整的分配规范至少是不完整的,不是可逆性检验一致有效的收入分配规则类型。

当然,与过程公平与结果公平一样,起点公平也是公平收入分配规则的组成部分,而从次序上说,起点公平又是排在最前面的,在此情况下,对于收入的公平分配,如果起点的不公平可以通过后面环节的调整(比如事后的结果调整)来加以矫正,那理论上忽视起点的公平设定还是可以理解的。毕竟,解决自然禀赋差异等起点上的不公平,除了针对事前起点差异的直接调整,包括直接调整禀赋的差异(比如德沃金所主张的将社会的部分或全部资源去补偿自然劣势者,以便个体有一个近似相同的起点)与对自然禀赋占优势的个体施加限制而使弱势者处于一个相对优势的地位(如冯内古特反乌托邦小说中对主人伯杰龙所施加的限制[1])等,基于事后结果调整的间接调整模式也是可能的调整模式类型。

关于间接调整模式,罗尔斯的差别原则在很大程度上就认可了其合理性。在罗尔斯看来,"没有人天生就应该得到较高的自然才能,也没有人天生就应该在社会中占有一个比较有利的起点,但这并不意味着应该消除这些差别。我们还有处理这些差别的其他方式:可以把基本结构安排得使这些偶然因素有利于那些最不幸者的利益。因此,如果我们希望构建这样的社会制度,此等制度使得任何人都不会因他在自然资质分配中的偶然地位或社会中的最初地位受益或受损,而不同时给予或获得某些补偿利益,我们就被引向了差别原则"[2]。相似地,传统的福利经济学之所以忽视起点的设定,其潜在的一个假设是福利国家的传统运作在一定程度上认可了结果调整的意义与作用力。

然而,关于起点公平的重要性问题,我们姑且不论起点公平相比过程公平和结果公平是否更重要,但有一点是肯定的:在收入的公平分配方面,起点公平是公平收入分配规则不可或缺的一部分。就现实的社会实践而言,收入分配不公在诸多时候并不是结果的不公,而是影响结果产生的竞争起点存在不合理(当然也还有竞争过程的不公平问题)。比如,有个体的教育和健康未得到基本的保障而使得其内在的潜能得不到应有的发挥。另一方面,关于后续环节的调整对于前面环节不公进行修正的可能性,起点、过程和结果这三个环节的公平正义其实具有相对的独立性,彼此并不能替代:如果收入分配规则的问题在于影响和决定结果的起点配置与过程运行,有关分配制度的改革就应该放在前续环节的制度

---

[1] 为了实现平等,美国仲裁将军手下的工作人员对禀赋占优者施加限制和约束:超过正常智商水平的公民需要在耳内带上一个微型智能障碍收音机,每隔20秒,一个政府发射台就会发送一种尖锐的噪声以阻止他们"不公平地利用他们的大脑"。哈里森·伯杰龙,他异乎寻常的聪明英俊,因此他不得不装更重的障碍:与微型耳塞式收音机不同,他戴着一副巨大的耳机和厚得像酒瓶底似的眼镜;为了掩盖其英俊的外表,他被要求在鼻子上戴一个红色的橡皮球,刮掉眉毛,洁白整齐的牙齿上套着胡乱造出的黑色暴牙套子;为了抵消其强壮的身体优势,他不得不在走动时戴着沉重的破铜烂铁。参见迈克尔·桑德尔. 公正:该如何做是好?[M]. 朱慧玲, 译. 北京:中信出版社, 2012:175.

[2] J. Rawls. A Theory of Justice[M]. Cambridge: The Belknap Press of Harvard University Press, 1971:102.

变革上,而不是放在结果调整的规则安排方面。毕竟,后续的结果调整并不能恰当地解决起点设定等方面的问题:在起点设定等存在不公的收入分配规则架构下,如果制度调整的方向是结果等方面的调整,那就是药不对症。用穆勒的话来说,"当代的改革家和慈善家们所犯下的共同错误是,他们不去设法纠正这种不公正本身,而是设法一点点去弥补这种不公正所造成的后果"[1]。

就罗尔斯的差别原则而论,其有利于最不幸者利益的社会制度结构是在维持个体差异的前提下进行的:一方面,对于合理的起点差异以及规则运行过程中因个体选择而引致的必要差异,差别原则没有给予其应有的考虑而试图完全抹平相关因素对于分配结果的影响,这其实做出了不必要的修正。毕竟,如果"我"没有任何特殊的天赋,同时"我"也不是出生于一个特权阶层,"我"之所以获得了多于同胞的财富,这完全是自己的选择和努力的结果,那此等收入差异在诸多时候是有其合理性的。差别原则由于未能将规则运行中的个体选择因素撇开而存在违背"敏于志向"的价值规范,是不公平的。另一方面,也是这里需要强调的一方面,差别原则并不直接对禀赋差异之类的起点进行调整而是默认了起点差异的合理性。对此,金里卡评价指出:"差别原则没有为自然劣势提供任何补偿,因此是不足的。"[2]

与福利国家资本主义及主流的理论分析关注于结果公平——社会产品的最终分配——不同,布坎南将收入分配问题关注的焦点放在了先于市场过程本身的权利和所有权分配。在他看来,共同体中间权利和所有权的分配必须先于市场过程——这个市场经济过程决定最终商品与劳务的分配——所包含的简单交易和复杂交易[3]。相似地,由于侧重于收入形成的过程,诺奇克的资格理论也假设"一种由非资格观念所赞成的分配已得到了实行"[4]。而德沃金"敏于志向"而"钝于禀赋"的分配理念更是明确提出为个体的自由选择提供一个具有实质性的公平竞争起点。因为,在德沃金看来,流行的形式上的机会平等观为个体不应得的自然禀赋留有太大的余地,以至于允许它们过多地影响我们的命运[5]。

---

[1] 约翰·穆勒.政治经济学原理[M].金镝,等译.北京:华夏出版社,2013:891.
[2] 威尔·金里卡.当代政治哲学[M].刘莘,译.上海:上海译文出版社,2015:114.
[3] 詹姆斯·M.布坎南.自由、市场与国家——80年代的政治经济学[M].平新乔,等译.上海:上海三联书店,1989:178.
[4] 罗伯特·诺奇克.无政府、国家和乌托邦[M].姚大志,译.北京:商务印书馆,2008:192.
[5] 罗纳德·德沃金.至上的美德——平等的理论与实践[M].冯克利,译.南京:江苏人民出版社,2012:61—118.

当然，对于罗尔斯来说，他其实也明确认识到福利国家在实现自由主义的平等方面有其局限性，进而，与其所提出并支持的差别原则不同，他还借鉴了米德在《效率、平等和所有制》中所提出的"拥有财产的民主"（property-owning democracy）[1]的理念，以从起点的角度来解决分配问题[2]。因为，正如克罗斯和麦克弗森所总结的，拥有财产的民主试图使财产和技艺禀赋的分配事先获得更大的平等：它所致力于追求的目标是大大地缩小作为前提的财产与财富分配的不平等，大大地提高投资于人力资本的机会平等，以减少人们在市场起点上的不平等[3]。

有关从起点调整角度来促进收入公平分配的方案，由于它能为个体的自由选择提供前提保障而尽量减少对于个体自由选择的干预，其价值和意义是不言而喻的。一方面，如果起点得以恰当的调整，那么结果上的很多问题就已经在前续的阶段而得以解决，这会极大程度地降低就结果进行调整的力度和范围。比如，如果社会的每一个体都有基本的教育、健康和生存保障，那对大多数人来说，无法获得基本生活资料的可能性就得以极大程度地降低，就结果进行调整的力度就会得到极大的限制。用金里卡的话来说，"假设人们事先在禀赋上就有更大的平等（例如，他们的投资能力和发展自己技艺与天赋的能力），事后的再分配就不那么要紧，因为需要加以修正的市场条件下的非选择的不平等将大为减少"[4]。

另一方面，事先的起点调整相比事后的结果调整更有利于为个体的自由选择提供空间。毕竟，将分配调整的环节提前，其意义就在于尽量强调个体自由选择对分配结果的决定性作用。特别地，作为进一步的逻辑延伸，如果事先的禀赋更加平等，那么"所有人都不需要奴隶般地依赖于别人，没有人需要被迫地选择窒息思想和情感的单调而琐碎的工作"[5]。因为，越是强调个体自由选择决定

---

[1] 威尔·金里卡认为，罗尔斯虽然支持"拥有财产的民主"，但他没有对"拥有财产的民主"予以充分的描述。用道佩尔特的话说："这些要点从来没有被纳入他的正义理论的实质内容"。威尔·金里卡. 当代政治哲学[M]. 刘莘, 译. 上海：上海译文出版社, 2015：119.

[2] J. Rawls. A Theory of Justice[M]. Cambridge：The Belknap Press of Harvard University Press, 1971：274.

[3] 参见威尔·金里卡. 当代政治哲学[M]. 刘莘, 译. 上海：上海译文出版社, 2015：117.

[4] 威尔·金里卡. 当代政治哲学[M]. 刘莘, 译. 上海：上海译文出版社, 2015：108. 当然，值得指出的是，既然三个环节的公平是相互独立的，正如前面的分析所表明的，对于起点公平的强调并不意味着对结果调整的彻底否定：公平的收入分配规则依旧涉及有关结果调整的规则。

[5] J. Rawls. A Theory of Justice[M]. Cambridge：The Belknap Press of Harvard University Press, 1971：529.

性的社会,就越是尊重人、解放人的社会。在此方面,罗尔斯认为他自己所提出的"拥有财产的民主"要优越于福利国家,这不仅是因为它可以减少进行事后分配的需要,而且是因为它可以阻止把劳动分工变为主从关系。

市场的自由选择过程以事务——外部财物——法定权利的界定为前提。但正如金里卡所言:"这些事务仅凭我们自己的能力是无法被创造出来的。如果我拥有某块土地,我也许可以通过运用自己的劳动和能力来提高这块地的产量,但我却不曾创造这块土地,因此,我对于这块土地的资格(及我在市场交换中使用这块土地的权利)就不能仅仅是基于我对自己能力的运用。"[1]这意味着,个体的自由选择需要以自然资源的分配为前提。而自然资源在个体间的分配就涉及分配的公平正义问题。

当然,对于自然资源、天然财富的分配,有论者认为,它们只涉及效率而不涉及公平。在他们看来,市场经济的初次分配旨在解决效率的问题,讨论天然的财富如何分配没有意义:这部分财富既然本来就有,它们必定与激励无关。如果将它们纳入分配,也就与提高效率无关[2]。但实际上,认为自然资源、天然财富的分配只关乎效率而不涉及公平的论点是不对的,实际情况可能恰好相反:由于自然资源和天生的财富是外生给定的,这在很大程度上不涉及分配所引致的激励问题,这一点至少是在自然财富的"生产"方面是如此(即暂且不考虑自然财富的有效使用问题),而人类历史进程中因土地资源等方面而引发的诸多冲突表明公平问题的存在及其意义。也正因为如此,自然资源的公平分配完全是收入分配起点公平的一部分。

三、并非完全相同的起跑线

公平的收入分配要求超越于形式上的机会公平而给个体提供一个实质性的公平竞争起点。既然如此,那收入分配规则的起点具体如何设定才满足实质公平的要求呢?在田径比赛中,公平的竞争一般要求选手们具有相同的起跑线。与此相似,强调实质公平的论者往往认为公平的收入分配需要对自然体系中的个体差异——外部资源和内在禀赋——做出"均等化"的调整,以保障每一个体具有相同的竞争起点。其中,有关外部资源的分配,基于"钝于禀赋"的公平理

---

[1] 威尔·金里卡.当代政治哲学[M].刘莘,译.上海:上海译文出版社,2015:142.
[2] 张彦.论财富的创造与分配[J].哲学研究,2011(2).

念,德沃金主张将所有社会资源进行拍卖:社会先分配给每个人100个蛤壳(Clamshells),然后,个体通过喊价去竞买适合自己生活计划的那些资源,以保证每一个人都有一个满意的分配方案[1]。

与德沃金试图就所有社会资源进行平等分配不同,在起点公平方面,布坎南强调的是家庭财产继承等方面的均等。他认为发生在两代人之间的资产转移是最露骨和最公平的创造起点不平等的手段,它与任何的平等目标都是背道而驰的[2]。在布坎南看来,"在一个由私人所有权和契约组成的法律结构内,由市场机制的运气来描绘的经济竞争中,不公平的原因在于:在做出选择之前,在运气投入经济骰子之前,在付出努力之前,人们在进入竞争的初始位置时所拥有的禀赋的分配"[3]。进而,对于家庭财产继承等方面的差异,布坎南主张利用资产转让税与公立教育对起点位置进行调整[4]。

竞争起点上个体资源分配的差异,这不仅是外部资源(家庭财产与自然资源等)方面,同时也是个体内在禀赋方面的:由于人们与生俱来就有不同的自然天赋,有些人将得到丰厚的报偿,会飞黄腾达,而缺少市场技艺的人甚至可能会忍饥挨饿[5]。进而,在强调外部社会资源占有均等的同时,相关的理论家也往往关注和强调了个体内在禀赋分配的均等问题。在此方面,德沃金认为,自然资源的公平拍卖是以自然禀赋的平等为前提的,但在真实的世界里,存在自然劣势者——生理或精神的残障者(比如失明)[6]。此时,外部资源的公平分配并不能保障个体起点上的资源平等。与德沃金的观点基本相同,罗尔斯也认为允许

---

[1] 罗纳德·德沃金.至上的美德——平等的理论与实践[M].冯克利,译.南京:江苏人民出版社,2012:61—118.

[2] 相似地,萨缪尔森、诺德豪斯、金里卡与奥肯等人也认为,与家庭差异有关的不平等是不公平的,并会在代际间传递。在萨缪尔森与诺德豪斯看来:"即使有今天的对收入和遗产的累进税制,大量的财富还是从一代转移到另一代。"(参见保罗·萨缪尔森,威廉·诺德豪斯.经济学:第12版[M].北京:中国发展出版社,1992:953)。威尔·金里卡则认为,上一代的不平等会影响后代的成功机会:一些人生而享有特权,另一些人生而承受贫穷(参见威尔·金里卡.当代政治哲学[M].刘莘,译.上海:上海译文出版社,2015:135)。类似地,奥肯认为:"当一些人面前障碍重重时,另一些竞争者已经率先起跑了"(参见阿瑟·奥肯.平等与效率:重大的抉择[M].王奔洲,等译.北京:华夏出版社,1999:41)。

[3] 詹姆斯·M.布坎南.自由、市场与国家——80年代的政治经济学[M].平新乔,等译.上海:上海三联书店,1989:186—187.

[4] 同[3]:192—194.

[5] 金里卡.当代政治哲学[M].刘莘,译.上海:上海译文出版社,2015:135.

[6] 罗纳德·德沃金.至上的美德——平等的理论与实践[M].冯克利,译.南京:江苏人民出版社,2012:74.

财富和收入的分配受能力和天赋的自然分配来决定是不公平的[1]。类似地,在金里卡看来,人们与生俱来就有着不同的自然禀赋是不公平的:"没有人生来就应该是残疾的,或生来就应该拥有一百四十的智商,正如没有人天生就应该属于某个特定的阶层、性别或种族。"[2]

实际上,也正是认可了自然禀赋差异的不平等,罗尔斯提出了"拥有财产的民主",即通过财产的公平分配来保障竞争起点的公平[3]。与罗尔斯"拥有财产的平等"关注财产平等分配不同,罗默的"平等主义者的计划者"(the egalitarian planner)则根据影响收入分配结果的非选择性因素的类型而把社会分成不同群体或类别,然后,基于群体类型的差异(反映非选择因素)而不是组间差异(反映的是选择的差异)来进行群体性补偿。在罗默看来,每一群体内的不平等大致吻合了"敏于志向"的标准,而不同类型的不平等,则在很大程度上根源于境况而不是选择。其计划的目标是接受每一类型中的不平等,但却拉平类型间的不平等[4]。用这里的话来说,就是消除个体起点的差异而只保持个体自由选择所引致的差异。

但事实上,尽管公平的竞赛需要个体站在同一起跑线上,而起点的不公平在很大程度也与个体在自然禀赋与财产继承等方面的差异有关,但这并不意味着可逆性检验一致有效意义上的收入分配规则就是那种完全抹平个体起点差异的规则。毕竟,在技术的操作层面,任何有意义的起点调整必然要以起点差异本身的可调整为基本前提。然而,就诸多的个体差异而言,尽管它们是一种不以人的意志为转移的客观存在,但要就它们进行调整往往会存在难以逾越的技术困难:其一,是差异本身的可辨别问题。因为,诸多的差异往往是隐藏于个体内部的"黑箱"而难以被人们所直接识别。对于此等差异,既然是无法识别的,那就无法进行调整。其二,是差异的可调整问题。对于有的差异,如身高、性别、容貌以及个体内部的基因等,尽管它们在技术上是可识别的,但要就它们的差异进行调整在技术上会存在很大的困难,这使得有关个体差异的直接调整在技术上变得不可行。与此同时,为了竞争的公平,我们也难以去给那些处于"领先"地位的个体去设置某种称为障碍的东西。

---

[1] 约翰·罗尔斯.正义论[M].何怀宏,等译.北京:中国社会科学出版社,2003:73.
[2] 威尔·金里卡.当代政治哲学[M].刘莘,译.上海:上海译文出版社,2015:75.
[3] J. Rawls. A Theory of Justice[M]. Cambridge: The Belknap Press of Harvard University Press, 1971: 87.
[4] 同[2]:110—112.

起点调整的可行性,一方面,是与个体差异识别和调整有关的纯粹的技术可能性,另一方面,则是不违背伦理原则前提下的可操作性。规范性上,主张对初始禀赋进行调整,其目的主要是克服个体起点差异对于收入分配的影响,但这并不否定个体自由选择对于分配结果的决定性作用,即德沃金等人所强调的"敏于志向"而"钝于禀赋"。然而,收入分配的结果不仅取决于个体的禀赋,也取决于个体的选择,以"钝于禀赋"而"敏于志向"为原则而就个体禀赋差异所做的调整应该是在个体选择之前进行:如果是事后的结果调整,这会难免违背"敏于志向"的规范要求。

但问题是,个体的内在禀赋是通过自由选择过程而逐渐体现的,试图离开个体参与社会选择的过程来就个体的天赋潜能进行判断是不可能的:"不可能先于人们的选择而确切地知道哪些自然能力是优势,哪些是劣势。这些标准的变化是持续的(就算不是突然的),因此,根本不可能密切关注这些变动着的标准。"[1]另外,在个体的天赋方面,天赋影响个体的选择,而选择本身又在不断地改变自己的天赋:相同天赋的人可能在后来具有完全不同的技艺水准。天赋本身的可变性使得我们无法在中间环节去测量个体的差别是究竟是源于自然的天赋还是源于选择?这意味着,有关个体禀赋差异的调整根本不可能通过事前的方式来进行,即完全"钝于禀赋"意义上的差异调整操作性不可行。

实际上,或许正是抹平个体起点差异所存在的困难,认为起点差异存在不公而主张就起点进行调整的政治哲学家(比较有代表性的有罗尔斯与德沃金),他们所给出的起点平等方案其实并没有真正去抹平个体起点的差异,而是以默认个体的起点差异为前提。其中,就罗尔斯来说,其起点公平是通过"拥有财产的民主"来实现的。罗尔斯认为:在拥有财产的民主里的市场收入,将自然满足差别原则[2]。但问题是,撇开差别原则本身的伦理正当性问题(差别原则本身是否是一个合理的正义原则)与"拥有财产的民主"是否导向差别原则的事实可靠性问题(简单在"拥有财产的民主"与差别原则之间建立起关系并不可靠,因为并没有理论与现实的依据表明"拥有财产的民主"最后是有利于最小受益者的)不谈,"拥有财产的民主"与"差别原则"事实上默认了个体禀赋差异而未就其进行调整。

当然,与罗尔斯有所不同,德沃金试图就个体的差异进行调整:为抹平个体

---

[1] 威尔·金里卡.当代政治哲学[M].刘莘,译.上海:上海译文出版社,2015:105.
[2] 约翰·罗尔斯.正义论[M].何怀宏,等译.北京:中国社会科学出版社,2003:87—88.

起点的差异,德沃金要求普通人对自然残障者、智力严重迟钝者进行补偿。至于一个普通的人应该如何对自然残障者、智力严重迟钝者进行补偿,其补偿的规模和方式又如何?德沃金要求我们处于罗尔斯意义上的"无知之幕"后面,假设:(1)人们不知道自己在自然天赋分配分布中所处的具体位置;(2)每个人都有同样的可能性受限于种种自然劣势,然后询问他们愿意从自己的平等份额中支付多少去购买保险,以抵御在自然天赋分配中将出现的残障或其他劣势。照此思路,如果我们能够明确人们愿意花费多大份额的资源用来购买保险,我们就可以利用税收机制来实现这种结果[1]。

在这里,由于涉及个体间的补偿,德沃金的资源平等方案已经明确指向了个体起点上的禀赋差异。但问题依旧存在:一方面,德沃金资源平等方案所考虑的范围有限。与罗尔斯不同,德沃金忽视了财产的分配问题,他主要强调技艺禀赋的平等[2]。另一方面,也是这里尤其需要强调的方面,对于技艺禀赋的平等,德沃金的资源平等方案难以操作。其实,也正是因为操作上的困境,德沃金所进行的补偿不是事前的而是事后的,而事后的调整同样是默认了先天起点的差异。

由于差异本身的可识别性以及调整上的技术困难,主张起点均等的论者可能会对内在禀赋的调整保持缄默。但外在财产继承方面的差异则完全不同:个体在财产继承上的差异是显而易见的且对此进行调整在技术上是完全可行的,而在相关论者看来,个体在财产继承上的差异又存在不公平,进而公平的收入分配需要就个体在财产继承上的差异进行调整。在此方面,对于起点差异的必然性,布坎南尽管对此有充分的认识:公平的竞争难以为个体提供一个完全相同的竞争起点。但其主观主义——契约主义的公正观还是认为:基于转让税来缩小个体起点上的差异是非常必要的。在他看来,即使承认制度上执行的困难,某种资产转让税几乎肯定会在以一套公平规则为基础的任何协定中出现:这种税收结构几乎是任何起点位置调整的必然部分[3]。相似地,托马斯·皮凯蒂认为,受独生子女政策的影响,在未来的数十年,中国的孩子会继承两边的财产。在此情况下,中国的遗产继承会越来越多,对巨额遗产继承进行征税是合理的,这可

---

[1] 罗纳德·德沃金.至上的美德 平等的理论与实践[M].冯克利,译.南京:江苏人民出版社,2012:70—80.
[2] 威尔·金里卡.当代政治哲学[M].刘莘,译.上海:上海译文出版社,2015:101.
[3] 詹姆斯·M.布坎南.自由、市场与国家——80年代的政治经济学[M].平新乔,等译.上海:上海三联书店,1989:192.

以减轻工薪阶层的纳税负担[1]。

应该说,如果起点差异的调整纯粹只是技术操作层面的而不存在伦理正当性的问题,那抹平起点的差异在一定程度上就代表了一种实现起点公平的趋势,这一点至少是对于可调整的起点差异部分是如此。但事实上,问题并非如此简单,因为,就个体起点进行调整的问题不仅有技术可行性方面的,同时更有伦理方面的规范必要性方面的:对于诸多的个体差异,即便它们是可识别、可调整的,起点公平也并不意味着需要用社会制度去抹平个体的差异,比如个体在初始财富占有上的差异。武断地将因家庭财产继承而引致的起点差异视为不公平是不可取的,因为"子女享有的机会,是父母转让的权利,因而也就转化为子女的权利"[2]。事实上,只要我们承认个体对于其财产具有一定的支配权,那不管此等权利的大小如何,个体就可以将权利范围之内的财产自由转让给其子女抑或其他人,由此所引致的起点差异同样就不可避免[3]。相反,抹平起点差异的做法就会侵犯个体应有的财产权利而无法经得起可逆性的检验。

除了家庭财产继承方面的差异,在循环的竞争体系中,个体上一阶段竞争的结果差异在一定程度上自然形成了下一阶段竞争起点上的差异。现在,如果要就个体的竞争起点做出彻底的调整,那就意味着结果上的完全均等(对应上一竞争阶段),这就违背了可逆性检验一致有效意义上的结果公平原则。反过来,只要我们承认个体对于由上一阶段竞争而形成的收入分配结果具有所有权,个体在上一阶段选择上的差异就会引致不同个体在下一阶段起点上的差异:个体起点完全一样的所谓"起点平等"会因否定个体应有的所有权而并不公平。在此方面,布坎南就曾指出:"在较大的'竞争'中,同时存在许多亚竞争。为了获得成功,每一种亚竞争都可能要求有禀赋和能力方面一种稍有不同的混合。'起点平等'即使作为一种理想,也不真正意味着每个人在进入每个亚竞争时的所有四个因素方面与其他人都平等。"[4]

在制度规则层面,完全抹平个体外在资源——不管这种资源是个体自己创造的还是继承得来的——无法经得起可逆性检验。同样地,试图抹平个体内在

---

[1] 托马斯·皮凯蒂.21世纪资本论[M].巴曙松,等译.北京:中信出版社,2014.
[2] 王海明.平等新论[J].中国社会科学,1998(5).
[3] 诺奇克的转让正义原则指出:"一个人根据转让的正义原则从另一个有资格拥有该持有物的人那里获得了一个持有物,这个人对这个持有物是有资格的。"参见罗伯特·诺奇克.无政府、国家和乌托邦[M].姚大志,译.北京:商务印书馆,2008:181.
[4] 詹姆斯·M.布坎南.自由、市场与国家——80年代的政治经济学[M].平新乔,等译.上海:上海三联书店,1989:190.

禀赋的做法在伦理上同样不可取（不管此种做法在操作层面是否可行）。一方面，如果要直接针对个体的差异进行完全的调整，那就意味着侵犯个体隐私的可能，因为差异的调整需要我们就个体的私人信息进行完全的判断和识别，这可能会侵犯到个体的隐私[1]。而肆意侵犯个体隐私的做法依旧难以通过换位思考意义上的可逆性检验。另一方面，一旦我们需要对个体自然的内在禀赋做完全的调整，这意味着个体对于自己并不具有完全的所有权。

但事实上，对于罗尔斯和德沃金等人来说，尽管他们都认为：(1)人们的天赋是纯粹运气的产物，是不应得的；(2)人们对自己天赋的权利不应该包括通过运用自己的天赋增加不平等报偿的权利；(3)生来就处于自然劣势的人对那些优势者可以提出正当的要求，而自然的优势者则对劣势者具有某种道德义务。但他们都强调："我"是自己天赋的正当持有者[2]，"我"有按照自己的意志自由运用自己天赋的权利，他们所提出的公平方案其实都体现了对于个人天赋的尊重。相应地，他们所提出的问题解决方法是间接地而不是直接去否定个体对于自然禀赋的所有权：在德沃金的理论中，天赋高者需要承担保险费以为劣势者提供保护；而对罗尔斯的差别原则来说，仅当天赋较高者的天赋有利于劣势者，天赋高者才能从自己的天赋中获益。

在结果的调整方面，均等可以是个体占有完全一样的绝对的平均主义，也可以是缩小差异意义上的相对均等。相似地，在起点位置的配置上，针对上述对于完全抹平个体起点差异的批评，有辩护者可能会说，主张就起点差异做均等化的调整，这并不是要个体完全一样，只是要缩小差异意义上的相对均等，比如缩小个体财产继承上的差异。但事实上，由于相对均等规范本身的问题，结果均等方面上的问题在起点公平问题上同样存在。如果公平收入分配的规则需要缩小个体财产继承上的差异，那此等差异又应该缩小到何种程度呢？公平的收入分配规则是否应该否定所有个体——富人和穷人——的财产继承权呢？抑或说，是否需要将所有上一代的财产全部充公而交由下一代集体使用和支配呢？如果答案是否定的，那遗产继承的合理比例又如何呢？规范性上，我们有可能就合理的继承比例做出能够经得起人类理性检验的界定吗？特别地，如果我们不是完全否定遗产的继承权，那我们又是基于何种理由来保留一定程度上的财产继承上

---

[1] R. Arneson. Egalitarian Justice versus the Right to Privacy[J]. Social Philosophy and Policy, 2000, 17(2): 91-119: 155-186.
[2] 参见威尔·金里卡. 当代政治哲学[M]. 刘莘, 译. 上海: 上海译文出版社, 2015: 141.

的差异呢？从逻辑上来说，如果财产继承上的差异是不公平的，所有的遗产继承都是不正当、不公平的，需要加以否定，否则，就存在逻辑的不一致、不融洽问题。

在伦理规范层面，人们之所以主张对个体起点上的差异进行调整，这是因为他们认为个体间差异的存在意味着不公平。但实际上，个体间的差异是不可避免的：个体在天赋、种族、智力、体力、性别、社会关系、父母地位等方面必然存在差异，把公平理解为平均、一样是荒谬的。相应地，在人生道路上，要求"人之初"的平等是做不到的[1]。米勒就说："社会平等是与人们如何相互对待以及他们如何处理他们社会关系有关的问题。它既不要求人们在权力、声誉或财富上的平等，更不会荒谬地要求人们在诸如体力或智力方面这样的天赋方面站在同一起跑线。"[2]

鉴于此，在个体差异与起点不公之间划等号的观点并不可取。因为，对于诸多的个体差异，尽管它们是客观存在的，但差异的存在并不必然意味着不公，比如性别、血型、肤色、种族等方面的差异。生活中，如果有人说，他（她）不幸成为男人（女人）这是不公平的，那是十分可笑的。而现实中与性别、肤色、种族等方面的不公问题，这是社会相关制度和习俗对待不同特性的人群的方式存在不公，而不是个体差异本身有什么不公平、不合理。另一方面，从某种意义上来说，社会的意义恰在于人的差异性与多样性：如果所有人都是凯特勒意义上的具有相同身高、相同体重、相同偏好和品位的"平均人"，那这并不是一个良好社会所应该具有的特征。

由于不涉及个体竞争起点上的优劣排序，个体性别等方面的差异无所谓公平与不公。而对于有的差异，比如智力禀赋等方面的差异，它在一定上存在优劣的排序，但个体间差异上的劣势并没有我们想象得那么大。理论上，认为个体潜能禀赋不同存在不公的论点在很大程度上是以帕累托的论断——个体的禀赋天然存在差异且巨大——为基础的。然而，现实的情况则是：在事实层面，尽管个体间的差异是客观存在的，但人与人之间并没有根本性的差异。根据历史学家斯塔夫里阿诺斯的观点："现代的各个种族都源自作为人类已获得充分发展的同一祖先。其中，种族的形成，主要是由于人类的各个地域集团适应了各自不同的环境，而且彼此较为隔绝。但人类现存的各个种族在与生俱来的智力方面彼此

---

[1] 徐梦秋.公平的类别与公平的比例[J].中国社会科学,2001(1).
[2] 戴维·米勒.社会正义原则[M].应奇,译.南京:江苏人民出版社,2001:267—268.

没有很大的差异——这一点实际上已为所有人类学者所赞同。旧石器时代晚期的原始人或当代的澳大利亚土人与其他任何种族的成员一样，如有机会接受教育，也大有希望毕业于大学。"[1]

与历史学家的观点基本相同，斯密认为人们天赋才能的差别实际上没有我们所感觉的那么大。习惯、风俗和教育而非天性是造成哲学家和街上的挑夫之间差异的主要原因，尽管哲学家为虚荣心所驱使而不肯承认他们之间有一点类似的地方[2]。进而，斯密认为需要纠正认为穷人在任何方面都比富人低人一等的观点，不管是等级制的传统观念对穷人的公然的傲慢态度，还是认为富人的责任在于友好和热情地对待穷人、在困难的时候去救济他们的隐晦的恩赐态度（基督教伦理），都是如此[3]。

当然，对于先天的禀赋，尽管个体之间的差异并没有我们通常想象得那么大，但差异本身还是客观存在的，进而，有论者就会争辩说，既然差异的存在是一种客观实在，那就是不公平的，不管此类差异的大小如何。但实际上即便如此，受以下几方面因素的影响，个体起点的优劣排序是非常模糊和不可靠的，我们很多时候难说谁比谁更处于一个更优的竞争起点。

首先，是优劣的互补性。考察个体禀赋优劣的维度是多方面的，不仅是智力的，也是健康与体力方面的，而对于各维度的差异，又彼此涉及诸多不同的方面。就方方面面的因素而言，个体各方面的优劣往往是互补的：A的体能可能优于B，但B的智力、逻辑思维能力可能略胜A一筹。差异维度的多元性及不同差异的优劣互补性使得个体的禀赋在综合上难以排序。

其次，是优劣的辩证性。对于特定维度的问题，它究竟是有利因素还是不利因素，往往也不是绝对的。比如，财产继承较多者，从财富占有的角度来说他们占有起点的优势。但从另一个方面来看则是劣势：起点的优势可能会使得个体丧失磨炼及其有关的遭受失败的机会，而经受锻炼与折磨的经历其实对于一个人的成长是极其重要的。同样地，智商高的人相比智商低的人确实有优势，但智商高的人可能聪明反被聪明误。此时，聪明对于他就不是一件有利于其征服世界的利器，而是一个可能使其深陷其中而难以自拔的梦幻陷阱。对此，一位有道行的老人曾经说：考察一个人时，应该重点考察四项特征：善良、正直、聪明、能

---

[1] L. S. 斯塔夫里阿诺斯. 全球通史——从史前史到21世纪[M]. 吴象婴，等译. 北京大学出版社，2005：18.
[2] 亚当·斯密. 国民财富的性质和原因的研究：上册[M]. 郭大力，等译. 北京：商务印书馆，1997：15.
[3] 参见塞缪尔·弗莱施哈克尔. 分配正义简史[M]. 吴万伟，译. 南京：译林出版社，2010：89—90.

干。但如果不具备前两项,那后面两项会害了他。

最后,是优劣的可变性。个体的优劣并不是一成不变的,而是彼此可以相互转化:天资聪明的人可能变得平庸(如王安石文中所描述的仲永);而天资平庸的人可能因勤能补拙而大有作为(如笨鸟先飞)。其实,也正是优劣可变性等方方面面的因素使得个体禀赋差异整体上难以进行优劣的排序。进而,潜能禀赋等方面的差异并不必然意味着不公,而就潜能差异进行调整的基础并不是十分可靠。

四、保障个体潜能发展的公平机会

与完全抹平和缩小个体起点差异而使得个体起点完全一样的公平观不同,同时,也与形式上的机会公平理念——个体起点完全受制于自然及其偶然性的调节——存在差异,可逆性检验一致有效意义上的起点公平要求在形式上的机会公平的基础上充分保障每一个体潜能发展的机会。制度安排上,可逆性检验一致有效的公平分配规则之所以要做如此安排,这首先在于保障每一个体潜能发展的机会是公平分配规则的必然要求。因为,受家庭与自然所引致的偶然因素的影响,个体自然禀赋的运用难免会受到社会环境以及诸如好运和厄运这类偶然因素的有利或不利的影响。直觉上看,允许个体潜能发挥受到这些从道德观点看是非常任性专横因素支配的自然的自由体系[1]是不正义的[2],无法经得起理性个体的可逆性检验。毕竟,不管是谁处于此种困境,他们都不愿意受此限制和约束。反过来,公平正义的规则就应对自然的偶然性、随机性因素做出控制和调整,以充分保障个体潜能发展的机会。

至于形式上的机会均等(它为自然的自由体系与自然的贵族制所强调),尽管它们是完全必要的,公平的收入分配要求各种地位、职位和行业在形式上向所有个体开放,而个体潜能发展方面的机会均等也要以形式上的机会均等为基本内容。但正如自由的平等与民主的平等所强调的那样:机会公平应该是实质性的而不是单纯形式上的。相比而言,保障个体潜能发展机会的公平观点以形式上的机会公平为前提但又不局限于形式上的机会公平,这为个体的发展和竞争

---

[1] 有关自然的自由体系以及下文中所提到的自然的贵族制、自由的平等和民主的平等的含义,参见约翰·罗尔斯.正义论[M].何怀宏,等译.北京:中国社会科学出版社,2003:65—66.
[2] 约翰·罗尔斯.正义论[M].何怀宏,等译.北京:中国社会科学出版社,2003:73.

提供一个更加的公平的起点,它相比简单的机会公平更可取。

必要性方面,保障每一个体潜能发展的机会是收入分配规则经得起可逆性检验的内在要求。而在充分性方面,一旦个体潜能发展的机会得到应有的保障,这就为个体的发展提供了一个实质性的公平竞争起点。因为,在个体潜能发展机会得以保障的基础上,个体在起点配置上尽管还存在差异,但此时的差异并不意味着不公平。毕竟,个体起点配置上的不公在很大程度上是潜能禀赋得以施展的可能性上的不同,而不是个体潜能禀赋本身的差异;在某种意义上说,个体的起点其实处于某种天然的平等地位。

而另一方面,每一个体都是一个小宇宙,都是充满潜能——从某种意义上说甚至是无限潜能——的种子。社会一旦保障了个体潜能发展的机会,给予他们得以生存的土壤、水分、空气和阳光,每一个人都可以且应该凭借自己的能力和努力来谋取属于自己的生活空间。也正因为如此,就起点进行调整的关键不是去抹平个体的禀赋差异(在一个多样化的社会中,个体的差异性是社会多样性的一部分并成为其基础),而是使得潜藏于个体内部的潜能都得以充分的发挥,以免除家庭与社会等因素对于潜能发挥带来的不利影响。

当然,一旦将起点公平界定为保障个体潜能发展的机会,个体的起点与禀赋还是会受到自然和社会等各种偶然性、随机性因素的影响,而在罗尔斯等论者看来,由随机性因素肆意决定的个体禀赋差异是非正义的。在这一方面,与流行的观点——天赋高的人很自然地会期望自己将获得较高的收入——存在不同,罗尔斯认为个体资质上的差异是不公平的。在他看来,收入分配份额是由自然抓阄的结果决定的,这一结果从道德观点看是任意的:"正像没有理由允许通过历史和社会的机会来确定收入和财富的分配一样,也没有理由让天资的自然分配来确定这种分配。"[1]

进而,除了形式上的机会均等外,自由的平等与民主的平等强调应该使所有人都有一种平等的机会达到它们,以克服偶然性因素对于个体的支配和影响。罗尔斯认为,天赋较高的人并不是天生就应该享有自己的优势,他们的较高期望"只有在其成为提升社会中最不利者的预期的安排的一部分时才是公正的"[2]。于是,从对机会平等这一流行观点的考察中,罗尔斯将正义原则引向

---

[1] 约翰·罗尔斯.正义论[M].何怀宏,等译.北京:中国社会科学出版社,2003:74.
[2] J. Rawls. A Theory of Justice[M]. Cambridge: The Belknap Press of Harvard University Press, 1971: 75.

了差别原则:"如果我们试图为机会平等的理念——此种理念将每个人视为道德平等的人并且不根据人们的社会命运或他们在自然不测之事中的运气来权衡人们在社会合作中的利益与负担方面的份额——找到了一种表述,那在所有可供选择的原则中,(差别原则意义上的)民主的解释显然就是最好的。"[1]

  有关由偶然性因素来决定个体竞争起点的公平性问题,应该说,既然可逆性检验一致有效的公平收入分配规则强调了个体潜能发展的机会均等,允许个体命运完全受自然偶然性支配的制度规则是应该加以摒弃的。但另一方面,尽管起点公平需要对自然随机性、偶然性因素进行控制和调整,但试图将随机和偶然因素完全排斥在起点公平之外是不可取的:可逆性检验一致有效的收入分配规则不应该完全摆脱自然随机性因素的支配和影响。毕竟,在可能性上,就像我们每一个体都要受地球引力的支配一样,自然随机性因素对个体起点配置的决定性作用是不可避免的:既然可逆性检验一致有效的收入分配规则要求在个体的选择与最后的结果中建立起关联,那不管其具体的架构如何,自然随机因素都会作为一个决定变量而进入收入分配规则之中并对收入分配的结果产生影响。

  在此方面,尽管罗尔斯等人认为个体禀赋的分布是任意的,不公平的,但他们所提出的方案实际上依旧承认了自然偶然性、随机性对个体生活命运的支配和影响。因为,在社会收入与财富的最终占有方面,罗尔斯虽然否认具有较高地位的人仅仅因为其地位就有资格享有较大份额的社会资源,但他所支持的差别原则却认为,如果付给具有较高地位的人高于平均水平的报酬有利于社会的全体成员,或者说会有利于那些占据较小份额的人,他认为此时的差别是合理的[2]。现在的问题是,一旦罗尔斯支持了结果的差异,而这种差异又是受初始禀赋状况影响的,他的差别原则实际上也没有摆脱自然偶然性与随机性因素的影响。

  另外,在影响和决定收入和财富占有的社会职位与地位的获取方面,罗尔斯认为公平的分配要保障"有着类似能力或才干的人也应当有类似的生活机会""那些处在才干和能力的同一水平上、有着使用它们的同样愿望的人应当有同样的成功前景""具有相似动机和禀赋的人都应该有大致平等的教育和成就前景"[3]。在这里,罗尔斯所主张的机会均等是在具有相似禀赋与能力的个体之

---

[1] J. Rawls. A Theory of Justice[M]. Cambridge:The Belknap Press of Harvard University Press, 1971:75.
[2] 同[1].
[3] 约翰·罗尔斯.正义论[M].何怀宏,等译.北京:中国社会科学出版社,2003:73.

间的,而不同禀赋、能力的个体的生活机会依旧存在差异,罗尔斯的方案其实就以自然禀赋的随机分配为前提。

其实,试图摆脱自然随机性因素对个体前景的影响不仅是不可能的,更是不必要的。其一,在个体潜能发展机会都得以保障的前提下,个体的起点已经实现了公平。理论上,在个体差异与起点不公之间划等号,存在两个有关系但又存在不同的论据:(1)个体差异之所以不公平,这是因为差异是由自然偶然性因素所决定的;(2)个体禀赋分配之所以不公平,是因为个体禀赋是不同的,在个体间存在差异性。问题是,如果罗尔斯等论者认为个体起点存在不公,那不公的理由究竟是前一个理由还是后面一个理由呢?现在,如果起点差异的存在并不必然意味着不公,那随机因素决定个体起点的差异又何妨呢?

其二,受人类理性等因素的制约和限制,发挥偶然性因素对于收入分配结果的决定作用也是必要的。公平分配规则之所以是程序性的,而不是最后的具体结果,这在很大程度上就与此有关:由于人类的理性无法去确定具体的结果,而只能依赖于允许随机性因素发挥作用的决策程序。事实上,随机因素对于公平收入分配规则的意义不仅体现在对于收入分配的决定上,同时,它也表现在起点设定方面的、对于初始资源禀赋的分配方面:在个体起点有差异的前提下,随机分配在诸多时候是我们能够找到的最公平的分配。

其三,是完全机会均等的逻辑矛盾。如果实质性的机会公平需要使得所有个体都有完全均等的机会去获得特定的职位和财富,那其极端情形就是每一个体都要有实现特定目标的相同概率,而实现这一目标的唯一可供选择方式是:所有职位和地位均由上帝来决定,即通过随机抓阄的方案进行选择。但问题是,基于抓阄来进行分配的方法,表面上是要彻底排除随机性的影响,但它实际上又彻彻底底地把上帝的随机决定性力量毫无隐瞒地引入到收入分配的社会决策过程中来。

与这里强调保障个体潜能发展的机会不同,已有的强调实质性的机会公平的论点,它们都强调更加具有一致性和均等性的平等[1]。比较有代表性的有:(1)德沃金所主张的资源平等;(2)由德沃金资源平等方案所引发的其他起点公平方案,比如阿克曼和阿尔斯通所提出的"利益相关者社会"(stakeholder society)、范·帕里斯所提出的"基本收入"(basic income)方案以及罗默的"息票

---

[1] 当然,与这里所支持的保障个体潜能发展的机会观点一样,它们都以形式上的机会均等为基本前提。

资本主义(coupon capitalism)"计划等[1];(3)森的可行能力(capability)理论。在森看来,其一,罗尔斯正义观所要最大化的对象存在偏差:社会所要最大化的对象从严格意义上来说应该是人们行善的能力而不是某一特定的善(goods)——正义的使命在于在所有经济领域使向人们提供的功能(functioning)向量集实现均等;其二,虽然商品可以保证人们以各种方式来发挥其功能,比如走动、保持健康等,但社会应该在更高的能力——森称之为可提供给个体的功能集——层面去实现均等化[2]。

由于关注实质性的起点公平,上述思路相比形式上的机会公平观点有其理论上的优势。而森的能力均等观更是将公平所涉及的对象与这里所强调的个体潜能发挥问题联系在一起。但问题是,在起点差异性质的认知上,相关的论点在很大程度上都将个体间禀赋与能力的差异理解为不公平,这使得它们的方案都试图以个体禀赋和(或)能力的均等为目标。比如,德沃金的资源平等方案主张在就自然资源公平分配的基础上进行利益的补偿,以使得不同个体有一个无差异——不能进行优劣排序——的竞争起点。在这里,德沃金的资源平等方案试图抹平个体在起点差异的"钝于禀赋"过大地扩展了起点调整的程度和范围,并引致了"钝于禀赋"与其支持的"敏于志向"的矛盾和冲突:就财产进行大范围的调整与"敏于志向"相冲突,以至于他们"敏于志向"的纲领就成为反对"钝于禀赋"的理由。

也正因为如此,针对新右派的进攻,德沃金等自由主义的平等主义者往往在不知不觉中强化了新右派着迷的纲领:识别并惩罚懒惰和不负责任的人。因为,按照新右派的说法,福利国家的错误在于为了补贴依赖者不负责任的行为而对富有者的选择加以限制[3]。与之不同,保障每一个体潜能发展机会的起点公平观不需要个体起点完全一样,这不仅不会违背"敏于志向"的理念,同时也避免

---

[1] 阿克曼与阿尔斯通所提出的"利益相关者社会"建议征收2%的财产税,保障每个人在高中毕业时就一次性得到8万美元的"股本":人们可按自己的意图来购买更多的教育或培训,购买住房,开办小型企业,购买股票或债券等,以减少年轻人在获取生产资料或发展他们市场能力方面的不平等。范·帕里斯所提出的"基本收入"方案支持无条件地为每个人(无论是否失业)提供有保障的基本收入,如每年5 000美元。罗默的"息票资本主义"计划建议:每个人一旦成年,就将收到本国企业的一组股票,这组股票旨在给她国家利润的人头份额。参见威尔·金里卡.当代政治哲学[M].刘莘,译.上海:上海译文出版社,2015:109.

[2] J. E. Roemer. Theories of Distributive Justice[M]. Cambridge:Harvard University Press,1998:164.

[3] 参见威尔·金里卡.当代政治哲学[M].刘莘,译.上海:上海译文出版社,2015:122.

了保障个体能力完全一样的技术难题。

五、保障教育等基本权利

可逆性检验一致有效的收入分配规则需要在起点设定上保障每一个体潜能发展的公平机会。既然如此,那有关个体潜能公平发展的机会具体应该如何来保障呢?在此方面,康德的一些理解和认知是有助于我们对此做出分析的。在康德看来:(1)如果我们生活在有利的天然和社会环境下,我们都有一套实现充分自由行动的潜力;(2)可以通过政治、经济和教育的进步把每个人的潜力充分发挥出来[1]。就这里的问题来说,要充分保障个体潜能发展的机会,就依赖于一定的政治、经济与教育条件,具体来说,应该为每一个体提供基本的生存保障、健康和教育。一方面,基本的生存、健康与教育不仅是个体的一项基本权利,也是个体潜能发展的保障前提。因为,没有基本的生存和健康,个体潜能的发挥就缺乏应有的基础。而如果没有教育的启迪和阳光的照耀,个体的智慧和潜能就只能是埋藏地底的矿藏,就不能得到应有的开采和发挥。对此,威廉·道格拉斯就曾说:如果一个人没有受到教育,她就没有机会成为"钢琴家、宇航员或者海洋学家",她的"整个生活就可能被阻碍或者毁坏"[2]。另一方面,社会的制度规则如果充分保证了个体基本的生存权利、健康和教育,即便个体的起点存在方方面面的差异,社会也为个体的发展提供了公平的起点。因为,一旦保障了个体基本的生存、健康和教育,个体就可以且应该利用自己的潜能来为自己谋取自己所向往的生活。

实际上,也正是因为生存、健康与教育所具有的意义,相关方面已经被诸多的理论家所强调了。比如,教育。为了克服家庭财富占有上的起点差异,布坎南主张采用公立教育等方式来对纯粹的市场机制下的起点进行调整[3]。罗尔斯则认为,获得文化知识和技艺的机会不应当依赖于一个人的阶级地位,学校体系(无论是公立还是私立学校)都应该设计得有助于填平阶级之间的沟壑[4]。罗默提出的"补偿教育"(compensatory education)则试图为贫穷家庭和社区的孩

---

[1] 参见塞缪尔·弗莱施哈克尔.分配正义简史[M].吴万伟,译.南京:译林出版社,2010:103.
[2] 同[1].
[3] J. M. Buchanan. Liberty, Market and State: Political Economy in the 1980s[M]. Brighton: Harvester Press, 1986:123.
[4] 约翰·罗尔斯.正义论[M].何怀宏,等译.北京:中国社会科学出版社,2003:73.

子提供教育方便[1]。而在国内,萧灼基(2005)强调:不仅在第二次分配时主要通过税收和社会保障政策更加注重公平,而且在第一次分配时对劳动要素和资本要素的回报要充分体现公平原则,不能重视资本要素轻视劳动要素。他特别强调要十分重视教育公平,把教育公平作为社会公平、分配公平的首要任务[2]。

现在的问题是,对于个体的生存、健康和教育,社会应该保障的范围及其程度究竟如何呢?比如,为了保障个体潜能发展的公平机会,起点公平是不是要求个体具有完全相同的生活保障条件、完全相同的健康状况与接受完全一样的教育呢?从现有的讨论来看,有关生存、健康与教育的保障,诸多的研究只是强调保障的必要而没有明确讨论保障的程度问题,而有的研究对此有所论及,但结论似乎不是很明确。比如布坎南,他主张公立教育或政府资助的教育,认为人类能力中部分地由遗传所决定的天然差异虽然不能由教育的效应来完全抵消,但教育的获得是要减少而不是增加决定经济价值相对支配权的起点位置的差异[3]。但问题是,减少起点配置的差异,究竟是起点完全一样还是其他呢?答案并不很清楚而需要进一步地明确。毕竟,保障个体的生存、健康和教育是一回事,个体的生存、健康和教育究竟应该保障到何种程度又是与此相关但又略有不同的另外一回事。

规范性上,尽管公平的收入分配规则需要保障个体的生存、健康与教育,但此等保护应该是有限的,是基本的,而不是让每一个体都有相同的生活资料、健康与教育水平。就教育而论,个体所要保障的教育应该是基本的教育,其时间与质量都应该是有限度的(时间的具体长短与质量的水平另论),教育公平的目的不在于使得个体所接受的教育的时间和(或)质量是相同的。比如,对于非基本教育,如果由政府来承担责任,就会因其不公而难以经得起可逆性的检验。

关于这一点,马克思就曾指出:"平等的国民教育?他们怎样理解这句话呢?是不是以为在现代社会里(而所谈到的只能是现代社会)教育对于一切阶级都可能是平等的呢?……如果说在美国的几个州里,高等学校也是'免费'的,那么,事实上,这不过是从总税收中替上层阶级支付了教育费用而已。……"在他看

---

[1] 威尔·金里卡.当代政治哲学[M].刘莘,译.上海:上海译文出版社,2015:110.
[2] 萧灼基.对当前收入分配若干问题的看法[J].《理论前沿》,2005(17).
[3] J. M. Buchanan. Liberty, Market and State: Political Economy in the 1980s[M]. Brighton: Harvester Press, 1986:134.

来,"'通过国家来实施国民教育'是完全要不得的"[1]。至于其原因,这里可以解释为:对于个体可以承担责任的领域,个体就应该自己来负责,包括承担教育所需要的费用和成本,否则就是对其他人的不公平,难以通过可逆性的检验。

规范性上,一旦我们基于"自己为自己负责"来为保障规模的有限性进行辩护,有论者可能就会基于同样的理由而反对任何形式和任何程度的保障制度。因为,实质性机会公平的实现往往需要依赖于一定的资源,需要税收——补贴的转移制度才能得以实现,而财政的收支转移就会背离"自己对自己负责"的规范标准(学术上,财政的收支转移机制正是因为背离了"敏于志向"的目标而受到自由至上主义者的批评)。

应该强调的是,自由至上主义理论强调个体应该为自己承担的责任负责,这有其合理性。但敏于志向、自己对自己负责并不是一个根本性的绝对原则。相反,其实施是有前提的:自己有能力为自己负责。在一个家庭中,要求处于襁褓中的小孩为自己的吃喝拉撒承担全面责任是完全可笑的。与此同时,要求行动不便甚或是生活无法自理的老人对自己的饮食起居承担完全的责任也是违反道德直觉的。

现在,如果机会公平纯粹只是形式上的而没有一定的物质来加以保障,处于自然劣势的人可能就没有可供与他人进行交换的东西,他们就只能忍饥挨冻,而出身贫穷的孩子则可能因为家庭原因而得不到基本的生存保障和教育,此等状况都是不公平的,都无法通过理性个体的可逆性检验。实际上,也许也正是基于此等方面的考虑,自由主义的平等主义者主张对自由交换课税以补偿自然劣势者和社会劣势者:"仅当人们的偏好和能力是在正义条件下发展出来的,社会才能够理直气壮地要求人们为自己的选择承担责任。譬如,如果社会不能为人们提供像样的教育,要求人们为自己的选择承担责任就是'极大的虚情假意'。"[2]相似地,布坎南批判性地指出:"当自由主义者反对那种促进前市场状况的大体平等,并以此来消除后市场分配的不平整边缘的真正立宪整顿或结构整顿时,他们走得太远了,并减弱了他们自己论点的力量。"[3]

当然,由于需要提供生存、健康与教育等方面的保障,以保障个体潜能发展机会的起点公平需要财政的收支转移。但另一方面,鉴于个体自己对自己负责

---

[1] 马克思,恩格斯.马克思恩格斯全集:第19卷[M].北京:人民出版社,1995:33.
[2] 参见威尔·金里卡.当代政治哲学[M].刘莘,译.上海:上海译文出版社,2015:122.
[3] 詹姆斯·M.布坎南.自由、市场与国家——80年代的政治经济学[M].平新乔,等译.上海:上海三联书店,1989:199.

的可能性,可逆性检验一致有效的分配制度应该就财政的收支转移进行限制,以使得人际之间的转移降到最低的限度。关于转移规模控制的方法,包括:其一,限制转移的成本,比如,接受补贴的个体不应该是免费的,而应该承担社会的公益活动。其二,利益的反哺。对于接受财政补贴的个体,鉴于其困难往往是临时性的,当其状况得以改变之后,他们所获得的补贴应该返回给社会,必要时还要加上一定的利息。而在资金的来源方面,由于自然资源及其收益为个体潜能的发展提供了可能的来源,为个体潜能发展提供保障的资金首先应该来自自然的收益。

第十一章
规范意蕴:理论界定的规范含义

一、导言

马斯格雷夫指出,确定一个规范性的目标并且建立如何决定行动以实现该目标的模型非常重要,以自身作为准则的实用主义观点对于公共政策的指导毫无意义[1]。其实,也正是因为目标规范对于政策选择所具有的价值和意义,当然,也是出于问题本身的可探索性以及已有理论分析存在局限性的考虑,本研究就收入分配的伦理规范做出了理论探索。研究表明:其一,在实体形态方面,利益的公平分配需要考虑决定结果的因素而不是单纯的分配结果,收入公平分配所涉及的是公平的"关联结构"。而"关联结构"又是由分配规则所定义和表达的,收入公平分配的目标是决定结果的公平分配规则而不是单纯的分配结果;其二,在价值原则层面,公平应该是强调"人"际平等的平等待人,而不是个体占有"物"均等或相同的使人平等,公平的收入分配规则是平等待人的收入分配规则,而不是使人平等的规则类型。特别地,由于平等待人是由可逆性检验一致有效来定义和表述的,作为伦理规范的收入分配规则是可逆性检验一致有效的分配规则类型。

现在,一旦收入分配的伦理规范在理论上得以确定,它会对现实的实践产生理论的引领力:收入分配伦理规范的确定能够为政策制定提供方向和目标,能够纠正已有政策操作上所存在的偏差,促使相关的政策选择回归到其应有的轨道

---

[1] 詹姆斯·M.布坎南,理查德·A.马斯格雷夫.公共财政与公共选择——两种截然不同的国家观[M].类承曜,译.北京:中国财政经济出版社,2000:27.

上来。毕竟,在收入公平分配目标的理解上,主流的理论分析存在重大的认识论偏差:在实体形态的理解上,主流的经济观念所理解的目标规范是公平的收入分配结果而不是决定结果的规则;在价值原则的理解上,主流经济学等相关的理论分析将公平正义与均等主义、功利主义、罗尔斯主义、帕累托改进原则、应得之说以及多元主义等价值原则联系在一起。观念认知的偏差使得诸多的政策制定与制度选择偏离了公平分配的目标,甚至是与其背道而驰。相应地,在收入分配的理论研究方面,主流经济学的理论分析也偏离了其应有的方向和目标。

当然,与这里将公平正义作为收入分配的基本原则不同,其他的论者可能会坚持其他价值原则在收入分配规则选择与架构中的主导地位:"有人相信社会正义的追求是一个陷阱和一种幻想,相信我们应当受其他理想,如个人自由的理想的指导。"[1]对于这一问题,这里要说明的是,以公平正义作为基本原则来指导收入分配的实践是完全可取的,我们并不认为对社会正义的追求在政治上是误导。因为,正如古希腊谚语——公正乃一切德性的汇总——所言,公平正义是社会价值的根本原则:公正是德性之首,比"星辰更让人崇敬"[2]。至于自由等其他的原则,它们其实是公平正义原则的组成部分之一,都是基于可逆性检验一致有效意义上的公平正义原则推导出来的。也正因为如此,以公平正义为原则来推导收入分配的伦理规范并以此作为收入分配的目标导向是完全可取的。

二、从关注结果到关注规则

在实体形态上,既然收入分配的目标规范是一种规则而不是单纯的结果,有关收入公平分配目标的实现就应该放在决定收入分配结果的规则的完善上而不是通常的将问题关注的焦点放在具体结果的控制和调整上。就我国现有的收入分配问题来说,收入分配存在差距,这是客观现实;现行的收入分配格局存在诸多的问题并引致了社会公众这样或那样的不满,这也是客观的现实。但社会公众之所以对于现有收入分配格局有一定的意见和看法,在很大程度上,这不在于分配结果及其差距,而在于产生和决定结果的收入分配规则存在不公。比如有部分个体利用转型的制度漏洞为自己谋取了不合理的、不正当

---

[1] 戴维·米勒. 社会正义原则[M]. 应奇,译. 南京:江苏人民出版社,2001:前言.
[2] 亚里士多德. 尼各马科伦理学[M]. 廖申白,译注. 北京:商务印书馆,2019:143.

的收入[1]。价值导向上,既然收入分配的关键问题在于决定结果的规则,就收入分配进行调整的方向应该是调整决定结果的规则:如果分配政策安排放在了事后的所谓公平分配结果的具体确定上,那其实是找错了方向。事实上,公平的收入分配是公平分配机制运行的自然结果,而不是社会所刻意追求并直接得以确定的。就像粮食和果实的生产那样,它们是人类经过精心栽种、培育、灌溉、施肥、除草与收割等过程而形成的自然结果,而并不是人们通过某种方式直接去创造的产物。

性质上,作为目标导向的公平收入分配规则是历史的,收入的公平分配需要考虑社会经济的生产与交易的过程:试图撇开社会生产过程、只关注所谓的公平分配结果而试图实现收入公平分配的思路是根本行不通的。特别地,根据社会生产过程所涉及的环节来划分,公平的收入分配规则涉及起点配置的规则、竞争过程的规则与结果调整的规则这相互独立但又彼此依赖的三部分,作为目标导向的收入分配规则是由起点配置规则、竞争过程规则和结果调整规则都公平的规则类型。进而,有关收入分配的变革应该从三个方面加以全面推进:不仅仅着眼于结果调整的规则改革,同时也应该注意起点和竞争过程的规则调整。具体来说,就是在保障个体基本生存、教育与健康的基础上,构建基于自由选择的公平竞争规则。当然,既然公平收入分配规则涉及社会生产的全过程,而社会生产过程所涉及的规则又千千万万,本研究就公平分配具体规则的探索是有限的,这里的研究只是为收入分配的伦理规范勾勒出大致的轮廓。相应地,本研究所确定的伦理规范不会为收入分配的政策制定与制度选择提供详细的行动指南,而只能为此提供大致的方向指引。

将分配问题的重点放在规则而不是结果方面,一方面,是对收入及其分配得以形成的机制的重视,另一方面,作为其前提和基础,是对决定收入分配结果的相关因素的关注。实体形态上,收入公平分配的目标之所以是要建立一种公正的规则而不是去确定具体的公平分配结果,这与公平应该是一种由决定因素和分配结果组合在一起的"关联结构"而不是单纯的与决定因素完全无关的具体结

---

[1] 受观念认知偏差的影响,在就我国收入分配问题进行评价时,诸多论者往往从差距扩大角度来就规则不公进行评价。萧灼基指出:"在经济转型期,各种以权谋私、权钱交易、盗窃国库、走私贩毒以及欺诈行骗、造假贩假等非法行为也大量存在,这也扩大了收入分配差距。"此等论述似乎意味着:以权谋私等现象之所以有问题,是因为它扩大了收入的差距。但事实上,以权谋私等方面的问题在于其分配规则本身而与具体的结果无关。参见萧灼基. 对当前收入分配若干问题的看法[J]. 理论前沿,2005(17).

果有关；单纯的与决定因素无关的结果公平没有意义。而主流的经济理论分析所考虑的以结果均等和(或)差距缩小来表述的结果公平,如果要有意义的话(暂且不管它是否真的公平),至少需要将人头这一决定因素考虑进来。进一步地,鉴于收入的公平分配涉及决定分配结果的相关因素,而决定因素本身也涉及公平的分配问题,如影响收入分配的起点禀赋,收入公平分配目标的实现不仅要考虑收入本身的分配,同时,还要关注决定收入分配结果的相关因素的公平分配,如自然资源、职业及其机遇的分配规则等等。

三、从政治分配到宪则分配

鉴于就结果进行调整的规则也是公平分配规则的组成部分,将收入分配问题的焦点放在决定结果的规则上而不是具体的结果方面,这只是说明收入的公平分配需要考虑决定结果的相关因素并将收入分配问题的重点放在收入及其分配得以形成的过程上,而不是要完全否定对于特定过程——比如市场过程——所形成的结果进行调整。在实体形态方面,既然收入的公平分配所追求的是公平的收入分配规则,而公平分配规则又是起点公平、过程公平和结果公平的有机统一,作为组成环节之一,就市场运行结果所做的调整可以且应该纳入公平收入分配规范之中,诺奇克的资格理论正是没有考虑到将结果调整纳入分配规则之中的可能性而存在局限性并使得其理论的正当性受到严重的挑战。但是,既然涉及的是公平的规则,就市场收入进行调整的规则应该先于收入的产生过程而事先得以确定。

一方面,就结果所做的调整可以且应该通过事先的契约安排而纳入公平收入分配规则之中,另一方面,起点设定与竞争控制也应该在结果产生之前就得以确定的。这意味着,强调规则与过程并不等于否定人为的制度调整,只是人为调整的方式应基于事先的宪法性规则去确定而不是通过人治的、事后的政治分配来实现,即公平的收入分配应该从原有的政治分配为主导向法治国家建设所需要的宪法性分配转变。性质上,宪法性分配与主流理论所持有的政治调整在性质上有根本的区别：在政治分配模式下,其调整是在规则之后进行的；进而,在进行调整时,社会上已经出现了富裕群体、中间群体与弱势群体等具有不同收入水平的群体。由于此时需要在不同收入群体间进行直接的利益分配,政治分配过程存在激烈的、甚至是难以调和的矛盾和冲突。与之不同,宪法性分配发生在收入形成之前,在进行收入分配时,具体的分配格局及其相关的利益群体并未形成,收入分配所涉及的矛盾冲突得到了根本性的缓解。

在时序上,由于公平分配规则的确定是先于收入形成及其分配的,作为目标导向的公平分配规则是一般意义上的、具有某种普遍性和准永久性的规则:鉴于规则是在社会运行之前就得以确定的,此时,未来的社会还未开始运行,规则的制定者并不具有有关特定社会的具体信息而只有关乎人类社会的一般的普遍知识。另一方面,作为一种制度规范,规则制定者不应该为未来个体的具体决策而完全"代劳",公平收入分配规则应该为规则运行下的个体自由选择留下空间,作为目标导向和伦理规范的公平规则不是针对特定时间、特定国家的特殊规范,而是具有普遍性和准永久性的普适性的规范。与此不同,受凯恩斯经济学的影响,主流经济学的政策与理论,不管是针对经济的宏观调控还是其他微观、中观方面的调整,正如哈耶克早先的批评指出的,时尚的做法是关注短期效应及其相关的政策;经济学家往往强调短期效果并且用'从长远来看我们都会死亡'的论辩来证明强调短期效果的做法[1]。但实际上,社会真正需要经济学及经济学家来解决的恰正是长期的规则:短期的问题应该由理性个体在长期规则下的个体自由调整来解决。

公平的收入分配要以事先确定的宪法性规则为目标导向。这里有一个假设前提:决定结果的起点、过程和结果都可以事先按照规范进行调整,我们一开始就能对收入分配规则的方方面面做出规范性限定。然而,现实的问题是,人类社会总是处于历史的限定性之中:我们总是处于人类历史发展的一个阶段,而之前的过程是历史的、给定的。我们不可能重塑历史,"我们不可能跳出我们的历史而重新开始"[2],但历史上又存在奴隶制度等种种非正义的方面。进而,有关收入分配伦理规范的架构及其应用存在一个如何对待历史的问题:我们应该完全遗忘历史吗?抑或,公平的收入分配规则的确定是否如诺奇克提问的:我们是否需要追根溯源进行重新调整以对历史的错误与不正义进行矫正?

对于历史的错误,事后的矫正可能引致诸多的问题:其一,正如沃尔德伦所

---

[1] 在对自由主义、个人主义的纲领进行澄清和辩护时,哈耶克指出:"在本质上讲,自由主义的或个人主义的政策一定是长期性质的政策;然而当下流行那些时尚——亦即强调短期效果并且用'从长远来看我们都会死亡'的论辩来证明强调短期效果的做法是正当之举的那些时尚"。弗里德里希·冯·哈耶克.个人主义与经济秩序[M].邓正来,译.北京:生活·读书·新知三联书店,2003:28.

[2] 詹姆斯·M.布坎南.自由、市场与国家——80年代的政治经济学[M].平新乔,等译.上海:上海三联书店,1989:399.

言,试图纠正过去在财产占有中的不正义会打开潘多拉的盒子;[1]其二,当我们重塑历史的时候,哪怕以往的过错是可以纠正的,但受人类理性的限制,我们又怎么能够保证我们所提出的做法是完全正义的而不会给我们的子孙留下新的不正义呢？进而,在对历史问题的处理上,财产权的很多捍卫者想要避免过于深入地考究财产权的历史渊源。对此,桑德斯就认为,对于历史的错误,"常识告诉我们,真正重要的是,当下的分配是否会促进人们的自由以及是否满足人们的需要；因此,我们就应该忽略不正当占用资源的历史'原罪'"[2]。

但事实上,尽管我们不能就历史上的不正义进行彻底的调整,但完全忽视历史错误而对历史的过错置之不理的做法是不会令人信服的,无法经得起可逆性的检验,如果"原罪"确实是客观存在的且在人类理性可以调整的范围之内的话。就像我们需要昨天偷窃他人财产的小偷今天将其赃物归返给财产的主人那样,我们也需要对人类历史上能够进行调整的种种错误加以纠正。而在错误得以充分纠正和调整的基础上,当我们无法就过去的历史进行调整时,此时的历史起点就是人类理性所能提供的最为可能的公正起点。此时,尽管还会存在未经矫正的历史的不正义,但这已经是一个次要的问题,毕竟,公平收入规则架构真正的问题是未来的方向而不是过去的历程。

四、从使人平等到平等待人

在实体形态上,公平分配所涉及的是规则而不是具体的结果。而在价值理念上,公平是由可逆性检验一致有效来定义的,它真正的价值理念是利益分配的平等待人,它强调的是作为主体的"人"的平等,而非个体对客体"物"占有相同意义上的使人平等,如个体在起点、结果甚至是规则"占有"上的均等、相同(因为规则上的一视同仁只是形式上的公平正义,它同样可能因为规则本身不公而无法经得起可逆性检验)。也就是说,作为伦理规范和价值导向的收入分配规则应该是可逆性检验一致有效的、平等待人的分配规则而不是简单地促进收入均等之类的使人平等的规则。进而,在共同富裕的伟大征程中,我们要从现有的促使收入分配均等化的使人平等的制度安排向平等待人的制度安排转变。毕竟,由

---

[1] 类似地,布莱克斯通指出："几乎没有人愿意陷入考虑财产权的渊源与基础的麻烦中。由于乐于承认现有的财产状况,我们似乎害怕回溯财产是怎么获得的,就如同害怕在我们资格中具有某些缺陷。"参见威尔·金里卡.当代政治哲学[M].刘莘,译.上海:上海译文出版社,2015:145.
[2] 转引自威尔·金里卡.当代政治哲学[M].刘莘,译.上海:上海译文出版社,2015:145.

于将公平与收入的绝对或相对的均等相等同,在收入分配问题的研究上,现代经济学的理论探索偏离其应有的学术轨道已经有相当长的一段时间了。相应地,由此所指引的政策实践在诸多时候也偏离了其应有的方向。

当然,基于使人平等来理解公平、正义所存在的问题在很大程度上已经被社会哲学家所注意到了,而"把人当作平等者"也得到了社会哲学家这样或那样的强调,但由于未能以可逆性检验一致有效来定义平等待人,基于"把人当作平等者"来理解公平、平等的论者,他们最终还是没有超越有关公平正义的认识论困境:一方面,他们对于公平正义的理解往往还是局限在人们对于某种"物"的占有的均等上,即试图以不同的"物"的均等方式来对公平与平等进行解释,如"收入、财富、机会、自由"等。进而,他们讨论和相互争论的焦点是:究竟是哪一种具体的平等才吻合更抽象的平等待人的理念[1]。另一方面,在公平、平等与正义的理解上,相关理论未能就"物"的均等占有和"人"的平等对待做出恰当的理论区分[2]。与之不同,当我们基于可逆性检验一致有效来界定公平正义时,我们就将"人"的平等和"物"的均等区分开来:收入分配规则的合理性、正当性在伦理上是否能得到辩护,这不在于"物"的均等或同一,而在于此等制度规则能够经得起理性个体的可逆性检验。

除了公平和正义,社会还存在其他诸多的价值诉求,如政治哲学所关注的自由以及经济学所关心的效率等。问题是,以公平正义作为最基本的价值原则,是否意味着其他价值不需要呢?如果自由、效率等原则是重要的,当公平正义与其他价值原则相冲突时,比如经济学家所强调的公平和效率之间的矛盾,我们又如何在各种不同的价值理想之间进行理性权衡呢?对于此等问题,就这里的观点来说,自由、效率无疑是重要的价值,否定此等价值的社会无疑是不可欲的社会。但对于自由与效率等价值原则的肯定,并不意味着社会制度规则的选择需要在

---

[1] 威尔·金里卡.当代政治哲学[M].刘莘,译.上海:上海译文出版社,2015:5.
[2] 米勒将平等分为两种类型:(1)与正义有联系的平等,抑或分配性的平等,它确定了某些利益——例如权利——应当平等地加以分配,因为正义要求这样做;(2)独立于正义的平等。此类平等"并不直接确定权利或资源的分配,相反,它确定了一种社会理想,即一个人们相互把对方当作平等来对待的社会——换句话说,一个不把人们放到诸如阶级这样等级化排列的范畴中去的社会——的理想"。但事实上,就米勒所定义的平等的两种类型来说,真正与正义有关的平等应该是他所说的社会平等,即这里所界定的"把人当作平等者"的平等待人。至于均等主义意义上的"分配性的平等",它有时与正义是一致的,而大多数的时候则与正义相背离。如果采取平等主义或者均等主义来理解公平正义,那其实是意味着:时常得到较高收入的人没有得到他们所获得的收入的正当权利;或者,具有低于平均水平的收入的人具有对超出他目前所得收入的一种公平的权利。参见戴维·米勒.社会正义原则[M].应奇,译.南京:江苏人民出版社,2001:259.

自由、效率与公平之间进行痛苦的权衡。因为,对于自由之类的社会性原则,公平正义是具有统帅性的最高原则:公平与自由的问题,不是两者的权衡问题,而是公平正义保证自由的合理范围问题。而对于效率与增长等非社会性的原则,它们与公平其实是统一的、兼容的:真正意义上的、以可逆性检验一致有效来定义的公平正义不与效率相矛盾和冲突,相反,它是实现配置效率的前提和保障。主流经济学之所以将公平和效率对立起来,在于经济学错误地将公平与使人平等意义上的均等相等同。

对于可逆性检验一致有效的公平分配规则,它是建立在换位思考之上的,但现实中,个体利益的诉求往往使得此等条件不满足。在此情况下,公平收入分配规则的可实现问题可能会被人们所提出:在社会范围内是否存在保障公平分配规则得以选择的绝对力量?对于这一问题,我们应该意识到:受私人利益的干扰并受人类理性局限的限制,人类在公平分配规则的选择和架构上确实会遇到诸多的困难,在有的时候,甚至会出现倒退。但我们应该对公平收入分配规则的选择与演进的方向充满信心。因为,公平收入分配规则的选择和确定是不可抗拒的历史潮流:从人类发展的进程来看,在诸多时候,尽管我们未能完全准确地理解公平正义的含义,历史的发展也自然地向公平正义的规则靠拢,比如说对市场机制的自发选择。现在,一旦我们自觉地将分配关注的焦点放在公平分配规则的确定上并以可逆性检验有效来定义公平,知识会进一步增加制度规则从自发向自觉演变的力量。

五、从政府主导到市场决定

有关公平分配规则的具体结构,本研究的结论表明,可逆性检验一致有效的收入分配规则是以市场为基础的、由市场对于收入分配结果起决定性作用的规则。因为,其一,在外在组成方面,市场机制涉及社会生产的过程,是历史的规则,它将收入分配的结果与收入得以形成的历程联系在一起,市场机制符合了公平分配规范的形式要求。其二,在内在性质方面,鉴于市场规则所具有的个体自由选择、自己对自己负责以及竞争决定价格并以此来决定合作剩余的分配方式,自由市场规则具有天然的公平性,市场机制协调利益冲突的方式在诸多时候都能够经得起可逆性的检验。与之不同,政府对于市场过程的干预,很多时候不是在促进公平,而是在破坏市场机制的公平运行,比如,政治干预使得个体自己对自己负责转变为一部分人对另外一部分人负责的情形。其三,在适用范围方面,由于市场机制的运作不依赖于属于特定时期与特定群体的特定偏好与特定的资源禀赋条件,市场机制是具有普遍性和准永久性的制度规范。

当然,鉴于市场本身的脆弱性以及市场在局部利益协调上的不完善性,公平的收入分配规则离不开政府对市场机制进行控制和调整。但是,既然可逆性检验一致有效的收入分配规则是以市场机制起决定性作用的规则,政府对市场过程的干预不是简单地以政治过程去取代市场的协调过程,而是应尽可能地尊重市场的选择:其一,市场可以公平协调的领域,应该由市场去协调,发挥市场决定性作用,政府此时的意义在于给市场机制的运行提供法律保护;其二,对于市场利益协调可能会存在局限的领域,人类理性解决问题的方式应该为市场的运行提供保障性力量以激发市场的内在潜力,比如为保障价格机制运行的制度基础,而不是简单地以政治过程去取代市场的自由协调过程;其三,对于市场利益协调机制确实存在失灵的领域(如非排斥性公共产品的提供),政治干预是不可或缺的。但尽管如此,市场机制协调人类利益冲突的理念可以且应该加以利用。

六、经济理论研究任务之转向

在实践上,以公平分配为导向的政策选择与制度设计要以公平的分配规则为导向。相应地,收入分配的规范研究应以公平规则的架构为目标(区分于追求所谓单纯公平分配结果的研究)。而有关收入分配的实证研究,如果理论研究的结论要有实践价值而不只是局限于纯粹的学术研究的话,也要围绕现实分配机制与公平的收入分配规则是接近还是偏离来展开;否则,研究所得出的结论可能会"和马修·迈特爵士收集的公路通行费单据一样无用"[1]。一方面,在对收入分配状况进行描述时,理论描述的重点应该是现实的收入分配规则是接近还是偏离公平的分配规则,而不是主流经济理论分析通常所描述的由基尼系数等收入差距指标来度量的具体的分配结果。另一方面,对于收入分配状况原因的解释,有规范意义的分析也应该围绕现实的收入分配规则为何偏离或接近了规范的目标来展开,而不应该将关注点放在对收入差距等具体结果进行解释上。

有实践价值的实证研究之所以需要以公平规则的探索为前提,这在很大程

---

[1] 麦考利曾指出:"对于历史上的任何事件,其本身并没有什么重要性。对这些历史事件的了解之所以重要,仅在于它能使我们对未来形成正确判断。对与达到此目的没有什么帮助的历史事件,即使充满了战争、条约和暴动,也和马修·迈特爵士收集的公路通行费单据一样无用"。A. C. 庇古. 福利经济学[M]. 朱泱,等译. 北京:商务印书馆,2006:8—9.

度上与收入分配实证问题及其结论的性质有关。性质上，如果决定收入分配的规律或者说法则完全是外生的，是不受人类意志及其制度影响的纯自然律，有关收入分配的实证研究及其结论应用不需要考虑伦理规范：自然律的意义在于为"制度规则"的确定提供了人类社会所要普遍绝对遵从的限定条件，正如纯自然法则对于包括人类在内的整个世界所施加的普遍限制那样。但事实上，与纯自然规律对于人类所施加的必然限制不同，有关收入分配的规律往往会受到人类理性选择的影响：收入分配的规律与收入分配得以进行的制度环境有关，而制度环境又是人类所选择和设计的结果。进而，有关收入分配规律及更进一步的经济学、社会科学的实证探索，其使命往往并不在于去寻求康德"头顶的星空"所对应的必然的自然律，而在于为康德所敬畏的、必然的"道德律"——公平规则[1]——的选择提供理性的实证基础。毕竟，在社会科学领域，收入分配等规律与其说是为人类所必须遵从的，不如说是为人类所理性选择的，即我们究竟应该要选择何种制度规则及其相应的何种分配规律。

价值导向上，收入公平分配的目标是建构可逆性检验一致有效的收入分配规则，不管是收入分配的理论研究还是现实实践，都应该以可逆性检验一致有效的分配规则为中心议题。实际上，鉴于可逆性检验一致有效的公平正义原则是有关社会制度安排与政策选择的基本价值原则，就可逆性检验一致有效的公平规则进行探索，这不仅是收入公平分配理论研究的主题，同时也是有实践价值的其他经济理论分析的中心议题：一方面，在必要性方面，鉴于公平正义本身的重要价值及其对于其他社会价值（如效率）实现所具有的意义，有关经济政策与制度的规范理论分析应该拓展康德"道德律"的范围，从制度伦理的角度去探究具有普遍性、永久性和历史必然性的公平规则；另一方面，在可能性方面，受人类理性范围的限制，资源配置的帕累托状态无法被人类理性的力量所直接确定：资源配置的静态效率只能依赖于公平规则的架构来迂回实现，而资源配置动态效率的实现，则只能依赖于公平规则的构件来提供最大的可能性。这也就是说，探究公平的规则，不仅是理性社会实践之所必须，同时也是理性社会实践之最大可能范围：

除了探索公平的规则，我们究竟还要做什么？

除了探索公平的规则，我们究竟还能做什么？

---

[1] 当然，康德的道德律针对的主要是个体的道德法则，但事实上，经济、政治与法律其实是制度化了的道德法则，康德的道德律可以且应该拓展到经济、政治与法律等相关的制度规则层面。

参 考 文 献

1. Arneson, R. Egalitarian Justice versus the Right to Privacy[J]. *Social Philosophy and Policy*, 2000, 17(2): 91-119.
2. Arrow, K. J., Debreu, G. Existence of an Equilibrium for a Competitive Economy[J]. *Econometrica*, 1954, 22(3): 265-290.
3. Bergson, A. A Reformulation of Certain Aspects of Welfare Economics [J]. *The Quarterly Journal of Economics*, 1938, 52(2): 310-334.
4. Buchanan, J. M. *Liberty, Market and State: Political Economy in the 1980s*[M]. Brighton: Harvester Press, 1986.
5. Cohen, G. A. *Rescuing Justice and Equality*[M]. Cambridge: Harvard University Press, 2008.
6. Frankena, W. J. *Ethics* [M]. 2nd edition. Englewood Cliffs, NJ: Prentice-Hall, 1973.
7. Hicks, J. R. The Rehabilitation of Consumers' Surplus[J]. *The Review of Economic Studies*, 1941, 8(2): 108-116.
8. Kaldor, N. Welfare Propositions of Economics and Interpersonal Comparsion of Utility[J]. *Economics Journal*, 1939, 49(145): 549-552.
9. Kuznets, S. Economic Growth and Income Inequality[J]. *American Economic Review*, 1955, 45(1): 1-28.
10. McNutt, P. A. *The Economics of Public Choice*[M]. London: Edward Elgar Publishing Ltd., 2002.
11. Musgrave, R. A. *The Theory of Public Finance: A Study in Public Economy*[M]. New York: McGraw-Hill, 1959.
12. Nozick, R. *Anarchy, State, and Utopia*[M]. New York: Basic Books, 1974.

13. Rawls, J. *A Theory of Justice*[M]. Cambridge: The Belknap Press of Harvard University Press, 1971.
14. Roemer, J. E. *Theories of Distributive Justice*[M]. Cambridge: Harvard University Press, 1998.
15. Tobin, J. On Limiting the Domain of Inequality[J]. *Journal of Law and Economics*, 1970, 13(2): 263-277.
16. 阿罗. 社会选择:个性与多准则[M]. 钱晓敏,等译. 北京:首都经济贸易大学出版社,2000.
17. 艾德勒. 六大观念:真善美、自由、平等、正义[M]. 陈珠泉,等译. 北京:团结出版社,1989.
18. 奥肯. 平等与效率:重大的抉择[M]. 王奔洲,等译. 北京:华夏出版社,1999.
19. 巴里. 正义诸理论[M]. 孙晓春,等译. 长春:吉林人民出版社,2004.
20. 巴利. 社会正义论[M]. 曹海军,译. 南京:江苏人民出版社,2012.
21. 柏拉图. 理想国[M]. 郭斌和,等译. 北京:商务印书馆,2002.
22. 彼彻姆. 哲学的伦理学[M]. 雷克勤,等译. 北京:中国社会科学出版社,1990.
23. 庇古. 福利经济学[M]. 朱泱,等译. 北京:商务印书馆,2006.
24. 边沁. 道德与立法原理导论[M]. 时殷弘,译. 北京:商务印书馆,2009.
25. 波普尔. 开放社会及其敌人[M]. 陆衡,等译. 北京:中国社会科学出版社,1999.
26. 博登海默. 法理学:法哲学及其方法[M]. 邓正来,等译. 北京:华夏出版社,1987.
27. 布坎南. 自由、市场与国家——80年代的政治经济学[M]. 平新乔,等译. 上海:上海三联书店,1989.
28. 布坎南,马斯格雷夫. 公共财政与公共选择——两种截然不同的国家观[M]. 类承曜,译. 北京:中国财政经济出版社,2000.
29. 布莱克. 经济学方法论[M]. 石士均,译. 北京:商务印书馆,1992.
30. 布朗芬布伦纳. 收入分配理论[M]. 方敏,等译. 北京:华夏出版社,2009.
31. 布伦南,布坎南. 宪政经济学[M]. 冯克利,等译. 北京:中国社会科学出版社,2004.
32. 德沃金. 至上的美德——平等的理论与实践[M]. 冯克利,译. 南京:江苏人民出版社,2012.

33. 段忠桥.关于分配正义的三个问题——与姚大志教授商榷[J].中国人民大学学报,2012(1).

34. 范伯格.自由、权利和社会正义:现代社会哲学[M].王守昌,等译.贵阳:贵州人民出版社,1998.

35. 冯友兰.贞元六书[M].上海:华东师范大学出版社,1996.

36. 弗莱施哈克尔.分配正义简史[M].吴万伟,译.南京:译林出版社,2010.

37. 弗里德曼.资本主义与自由[M].张瑞玉,译.北京:商务印书馆,1999.

38. 傅立叶.傅立叶选集:第2卷[M].赵俊新,等译.北京:商务印书馆,2009.

39. 龚群.罗尔斯与社群主义:普遍正义与特殊正义[J].哲学研究,2011(3).

40. 哈肯.协同学——大自然构成的奥妙[M].凌复华,译.上海:上海译文出版社,1995.

41. 哈耶克.自由秩序原理[M].邓正来,译.北京:生活·读书·新知三联书店,1997.

42. 哈耶克.法律、立法与自由:第二卷[M].邓正来,等译.北京:中国大百科全书出版社,2000.

43. 哈耶克.个人主义与经济秩序[M].邓正来,译.北京:生活·读书·新知三联书店,2003.

44. 霍布斯.利维坦[M].黎思复,等译.北京:商务印书馆,1986.

45. 蒋洪.公共经济学(财政学):第三版[M].北京:高等教育出版社,2012.

46. 金里卡.当代政治哲学[M].刘莘,译.上海:上海译文出版社,2015.

47. 康德.道德形而上学原理[M].苗力田,译.上海:上海人民出版社,2012.

48. 康德.康德著作全集:第6卷[M].李秋零,译.北京:中国人民大学出版社,2007.

49. 康德.实践理性批判[M].邓晓芒,译.北京:人民出版社,2003.

50. 康帕内拉.太阳城[M].陈大维,等译.北京:商务印书馆,2010.

51. 科斯.企业、市场和法律[M].盛洪,等译.上海:格致出版社,上海三联书店,2009.

52. 克拉克.财富的分配[M].彭逸材,等译.北京:人民日报出版社,2010.

53. 李凤圣.论公平[J].哲学研究,1995(11).

54. 李实,朱梦冰.中国经济转型40年中居民收入差距的变动[J].管理世界,2018(12).

55. 廖申白.《正义论》对古典自由主义的修正[J].中国社会科学,2003(5).

56. 廖申白.译注者序[M]//亚里士多德.尼各马可伦理学.北京:商务印书馆,2019.

57. 卢梭.论人类不平等的起源和基础[M].高煜,译.桂林:广西师范大学出版社,2002.
58. 卢梭.社会契约论[M].何兆武,译.北京:商务印书馆,2003.
59. 罗宾斯.经济科学的性质和意义[M].朱泱,译.北京:商务印书馆,2001.
60. 罗尔斯.作为公平的正义——正义新论[M].姚大志,译.上海:上海三联书店,2002.
61. 罗尔斯.正义论[M].何怀宏,等译.北京:中国社会科学出版社,2003.
62. 罗尔斯.政治哲学史讲义[M].杨通进,等译.北京:中国社会科学出版社,2011.
63. 罗尔斯.政治自由主义[M].万俊人,译.南京:译林出版社,2011.
64. 罗默.公平促进效率:对《2006年世界发展报告》的评论[J].经济社会体制比较,2006(3).
65. 罗森.财政学[M].平新乔,等译.北京:中国人民大学出版社,2000.
66. 罗斯.社会控制[M].秦志勇,等译.北京:华夏出版社,1989.
67. 洛克.政府论(下篇)——论政府的真正起源、范围和目的[M].叶启芳,等译.北京:商务印书馆,1996.
68. 马克思.资本论[M].北京:人民出版社,2004.
69. 马克思,恩格斯.马克思恩格斯选集[M].北京:人民出版社,1972.
70. 马克思,恩格斯.马克思恩格斯全集[M].北京:人民出版社,1995.
71. 马斯格雷夫.比较财政分析[M].董勤发,译.上海:上海人民出版社,1996.
72. 马斯格雷夫.财政学说简史[M]//奥尔巴克,费尔德斯坦.公共经济学手册.匡小平,等译.北京:经济科学出版社,2005.
73. 麦金太尔.谁之正义性?何种合理性?[M].万俊人,等译.北京:当代中国出版社,1996.
74. 麦金太尔.德性之后[M].龚群,等译.北京:中国社会科学出版社,1995.
75. 麦克库洛赫.政治经济学原理[M].郭家麟,译.北京:商务印书馆,1997.
76. 米尔恩.人的权利与人的多样性——人权哲学[M].夏勇,等译.北京:中国大百科全书出版社,1995.
77. 米勒.社会正义原则[M].应奇,译.南京:江苏人民出版社,2001.
78. 密尔.论自由[M].许宝骙,译.北京:商务印书馆,2015.
79. 莫尔.乌托邦[M].戴镏龄,译.北京:商务印书馆,2010.
80. 穆勒.功利主义[M].叶建新,译.北京:中国社会科学出版社,2009.
81. 穆勒.政治经济学原理[M].金镝,等译.北京:华夏出版社,2013.

82. 聂文军.正义的伦理:在德性与规范之间[J].哲学研究,2010(5).
83. 诺奇克.无政府、国家和乌托邦[M].姚大志,译.北京:商务印书馆,2008.
84. 潘恩.潘恩选集[M].马清槐,译.北京:商务印书馆,1997.
85. 皮凯蒂.21世纪资本论[M].巴曙松,等译.北京:中信出版社,2014.
86. 普利高津.确定性的终结——时间、混沌与新自然法则[M].湛敏,译.上海:上海科技教育出版社,1998.
87. 钱永祥.为政治寻找理性:威尔·金里卡《当代政治哲学》推荐序[M]//金里卡.当代政治哲学.刘莘,译.上海:上海译文出版社,2015.
88. 萨缪尔森.经济分析基础[M].甘华鸣,等译.北京:北京经济学院出版社,1990.
89. 萨缪尔森,诺德豪斯.经济学:12版[M].北京:中国发展出版社,1992.
90. 萨托利.民主新论:古典问题[M].冯克利,等译.上海:上海人民出版社,2015.
91. 桑德尔.公正:该如何做是好?[M].朱慧玲,译.北京:中信出版社,2012.
92. 森.正义的理念[M].王磊,等译.北京:中国人民大学出版社,2012.
93. 森.再论不平等[M].王利文,等译.北京:中国人民大学出版社,2016.
94. 森,福斯特.论经济不平等[M].王利文,等译.北京:中国人民大学出版社,2015.
95. 圣西门.圣西门选集:第二卷[M].董果良,译.北京,商务印书馆,1985.
96. 斯宾塞.社会静力说[M].张雄武,译.北京:商务印书馆,1996.
97. 施蒂格勒.经济学家和说教者[M].贝多广,等译.上海:上海三联书店,1990.
98. 斯密.国民财富的性质和原因的研究[M].郭大力,等译.北京:商务印书馆,1997.
99. 斯塔夫里阿诺斯.全球通史——从史前史到21世纪[M].吴象婴,等译.北京:北京大学出版社,2005.
100. 宋少鹏,龚蔚红.分配正义与社会和谐[J].政治学研究,2006(1).
101. 汤普逊.最能促进人类幸福的财富分配原理的研究[M].何慕李,译.北京:商务印书馆,2009.
102. 田上孝一.马克思的分配正义论[J].黄贺,译.国外理论动态,2008(1).
103. 托马西.市场是公平的[M].孙逸凡,译.上海:上海社会科学院出版社,2016.

104. 万俊人. 公共哲学的空间[J]. 江海学刊, 1998(3).
105. 王广. 对分配正义的评判与反思——基于《哥达纲领批判》的视角[J]. 哲学研究, 2009(10).
106. 王海明. 平等新论[J]. 中国社会科学, 1998(5).
107. 王海明, 孙英. 社会公正论[J]. 中国人民大学学报, 2000(1).
108. 沃尔泽. 正义诸领域——为多元主义与平等一辩[M]. 褚松燕, 译. 南京: 译林出版社, 2002.
109. 吴恩裕. 论亚里士多德的《政治学》[M]//亚里士多德. 政治学. 吴寿彭, 译. 北京: 商务印书馆, 1997.
110. 吴忠民. 公正新论[J]. 中国社会科学, 2000(4).
111. 萧灼基. 对当前收入分配若干问题的看法[J]. 理论前沿, 2005(17).
112. 休谟. 人性论[M]. 关文运, 译. 北京: 商务印书馆, 1997.
113. 休谟. 道德原则研究[M]. 曾晓平, 译. 商务印书馆, 2004.
114. 徐梦秋. 公平的类别与公平的比例[J]. 中国社会科学, 2001(1).
115. 亚里士多德. 亚里士多德全集: 第八卷[M]. 苗力田, 译. 北京: 中国人民大学出版社, 1992.
116. 亚里士多德. 政治学[M]. 吴寿彭, 译. 北京: 商务印书馆, 1997.
117. 亚里士多德. 雅典政制[M]. 日知, 等译. 北京: 商务印书馆, 1999.
118. 亚里士多德. 尼各马科伦理学[M]. 廖申白, 译注. 北京: 商务印书馆, 2019.
119. 晏智杰. 译者前言[M]//斯蒂格勒. 生产与分配理论. 北京: 华夏出版社, 2008.
120. 杨通进. 译者前言[M]//罗尔斯. 政治哲学史讲义. 杨通进, 等译. 北京: 中国社会科学出版社, 2011.
121. 姚大志. 分配正义: 从弱势群体的观点看[J]. 哲学研究, 2011(3).
122. 易小明. 论差异性正义与同一性正义[J]. 哲学研究, 2006(8).
123. 曾军平. 集体利益: 一种理论假说[J]. 财经研究, 2006(9).
124. 曾军平. 利益分配的平等待人——关于公平原则的一个理论注解[J]. 上海财经大学学报, 2006(6).
125. 曾军平. 个人主义、利益分配与集体利益的实现条件[J]. 财经研究, 2008(1).
126. 曾军平. 自由意志下的集团选择: 集体利益及其实现的经济理论[M]. 上海: 格致出版社, 上海三联书店, 上海人民出版社, 2009.
127. 曾军平. 促进收入公平分配的财税政策: 从结果公平转向规则公平[J]. 税

务研究,2014(7).
128. 曾军平.公平分配、规则架构与财税政策选择[J].税务研究,2015(7).
129. 曾军平,杨君昌.公共定价分析[M].上海:上海财经大学出版社,2009.
130. 曾军平,刘小兵.2012中国财政发展报告——经济社会转型中的财政公平分析[M].北京:北京大学出版社,2012.
131. 张彦.论财富的创造与分配[J].哲学研究,2011(2).
132. 周辅成.西方伦理学名著选辑:上卷[M].北京:商务印书馆,1987.
133. 周为民,陆宁.按劳分配与按要素分配——从马克思的逻辑来看[J].中国社会科学,2002(4).
134. 朱贻庭.伦理学大辞典[M].上海:上海辞书出版社,2002.

后 记

该研究是本人承担的国家社科基金资助项目《可逆性检验有效的公平收入分配规则研究》(项目号为 16BJY155)的最终研究成果。关于研究的主题,考虑到研究可逆性检验有效的收入分配规则的目的在于为收入分配提供一个规范性的伦理标准,为了凸显课题研究的目的,结项报告就课题立项的题目做了细微的修改和调整:在立项的题目前增添了"收入分配的伦理规范"这一主标题,并相应地将立项课题的标题稍作修改后调整为副标题。也正因为如此,课题结项报告及本研究的题目是《收入分配的伦理规范:可逆性检验一致有效的公平分配规则》。

研究课题立项于 2016 年,但作为本人博士论文研究的延展,就收入分配伦理规范问题的思考和研究在十多年前就已经开始。2009 年,我的博士学位论文——《自由意志下的集团选择:集体利益及其实现的经济理论》正式出版。基于博士论文的研究,我逐渐意识到公平规则对于集团、对于社会所具有的价值和意义:公平的规则不仅能保障利益的公平分配,以实现公平,同时也是资源有效配置的前提和基础。基于这一理论认知,在博士论文完成之后,我将自己学术研究的重点集中在公平规则的选择这一研究领域。作为该研究领域的突破口,本研究探究作为收入分配目标导向的公平分配规则,拟为收入分配的政策选择与制度安排提供应有的伦理标准。

就收入分配伦理规范所做的探索,是个人独立研究的成果。但是,作为自己博士论文研究方向的深化和发展,课题的研究离不开导师杨君昌先生生前在学术上给予的信任、指引和支持:我现在之所以将学术研究的重点放在公平的分配规则上,这是先生在学术方向上指引的结果。当然,本研究之所以将收入分配问题的关注点放在规则上,这也受到了蒋洪教授的启发和影响,和他的几次学术讨论进一步加深了我对该研究主题方向的理解,同时我也从他的多次演讲中获益良多。我清楚地记得,在十多年前的一次学术演讲中,他明确提出公平规则对于财政理论分析的重要性。另外,丛树海教授就本课题的研究报告提出了建设性的修改建议,这对本研究后来内容及其表述的完善大有裨益。而与刘小兵教授、朱为群教授平时的学术论证,也加深了我对这一理论主题的理解。当然,作为一项独立完成的成果,该研究中所存在的局限和问题概由本人自己负责和承担。

收入分配的伦理规范是收入分配改革的目标,是检验收入分配好坏与否的价值尺度和标准,探究收入分配伦理规范的价值和意义是毋庸置疑的。在此方面,参与课题结项评审的五位匿名评审专家整体上对课题的研究价值表示了认可(具体的评审意见请参阅后面的附录),在他们看来,探究收入分配的伦理规范是一项具有理论创新性的研究,研究报告所讨论的议题具有十分重要的理论价值和现实意义。但是,在认可研究主题的价值和意义的同时,评审专家认为课题研究的成果存在难以落地、可操作性差等方面的问题。或许正是因为相关问题的存在,结项报告最终所获得的等级并不尽如人意,专家们整体上只给出了"合格"的评价,与课题研究者预期的目标存在较大的差距。

不管是认可还是批评,对于专家们所给出的方方面面的评价和意见,本人在此表示感谢。相关的评价和意见不仅进一步加深了我对收入分配伦理规范问题的理解,同时对于课题研究报告后面的完善起到了很好的促进作用。在参考专家意见的基础上,本人就课题结项报告、尤其是报告章节的标题做出了修改,摆在读者面前的这部著作就是吸纳方方面面意见后进一步完善的结果。但是,在对相关意见和建议表示感谢的同时,对于评审专家所提出的一些问题,由于涉及学术观点的分歧以及对于课题内容与观点的理解,个人觉得有必要在此做出针对性的回应,以此来进一步求教各位专家及广大学术同仁。

这里第一个需要做出回应问题的是有关原则精确化、定量化的问题。对于研究报告所界定的可逆性检验一致有效的公平正义原则,A专家认为此等原则和标准可能不够具体,未能为公平分配提出一个精确的原则,进而,专家提出有没有更为"科学"的标准?应该说,专家所提出的这一问题,是有关公平正义原则科学界定的一个至关重要的问题:作为一种价值标准,公平正义原则需要有一定的具体性和精确性,否则,理论所界定的原则难以为现实实践提供具体指导,正义理论中的"应得之说"恰正是因为未能给出一个具体的标准而影响了其合理性(课题研究报告在第四章第五节对公正原则的精确性问题有专门的讨论)。但问题是,作为判断行为与制度好坏的伦理标准,公平正义原则究竟能精确到何种程度呢?对原则具体性和精确性的强调是否等同于用某个数学公式来就公平正义做出理论表达呢？

个人认为，将科学研究与数学化、定量研究相等同不可取，数学化与定量研究只是对于可数学化、可定量的问题才是科学的，如几何学和物理学等。对于不可数学化、不可定量的问题，为了所谓的精确性而随意数学化、定量化，这并不能提升研究的科学性，相反，这其实是对科学精神的背离，因为科学的要义是实在性、是真实性，而不是数学化、定量化。就公平正义等伦理标准来说，恰如亚里士多德所言，与几何学等所具有的精确性不同，它们本身有其不精确的方面。伦理标准所具有的非精确性在于问题本身而与人类知识的水平无关。在亚里士多德的那个时代是如此，在我们这个时代是如此，在将来的某个时代依旧是如此。

作为一个一般性的伦理原则，至于公平正义究竟能精确到何种水平，从个人目前的理解情况来看，它只能以可逆性检验一致有效的精确程度为界限：一方面，基于可逆性检验一致有效所形成的"均衡"，我们可以推导出公平规则的具体结构（因为公道自在人心），对于公平规则做出"精确"的确定（参见第三章第四节的相关分析）；另一方面，为了保证原则的一般性，我们所能精确到的也只能是可逆性检验一致有效所形成的"均衡"水平。在对公平正义的理论诠释上，功利主义的整体幸福最大化原则、罗尔斯以最大最小来表达的差别原则与均等主义等公平正义原则恰正是因为它们过于精确、过于数学化而丧失了原则所应有的一般性。

第二个需要做出回应的是有关具体规范的精确性问题。与A专家所提出的公平正义原则的精确性问题类似但又有所不同，C、E两位专家所提出的精确性问题主要是有关具体规范方面的。在这两位专家看来，课题研究结论存在难以量化、未能对收入分配的公平状况进行充分度量的问题。从专家的意见表述来看，个人猜测：两位专家所认可的收入分配的规范标准依旧是单纯结果意义上的，即主流经济学理论所持有的公平的分配结果而非课题研究所理解的公平的规则。因为，如果两位专家所认可的伦理规范也是规则意义上的，收入分配公平性方面的度量问题就不是问题。毕竟，既然作为目标导向的收入分配规范是基于可逆性检验一致有效原则而推导出的公平分配规则，那结论就已经具体化、充分"量化"了：在公平分配规则得以具体确定之后，我们还需要量化什么呢？充分度量又是要去度量哪些方面呢？

进而，在可能性上，在公平的收入分配规则得以具体确定之后，个人所能想到的只能是去度量和量化具体的分配结果。如果此等猜想成立，即正如主流经济理论分析目前所做的那样，两位专家的意见就是主张度量和量化分配的结果，那这里所给出的回应是:试图去确定具体的公平分配结果不仅不可能,更不可取。之所以说不可能,是因为人类理性的力量无法去就公平分配的结果做出具体确定。而之所以不可取,是因为试图去确定具体结果的理论思路未能给个体自由留下应有的空间(具体请参见第二章第二节的相关分析)。事实上,也正因为精确界定公平结果的局限性,主流经济理论的诸多量化分析并没有提升研究的科学性,相反,它们往往在理论上给人以方向性的误导,误导人们人为去追求具体的、精确的结果,而不是引导人们去追求公平的分配规则。

第三个需要做出回应的问题是有关伦理规范的程序性问题。课题研究报告认为:作为目标导向的公平分配规则在整体上是非模式化的,它只能是一种分配程序。对于这一观点,D专家认为,将伦理规范理解为一个程序性规范不可取,它舍弃了规则的实体内含,回到了程序正义的老套路。对于这一问题,尚不能确定的是,专家对于程序性观点的批评,究竟是专家认为程序性规则不能完全排斥实体性安排呢?还是公平分配规则根本就不涉及程序而只是纯粹的实体性分配规则?如果是前一种情况,那课题研究报告所持有的观点与专家对于公平规则的理解完全一致:报告将伦理规范理解为一种分配程序,这是从规则整体层面来表述的,报告并不否定在规则的细节方面存在一些实体性的安排(参见第六章第五节的相关分析)。而如果是后一情形,这里所要给出的回应是:其一,作为伦理规范的分配规则在整体上只能是一种程序(决定分配结果的市场机制就是一种程序);其二,假如决定分配结果的公平规则确实不是程序性的,那专家在意见中应该指出报告有关程序性规则相关论证的局限,只是否定观点而不能指出有关观点论证局限的批评是不够的;其三,如果伦理规范不是一种程序而是某种模式化的、纯粹的实体性规则,那实体性的规则具体又是什么呢?本人非常期待专家能够把自己所理解的实体性的公平分配规则及其理由具体表述出来,这样就问题的讨论就更具有针对性,也更有助于对本研究所提出的伦理规范做出理性的检视。

当然,对于D专家的意见,本人同样不能确定的是,专家对于程序性观点的批评,究竟是程序性观点是错误的呢?还是程序性观点是对的、只是缺乏理论的新意呢?如果是前一种情况,正如上所述:在否定程序观点的同时,专家应该就第六章第三、四、五节中有关程序性观点所给出的理论论证做出批评。如果不能反驳针对观点的论证而只是简单地否定结论,这是难以令人信服的,同时也无助于我们进一步去审视有关程序性观点及其相关论证的合理性。而如果是后面一种情况,那本人需要向专家请教的是:对于收入分配的伦理规范,是否已有文献明确将其界定为程序性的规则呢？毕竟,据本人所了解的文献来看,绝大多数的经济理论分析都将收入的公平分配与具体的结果而不是规则和程序联系在一起。诺奇克与布坎南虽然强调了规则和程序,但他们只是认为收入分配结果的公平性是由规则、程序定义的,他们依旧未能明确将收入分配的目标定义为公平的程序。假如目前尚没有文献将收入分配的目标规范界定为公平的分配程序,当我们将收入分配的伦理规范定义为公平的分配程序时,又怎么说是回到了程序正义的老路呢？程序正义的老路究竟老在哪里呢？

第四个需要回应的问题是有关伦理规范的主观性和普遍性问题。与课题研究报告所持有的伦理规范具有普遍性的观点不同,D专家认为伦理规范是主观价值判断,从来就不具有普遍性。对于这一问题,首先需要承认的是,伦理规范确实属于主观价值判断范畴,这一点我们在课题报告的第一章第三节中明确指出了这一点。但是,在指出伦理规范主观性的同时,课题报告特别强调:主观观念本身也是一种客观存在,而认可主观观念的客观实化性是课题探究的认识论基础,课题研究的目的就是将人们心目中所持有的主观观念客观地表达出来。然而,从评审意见的表述看,专家在指出伦理规范主观性的同时,似乎把其客观性给忽视了。在个人看来,如果我们将主观和客观绝对对立起来,这似乎是有违辩证法精神的。

与此同时,个人认为,D专家基于伦理规范的主观性而否定其普遍性在逻辑上也不成立。一方面,人们心目中所持有的伦理规范,特别是最基本的规范是相同的:在抽象原则层面,伦理规范就是可逆性检验一致有效意义上的平等待人;而在具体的安排方面,它就是基于平等待人原则所推演出来的人类社会所必须普遍遵从的公正法律与道德体系。[1] 如果专家对伦理原则的普遍性持否定态度,那专家是否认为,我们可以在某些时候的某些方面去歧视和奴役我们的同胞呢？即伦理规范在某些场合不需要平等对待每一个人？至于具体的规范,尽管它随着时空的变化会有所调整,但这是否能够否定作为"人"——普遍意义上的人而不是具体的人——所必须遵从的基本制度规范(比如不伤害人)的普遍性

---

[1] 洛克曾援引胡克尔的话说:"相同的自然动机使人们知道有爱人和爱己的同样的责任;因为,既然看到相等的事物必须使用同一的尺度,如果我想得到好处,甚至想从每个人手中得到任何人所希望得到的那么多,则除非我设法满足无疑地也为本性相同的他人所有的同样的要求。……因此,如果我要求本性与我相同的人尽量爱我,我便负有一种自然的义务对他们充分地具有相同的爱心。从我们与我们相同的他们之间的平等关系上,自然理性引申出了若干人所共知的、指导生活的规则和教义。"参见约翰·洛克. 政府论(下篇)——论政府的真正起源、范围和目的[M]. 叶启芳,等译. 北京:商务印书馆,1996:5—6.

呢？如果人类社会存在一些普遍的、基本的规则条款,强调伦理规范的普遍性问题又何在呢？另一方面,既然课题研究报告将可逆性检验一致有效的平等待人原则作为普遍性的准则并以此来推导具体的制度规范,如果真要否定此等伦理规范的普遍性,有效的批评应该论证平等待人原则的非普遍性并找出第六章第二节中有关规范普遍性的论证局限,抑或明确指出此等伦理规范失效的具体情形而不是简单地否定。

第五个需要回应的问题是有关事实判断和价值判断的关系问题。D专家认为,"研究报告在论述中,不时混淆事实判断和价值判断的范畴边界,跨范畴地论述伦理规范,所以生成了一些自我矛盾的论述逻辑。"对于D专家这里所提出的事实判断和价值判断,个人的理解是,它们各自对应的是经济学、财政学理论分析中的实证分析和规范分析。毋庸置疑,实证分析(事实判断)与规范分析(价值判断)是有差异的。前者是有关"是什么"的分析,而后者则是有关"应该是什么"的分析。但是,实证分析和规范分析并非截然对立的:"应该是什么"的规范问题其实就是理想环境(区分于现实环境)下的"是什么"意义上的理性选择问题。在课题研究报告的前言中(由于专家并未指出课题报告混淆边界的具体表述,个人只能猜测很可能与这里的表述有关),我们之所以从实证的角度来理解伦理规范问题,就是基于事实判断和价值判断两者具有统一性方面的考虑。如果这一判断成立的话,专家所提出的课题研究报告混淆范畴边界的说法其实并不成立:问题不在于课题研究报告混淆了范畴的边界,而在于专家未能认识到两个范畴所存在的统一性的方面:与将主观和客观绝对对立一样,D专家同样将事实判断和价值判断截然对立起来。事实上,也正是因为规范分析可以从实证的角度来理解,有关伦理规范问题的分析大大扩展了实证分析的范围和层次:将实证分析从已有理论所关注的现实环境下的理性选择问题拓展到已有理论不太注意的、真正属于理性选择范畴的理想环境下的理性选择。

第六个需要回应的问题是作为伦理规范理念基础的古典自由主义的合理性问题。D专家认为,课题所界定的伦理规范的理念基础是古典自由主义,而人类200多年的实践证明古典自由主义有很多不足,与中国特色社会主义理论和实践不相衔接。对于这一意见,本人不能确定专家所理解的古典自由主义的含义究竟是什么,假如专家所理解的古典自由主义是亚当·斯密在《国富论》的《论重农主义》这一章中所主张的"正义法律下的自由",即"每一个人,在不违反正义的法律时,都可听其完全自由",那么,这里首先要给出的回应是:课题研究报告所主张的公平规则与斯密所主张的正义法律下的自由确实是一致的,因为,在个人的理解看来,马克思主义所主张的"自由人的联合体"也是基于正义的规则而将所有人自由组织在一起的社会共同体,进而,作为伦理规范的公平分配规则主张公正规则下的个体自由及其基于自由选择而占有收入和财富的权利。课题所做的工作主要是以可逆性检验一致有效来定义公平正义,然后以此为基点来推导社会良性运行的分配制度体系,将正义的理念具体化、可操作化。

现在,如果专家所理解的古典自由主义就是斯密所主张的"正义法律下的自由",而专家又对此持否定态度,我这里要向专家请教的是:"正义法律下的自由"究竟具体有什么问题呢?是个体不应该拥有自由吗?是一些个体应该被另外一些个体肆意奴役吗?我想应该不是,因为,正如马克思所设想的,建立一个没有剥削、没有奴役的"自由人的联合体"是人类社会所应该追求的终极目标和理想。那么,是不应该有正义的法律作为个体自由的约束前提吗?我想也应该不是,因为,为了保证每一个体应有的自由,个体的自由都应该是有法律约束的:人类社会所追求的"自由人的联合体"应该是每一个体的行为都受到公正规则合理约束的联合体。当然,有可能专家所理解的古典自由主义不是斯密所说的"正义法律下的自由",而是一些人可以对另外一些人肆意剥削和奴役的自由,是没有公正法律约束的自由,那这里所给出的回答是,此等自由主义恰正是课题研究报告所要批判的对象而不是其所要捍卫的理想。

第七个需要回应的问题是有关伦理规范的现实可应用性问题。C、D、E三位专家在一定程度上都提出这一问题。在三位专家看来,报告所界定的伦理规范应用性较差,概括起来有两方面的原因:一是技术层面的,这主要与前面所回应的伦理规范的精确性问题(即上述第二个问题)有关。比如,在指出课题研究报告存在对收入分配公平度量不充分缺憾的基础上,C专家认为相关研究能否落地是课题研究的最大问题。E专家则认为课题研究结论存在量化困难、操作复杂等一系列应用性的问题。二是伦理层面的,与伦理标准本身的合理性问题(即上述第六个问题)有关。在此方面,D专家认为课题所理解的伦理规范是建立在古典自由主义理念基础上的,与中国特色社会主义理论和实践不相衔接。

但是,不管是何种情形,这里首先所给出的回应是:其一,如果我们要为收入分配确定一个可以应用的伦理标准,那此等伦理标准只能是规则层面的,以具体结果为导向的伦理规范是无法用于现实实践的(因为纯粹的结果规范不可能在理论上得以确定),课题研究报告之所以以规则意义上的伦理规范去取代纯粹结果意义上的伦理规范,其原因之一就是规范可应用方面的(参见第二章第二、三节的分析);其二,基于可逆性检验一致有效意义上的公平正义原则所确定的伦理规范是完全可以应用的,改革开放以来我们国家的现实实践已经雄辩地证明这一点。因为,课题所推导出的公平分配规则是市场起决定性作用的规则。既然市场业已实践且运行良好,那么,结论能否落地的问题就不是一个问题。当然,也正是因为实践已经走在了理论的前列,强调市场对于收入分配结果的决定性作用,这倒不是课题研究的贡献。课题研究的贡献主要是对市场机制的公平性进行伦理论证(参见第七章)。因为,主流经济学对于市场机制的辩护主要是建立在资源配置效率基础上的,但是正义是社会制度的首要价值,仅仅从效率角度来为市场进行辩护是远远不够的:市场机制再有效率,如果它不公正,其合理性也无法得以证明。

C、E两位专家之所以认为报告所界定的伦理规范操作性差,这可能在于他们认为:只有数学化、定量化的伦理规范才可以操作。但实际的情况可能恰好相反,无法操作的恰正是那些数学化、定量化的规范标准。比如主流经济理论分析所持有的、基于基尼系数等指标来表达的公平分配标准。尽管经济学家一直乐此不疲地以此作为标准来进行理论的分析,但事实上,姑且撇开此类标准本身的合理性问题不谈,收入差距缩小意义上的所谓精确化的规范标准其实无法应用,因为,我们不仅无法确定所谓合理的差距水平,更是无法确定给定差距水平下公平分配的具体格局。这使得,在进行相关的分析时,经济学家往往只是一味地说要缩小收入的差距,但他们从来都不告诉我们:公平合理的收入差距及其所对应的具体的公平分配格局如何?之所以如此,其背后的原因在于他们根本无法就公平的分配结果做出具体确定。与此相反,将问题的关注点放在规则层面,正如课题研究报告的论证所表明的,公平的规则在理论上是可以确定的,伦理规范的可操作性问题就得以合理解决。

与C、E两位专家不同,D专家之所以认为伦理规范操作性差,主要原因在于D专家认为课题所论证的伦理规范不合理,认为作为其理念基础的古典自由主义与中国特色社会主义不相衔接。但问题是,即便古典自由主义与中国特色社会主义不完全兼容,这是否意味着我们应该对它进行全盘否定呢?在建设中国特色社会主义时,我们是否应该充分借鉴人类文明中的一切有益思想和成果呢?在认识到其局限和不足的同时,我们是否还可以从古典自由主义那里吸取有意义的营养和养分呢?要知道,马克思主义的产生,恰正是批判地继承和吸收德国古典哲学、英国古典政治经济学和英法空想社会主义合理成分的结果。特别地,我们国家成功地从计划经济向市场经济转型,这本身是否有古典自由主义理论的某种元素在其中起作用、抑或是和古典自由主义殊途同归呢?比如改革开放以来党的工作报告对于市场机制基础性、决定性作用的强调。如果答案是肯定的,认为古典自由主义与中国特色社会主义理论和实践不相衔接是否又过于武断和绝对呢?毕竟,公正法律下的自由这不正是我们现在所强调的法治下的市场经济吗?中国特色社会主义与马克思所设想的"自由人的联合体"不正是要建立公正的规则、法律,在此基础上保护每一个个体的自由吗?

最后一个需要回应问题的是 A、D 两位专家所提出的报告"对中国收入分配现实及改革实践的关注较为薄弱""对中国现实解读较少,并没有针对中国的现实情况"的问题。对于这一问题,个人的回应是:

其一,研究伦理规范,不管是一般的原则还是具体的安排,所要解决的都是现实问题。而探究伦理规范的目的就在于为现实提供指导(参见第一章第一、二节)。其中,一般原则所要解决是指导实践的基本标准,而具体安排则是原则的现实落实。从这个意义上来说,课题研究报告是以现实问题的解决为导向的。当然,由于伦理规范的规则涉及面很广,在具体规则的安排方面,正如研究报告所指出的那样,我们"就公平分配规则的探索是有限的,这里的研究只是为收入分配的伦理规范勾勒出大致的轮廓",相应地,"研究所确定的伦理规范不会为收入分配的政策制定与制度选择提供详细的行动指南,而只能为此提供大致的方向指引"(参见第十一章第二节)。

其二,由于课题研究的主题是探索收入分配的伦理规范,而伦理规范其实是一个超现实的范畴,过分关注现实问题可能会偏离课题研究的主题。在个人看来,有关中国具体问题的分析基于后续的专门性研究来完成似乎更妥。对于亚里士多德来说,其所著的《尼各马可伦理学》关乎的是作为目标的伦理,所讨论的是"什么是人的幸福"及"人的幸福在于何种生活方式"的问题,而其《政治学》所关乎的是何种政制、政府形式能最好地帮助人们维护这种生活方式的问题,进而,亚里士多德将这两部著作分开而不是将它们综合在一起。[1]与亚里士多德的思路有一定的相似性,我们也没有将中国具体问题的讨论作为课题研究报告的重点。毕竟,在中国具体问题的解决上,我们首先需要解决的问题是收入分配的目标和方向:我们所追求的公平分配究竟是何种意义上的公平分配?在实现共同富裕的伟大征途中,我们所向往的共同富裕究竟是何种意义上的共同富裕?有关具体问题的分析,在方向和目标得以确定之后再去讨论可能较为可取。

由于涉及学术观点的分歧,上面就专家所提出的八个方面的问题做出了答

---

[1] 参见廖申白.译注者序[M]//亚里士多德.尼各马可伦理学.北京:商务印书馆,2019.

复。当然,除了对这八个问题做出回应之外,还有一些问题也需要在这里加以澄清。就此类问题而言,在个人看来,我与相关专家之间并不存在观点的分歧:专家之所以把它们当作问题提出来,其原因在于专家对于报告内容、观点的理解与报告实际所阐述的情况不一致。比如B专家所提出的报告的最后一章没有讲清楚分配的市场与政府关系的问题以及报告对于机会、条件与过程等具体制度分析不够的问题(类似地,C专家也认为课题研究报告对制度安排的分析不够充分)。对于上述问题,这里需要澄清的是,专家所提出的问题其实在前面的章节中对此做出了分析,报告的最后一章只是对前面章节的核心观点进行总结并对主要建议进行归纳。其中,有关市场与政府的关系问题,这是第七至十章、尤其是第七章和第九章分析的主题;而有关机会、条件与过程的分析,是第八、九和十这三章分析的内容;至于具体制度分析,从五章到第十章、甚至是整个报告都是在讨论分配的制度规则,因为课题研究的目的就在于推导公平的分配规则。

B专家所提出的"报告缺乏对马克思主义关于收入分配问题的理论、价值原则等进行深入分析"的问题也需要澄清。作为人类社会的巨大思想宝库,马克思主义哲学、马克思主义政治经济学对于我们探究收入分配问题所具有的价值和意义是不言而喻的。事实上,本研究就从《共产党宣言》《哥达纲领批判》《〈政治经济学批判〉导言》与《反杜林论》等经典文献中获益良多,而作为课题研究报告的核心论点,本人之所以将公平分配的伦理规范理解为一种过程和程序而不是单纯的分配结果,恰正是受到马克思将分配问题与生产过程联系在一起的理论的启发(参见第六章第四节的分析)。与主流经济学与庸俗社会主义将分配问题与生产、交换、消费完全割裂开来不同,马克思明确主张基于社会生产过程来理解收入分配问题,而不是就分配论分配。也正因为如此,在课题研究报告所引证的文献中,马克思主义的文献是被引证最多的文献之一。当然,值得特别强调和提出的是,马克思主义的思想精髓是实事求是,一项研究是否坚持、是否运用了马克思主义,我们不能简单地看该研究引用了多少马克思主义的文献,更是要看该研究是否坚持了实事求是这一马克思主义的思想精髓:不是实事求是的理论研究,其实是反马克思主义的,它可能使得我们的研究沦为教条主义。

最后一个需要做出澄清的问题是A专家所提出的课题研究报告否定结果解释重要性的问题。对于这一问题,首先要说明的是,课题报告的观点不是说不需要解释,也不是说不需要实证(课题第一章第二节对此有说明)。问题是,解释什么?实证什么?何种解释、何种实证是有实践价值的解释、实证?在课题研究报告看来,既然收入分配的伦理规范是公平的规则而不是具体的结果,对于问题的解释应该围绕公平的规则而不是具体的结果来展开,否则,由此所得出的解释对于现实的收入分配实践没有什么价值和意义。

  基于自己的认知和理解,针对专家所提出的问题,本人尽可能地做出了回应和澄清。当然,为自己的观点进行辩护,这绝非对专家的意见盲目加以排斥。在科学的道路上,任何傲慢、自以为是、唯我独尊的态度是绝对有违科学精神的。与此同时,为课题的结论进行辩护,这也不意味着把自己的观点视为绝对的真理。因为,人类对于真理的探索永无止境。个人之所以为课题的观点进行辩护,一方面,从个人的理解情况看,目前似乎还没有就报告基本观点进行修正的可靠依据和理由;另一方面,哪怕自己的观点是错的,既然存在观点的分歧,我也应将自己的理解和认知如实地表达出来。因为,恰如密尔等论者所言,公开而自由的辩论是人类认识真理的唯一可能的途径,而真诚如实地表达自己的观点和理解则是人类理性辩论的基本前提!

曾军平
于上海财经大学凤凰楼

附 录

A 专家

客观而言,在中国的研究实践中,对收入分配伦理规范所展开的学术研究确实较为少见。不是因为它不重要,而是因为这一话题所涉及的从工具到目标这一过程的传导机制难以通过有效的度量而展开符合主流研究范式的分析。因此,诚如作者所言,已有研究将收入分配问题的关注点主要放在了收入分配现状的描述及其解释上,至于"收入如何分配才合理"之类的规范问题,确实较少涉及。从这一层面来说,国家社科基金结项成果《收入分配的伦理规范:可逆性检验有效的公平收入分配规则》以可逆性检验一致有效的公平分配规则的确定为主题所展开的有关收入分配伦理规范的探索,是一种富有理论自信和学术勇气的创新尝试,具有十分重要的理论价值和现实意义。总体而言,该项成果在内容上引经据典、论证充分、逻辑清晰、结构严谨,能够紧扣主题展开层层递进的研究;在方向上能够抓住社会发展中的重大现实问题,成果不涉及政治敏感问题,不存在有违马克思主义基本原理和有违中央现行方针政策的内容,是一项较为优秀的研究成果。

成果最大的亮点在于从理论上提出了一种判定收入分配是否公平合理的原则,即可逆性检验一致有效的判定原则。也就是说,"如果相关利益主体在特定的分配规则下调换位置后,他们依旧认为它是公平合理的,那么这种利益分配规则就是平等待人的分配方式"。这一富有"同理心"的判定准则与先贤"己所不欲勿施于人"的说法相一致,符合社会演进过程中公众所形成的道德情趣。此外,一些观点表达深刻而同样富有新意,诸如"作为收入分配目标导向的伦理规范只能是隐藏在收入分配结果背后的公平的'关联结构'而不可能是单纯的、与决定因素无关的分配结果"、"公平正义可以一般地表述为利益分配的平等待人"、"作为伦理规范的分配规则是平等待人的分配规则"、"在实践上,以公平分配为导向的政策选择与制度设计要以公平的分配规则为导向"等等。

尽管如此,成果亦存在一些值得进一步改进的地方:

首先,关于"可逆性检验一致有效"的判定原则如何做到更加"科学"的问题值得进一步思考。在分配规范有关公平正义的研究中,功利主义的整体幸福最大化原则、罗尔斯以最大最小来表述的差别原则、均等主义的使人平等原则、帕累托原则等理论都可以通过一种价值量化来进行有效地判断,而作者提出的"可逆性检验一致有效"原则在如何判定人们在调换位置后依然觉得是"公平合理"这一问题上似乎分析得不够深化,也就是说,到底怎样才算是人们认为的"公平合理"?应当用什么标准进行进一步判定这种调换后的"公平合理"?有没有更为"科学"的标准?诸如此类,值得深化研究。

其次,对中国收入分配现实及改革实践的关注较为薄弱。尽管作者在最后一章分析了这一原则的"现实应用",但就中国进一步深化收入分配改革这一现实问题则明显没有涉足,此为全文最大的遗憾。建议作者跳出理论的抽象范畴,运用所提出的原则就中国的改革实践进行具体的讨论。

最后,对一些观点和内容的批判,建议应更加包容。诸如:"对于收入分配状况原因的解释,有规范意义的分析也应该围绕现实的收入分配规则为何偏离或接近了规范的目标来展开,而不是对收入差距等具体结果进行解释"。实际上,对收入差距等具体结果进行解释,既是展开规范分析的前提或基础,又是解释收入分配为何为偏离规范目标的一种思路,在收入分配这一话题的研究中同样重要。因此,在肯定分配规则重要性的基础上,评审人建议作者也不要忽略了结果解释的重要性。

B 专家

该研究课题报告选题有重要价值,特别是最近这些年,收入分配研究注重实证分析,轻视理论研究,尤其是对收入分配的价值原则、伦理原则等分析成果并不多见。这个课题从分配公平正义原则出发,比较深入地分析和探讨了收入分配问题值得关注的基本原则问题,有一定的价值和意义。报告也有较好的理论分析深度,特别是从哲学角度开展探讨,具有一定的理论深度,提出的分配过程、分配主体、分配结果等层面值得关注分配的伦理原则等等,都是需要重视且值得思考的重大理论问题。整个报告对学术界,特别是西方学术界对这个问题的梳理较为全面,许多引证分析也有一定的权威性和严肃性,理论研究深入,思考有独到见解,体现了作者深厚的理论分析功底。

但是,报告有几个问题也是值得进一步探讨和完善的,具体如下:

其一,整个报告缺乏对马克思主义关于收入分配问题的理论、价值原则等进行深入分析。马克思主义哲学、政治经济学都对分配的公平正义问题做了大量的分析和研究,这方面的观点和分析仍然是指导我们今天开展这个问题研究的出发点,建议对此进行分析并与西方一些理论开展对比,而不是完全引用罗尔斯等人的观点进行分析。

其二,整个报告除了从哲学角度分析分配问题的伦理原则等之外,更要从经济学、社会学等角度开展分析,这样才可以多角度全面分析分配问题的伦理原则问题。这些年经济学、社会学在这方面的研究已经积累了大量的成果,有很多结论、方法是可以借鉴。如果仅仅从哲学角度思考分配问题,显然也不具备充分说服力。特别是后面一部分提出的分配问题的四个导向,没有讲清楚分配的市场与政府的关系,因为从经济学和实际发展来看,收入分配有一次分配和二次分配,且各自遵循的原则显然是不同的,不是简单地从政府导向转向市场导向。此外,分配问题涉及分配差距与分配不公,分配不公涉及机会、条件、过程等等,这些都和具体的社会制度紧密联系在一起,这方面目前的分析显然不够。从而使得整个报告比较空泛,且无法有效回应收入分配问题的社会反响和关注等。建议从以上两个方面对报告做进一步深入的修改和完善。

C 专家

公平收入分配本身就是一个非常有价值的论题,当然,也非常难研究,本课题所选方向,又是相关研究中最难的部分之一——伦理问题,精神可嘉,如有可能,应该进行后续研究,基金也应该支持其后续研究,相关研究成果有可能成为本研究领域的重要文献。

但论证过程存在如下问题:(1)收入分配的研究中,制度安排是必须要进行充分讨论和展开的,本论题展开不够;(2)收入分配的研究当然可以实证,但关于伦理的研究,实证较难,本文对相关研究的实证,有意义,但论证过程尚有待于进一步完善;(3)本课题所引用文献的广度、深度也有待于进一步展开,近年来国内、国际相关方面的研究较多,我国在相关方面的研究和讨论尤其多,相关成果或可以有所借鉴;(4)对于检验有效的公平收入分配,亦需要对公平收入分配的公平进行充分的度量,这样方可有所比较和深入阐释,本课题似有缺憾;(5)相关研究能否落地,是课题研究的最大问题,实操性决定了此课题的可用性较差。

但课题的相关研究有一定的文献综述和观点开创的意义,建议基金可以进行后续研究,甚至可以增加支持力度,争取拿出更好的成果。

D 专家

对研究报告的整体评价:研究报告的总体框架完整,前期研究比较扎实,对问题的把握也有一定的针对性,叙事过程脉络清楚,文字表达通畅,概念运用准确,研究深入,分析具体,结论有一定的论据支持。整体上看,具有一定的研究水平。

亮点:(1)提出了当前收入分配政策制定时面临着的一个很重要的问题,即在当前调节收入分配的政策制定时,政策目标的确定的确缺少收入分配目标的伦理规范标准。不同的政策选择适用着不同的价值取向,以致在决策时,由于缺少可参照的统一标准而难以抉择,影响着国家收入分配政策体系的科学化。(2)研究报告对多种伦理规范的价值标准进行了深入的分析,指出了它们的不足,或是成立的逻辑有瑕疵,从而推导出新的分配规则:可逆性检验一致有效规则。从观点的确立过程看,有既定的逻辑和论据,也存在着对应过程的因果关系。因此,论述过程完整、有序。(3)研究报告从实体形态——复合规则入手,阐明了价值原则——个体可逆性检验一致有效的先验规则,建立起的基本构件——以自由选择为决定变量的一般分配程序,及其主体框架——市场起决定作用的修正规则,界定了结果调整(保障生存权利)、过程安排(有限的自由竞争)与起点设置(基本权利保障)的总体设计,从而建立起了具有完整调节收入分配概念的分析框架,同时也具有一定的应用价值。在这一点上,还是很有意义的。

不足:(1)伦理规范,属于价值判断的范畴。但是,研究报告并没有提出一系列的价值标准作为伦理规范的基本取向。而是认为:伦理规范是一种公平、正义的分配规则,同时狭窄化了规则的概念,舍弃了规则中的实体内含,强调了规则的程序内含,从而选择了一种程序规则——可逆性检验一致有效,作为判断伦理规范可接受的价值标准。但是,实际上,这一选择割舍掉的价值内含,恰恰是伦理规范的核心。因此,研究报告选择了一个好的分析切入点,但并没有获得好的研究结论,而是又回到了程序正义的老套路。在这一点上看,缺乏新义。(2)混淆了伦理规范的归属范畴。伦理规范,是主观价值判断,从来就不具有普适性。研究报告在论述中,不时混淆事实判断和价值判断的范畴边界,跨范畴的论述伦理规范,所以生成了一些自我矛盾的论述逻辑。(3)推导出的伦理规范,应该讲是建立在古典自由主义理念基础之上的。而古典自由主义的基本理念,在经历了200多年人类社会的实践,已经证明了有许多的不足。也与中国建立特色社会主义的理论与实践不相衔接,在中国不适应是极为明显的。因此,此研究报告对中国未来实践的指导意义并不大。(4)研究报告有时观点不甚明确。研究报告大量转述前人的观点,但没有在转述的各种观点之间,形成递进或是层叠的关联表述。转述之观点对报告之观点的支持性描述也缺少充分的表达。(5)对中国现实的解读较少,并没有针对中国的现实情况,在现实解读中理出头绪,从而创建符合中国国情的伦理规范。实际上,中国的改革开放已经跨越四十年,在实践中已经取得了许多经验和不俗的成就。基于中国实践,本可以探索并获得相应的结果,但作者在这方面的研究显得薄弱。

E 专家

该成果不涉及政治敏感问题,不存在有违马克思主义基本原理和有违中央现行方针政策的内容。研究对现行的收入分配评价标准从伦理规范的视角提出疑问,并基于哲学、政治学、经济学等学科文献研究的基础上提出新的伦理规范界定:从结果转向规则、从政治分配转向法治分配、从使人平等转向平等待人、从政府主导转向市场决定。整体上来说,虽然该研究的结论存在着量化困难、主观性较强、操作复杂等一系列应用性问题,但该研究为收入分配领域的伦理评价标准提供了新的思考和思路,从思想和理论的角度来说作者的工作相当值得肯定。

文 丛 后 记

　　筹划已久的"财政政治学文丛"终于问世了,感谢丛书的顾问、众多编委和复旦大学出版社帮助我们实现了这一愿望。

　　"财政政治学文丛"是"财政政治学译丛"的姊妹丛书。自2015年"财政政治学译丛"在上海财经大学出版社陆续出版以来,再出一套由中国学者作品组成的"财政政治学文丛"就成为周边很多朋友的期待。朋友们的期待就是我们的使命,于是我们设想用一套"财政政治学文丛"作为平台,将国内目前分散的、从政治视角思考财政问题的学者聚合在一起,以集体的力量推进相关研究并优化知识传播的途径。"财政政治学译丛"的许多译者成了"财政政治学文丛"的作者,我们还希望能够继续吸引和激励更多的学者加入到这一行列中来,以共同推进财政政治学的发展。

　　无论是对国内学界来说,还是对国外学界来说,"财政政治学"(fiscal politics)都不算是一个主流或热门的概念,甚至到目前为止都没有人专门考证过这个概念的提出者、提出的具体时间及其使用意图。从财政学发展史的角度看,至少早在19世纪80年代,意大利财政学者就将财政学划分为三个密切相关的分支学科:财政经济学(economia finanziaria)、财政政治学(politica finanziaria)和财政法学(diritto finanziario)。就今天来说,财政政治学在思想上主要源于财政社会学(fiscal sociology,译自德文 Finanzsoziologie),甚至可以说它和最初的财政社会学就是同义词。学界公认,美国学者奥康纳(James O'Connor)是20世纪70年代推动财政社会学思想复兴的重要代表,但他非常明确地在自己1973年出版的《国家的财政危机》一书中提倡"财政政治学",而他所说的财政政治学可以说就是财政社会学,因为他在谈到财政政治学时提及的学者就是财政社会学的创立者葛德雪和熊彼特,而其引用的也主要是熊彼特在1918年所发表的《税收国家的危机》这篇财政社会学的经典文献。无独有偶,在国际货币基金组织2017年出版的《财政政治学》(*Fiscal Politics*)论文集的导论中,主编也明确地将书名溯源到熊彼特1942年出版的《资本主义、社会主义与民主》和1918年发表的《税收国家的危机》,这实际上也是将财政政治学的思想上溯到财政社会学,因为《税收国家的危机》一文不仅是财政社会学的创始文献之一,也是《资本主义、社会主义与民主》一书的思想源头。

在这里,我们有必要明确强调,初创时期的财政社会学之"社会学"和当前的财政政治学之"政治学"之间并无实质性区别。虽然在今天社会学和政治学分属两个独立的学科,但我们不能根据今天学科分化的语境想当然地将财政社会学作为社会学的子学科或将财政政治学作为政治学的子学科,尽管很多人往往顾名思义地这样认为,甚至一些研究者也是如此主张。无论是从社会学思想史,还是从创立者的研究目的来说,财政社会学的"社会学"更应该被看作是社会理论(social theory)而非社会学理论(sociological theory)。前者试图理解、解释或识别大规模社会变迁,关注的是起源、发展、危机、衰落或进步等主题,因而特别重视制度和长历史时段分析;后者主要是建立一个能系统地将实证研究结果组成对现代社会的综合理解的框架,因其集中关注的主要是那些经济学、政治学、管理学遗漏的地方,甚至被人称作是"剩余科学"。在今天,西方学术界自称或被称为"财政社会学"的研究中,事实上既包含财政社会学初创时期所指的社会理论的内容,又包含当前社会学学科所指的社会学理论的内容,而我们所说的财政政治学跟初创时期的财政社会学基本一致。

"财政是国家治理的基础和重要支柱",我们理解的财政学就是揭示财政与国家治理的关系和后果,以及利用财政工具优化国家治理、推动政治和社会进步的学问。在此前提下,作为财政学分支的财政政治学,探讨的主要就是财政与国家之间的理论关系,就像熊彼特评论财政社会学时所说的,"它可以让我们从财政角度来考察国家,探究它的性质、形式以及命运"[1]。根据我们对财政政治学的理解以及试图实现的研究目标来说,财政政治学的"政治学"所体现的主要不是现代政治学的英美传统而是欧洲大陆传统。前者以英美的科学传统为基础,强调政治研究中的行为主义视角和量化方法;后者以欧洲的人文主义传统为

---

[1] 熊彼特.税收国家的危机[M]//格罗夫斯,柯伦.税收哲人.刘守刚,刘雪梅译.上海:上海财经大学出版社,2018:183.

基础,强调政治研究中跨学科研究和质性研究的重要性。就欧洲社会科学研究传统而言,遵循欧洲大陆传统的政治学可作为今天的社会理论的组成部分,事实上,当政治学研究传统上溯至亚里士多德时,它本身就是我们今天所说的社会理论。

因此,尽管名称有差异,但财政政治学与财政社会学实际上并不是两类不同性质的研究,只不过财政政治学指的是财政社会学初创时期所指的社会理论范畴。考虑到国内普遍流行的是社会学理论而非社会理论,为避免将财政社会学研究局限于实证或"剩余科学"的范围内,同时也为了进一步突出并传播"财政是国家治理的基础和重要支柱"这一重要理念,我们的译丛和文丛都特别选择财政政治学为名。也可以说,"财政政治学"这一名称选择,它以英美用法为名,但以欧洲大陆传统为实。

在财政学研究传统的划分中,一种更为合理的标准是区分为交换范式财政学和选择范式财政学,这种区分与曾经流行的欧洲大陆传统-英美传统、旧式财政学-新式财政学、德语财政学-英语财政学等划分标准能够基本形成对应关系,但表述更为准确,既能突出不同研究传统的内核,也能够有效避免以地域、时期、国别、语言等分类标准所带来的困难。财政社会学产生于"一战"后期关于欧洲各国战后怎样重建的辩论之中,是交换范式财政学研究传统的典型代表,它与曾流行于欧洲大陆的官房学(cameralism)在思想上有很深的渊源,后者兴盛于政治碎片化下民族国家形成的历史过程之中。无论对财政社会学来说,还是对官房学来说,国家都被置于分析的中心,甚至官房学后来在德国的发展还被称为国家学(Staatswissenschaft)。在欧洲大陆,财政学被认为起源于官房学,而财政社会学也曾被认为就是财政学本身。但长期以来,对英美社会科学思想史来说,官房学都是被遗失的篇章,后来在官房学被译介到英美时,按照其时下的学科划分标准,即经济学主要研究市场问题,政治学主要研究国家问题,而社会学主要研究社会问题,官房学者因为其研究的中心问题是国家而被看作是政治学家而非经济学家或社会学家。事实上,一些研究者也将选择范式财政学研究传统的思想追溯到官房学,但与今天选择范式下基于各种假设条件的虚幻选择不同,官房学中的选择是真实的选择,因为官房学者必须为其选择承担责任,有时甚至会付出生命的代价。从根本上说,官房学着眼于民族国家的实际创立、生存、竞争与发展,更能反映着眼于国家治理的财政科学的完整萌芽,它与我们理解的主要探讨财政与国家关系的财政政治学取向是一致的。阳光之下无罕事,我们并不需要假装财政政治学主张具有原创性,它并不是要构建出一个全新的出发点,而是对财政学思想史中已有传统的新的思考与拓展。周期性地追根溯源及重新阐述研究任务,似乎正是推进社会科学发展的常规做法,而官房学显然可以成为财政政治学发展的重要思想源头。

"财政政治学文丛"的选题范围与财政政治学译丛并没有太大区别,其覆盖面同样广泛,既涉及财政与国家的基础理论研究,也涉及此领域的历史及其实证研究。当然,探讨中国的财政与国家关系、国家治理优化过程中财政工具的运用、从财政推动政治发展等内容,是其中最为重要的组成部分。这些研究是依主题的相似而不是方法的相同而聚合在一起的,研究中各自采用的方法主要依据研究内容而定。它们所要传递并深入研究的基本思想,实际上是葛德雪和熊彼特在其财政社会学的经典论著中所总结并奠定的。

虽然财政政治学还是一个比较新的边缘性的提法,但这恰恰是其意义与价值所在,因为对社会科学研究来说,正是新的边缘性概念及其发展为理论的创新与发展提供了前提条件。更何况,从思想源头上说,财政政治学所代表的财政学思想传统,曾经是财政学本身或财政学的主流,那就是"以国家为中心"。遗憾的是,在中国目前的财政学研究中,恰恰丢掉了国家。正如葛德雪强调的,"财政学主要关心的是国家的经费问题,但它从未停止过询问,谁才是国家?"[1]因此,与政治学界以斯考克波为代表的学者呼吁"找回国家"[2]相应,"财政政治学"的发展实际上就是在财政学领域"找回国家"的知识努力。这种知识的发展和深化,将使我们能够拨开各种迷雾,更好地洞见在有国家的社会中财政制度安排对塑造国家治理体系、治理能力以及背后的社会权利-权力结构的基础性作用。

需要指出的是,财政政治学在当前还不是一个学科性概念,我们愿意遵循熊彼特当年对财政社会学的定位,仍将财政政治学看作是一个特殊的研究领域,它涉及一组特殊的事实、一组特殊的问题以及与这些事实和问题相适应的特殊的研究方法。奥康纳在2000年为其《国家的财政危机》再版所写的序言中反复强调了财政政治学研究是政治经济学和政治社会学的结合,而国际货币基金组织出版的《财政政治学》论文集的主编也强调财政政治学试图复兴一种在政治经济学中将经济、社会和政治过程看作是共同决定和共同演进的传统。正是在这种研究取向中,我们可以努力地去实现马斯格雷夫对财政学发展的反思性主张,他认为,主流财政学满足于帕累托最优而忽略了公平正义、个人权利以及有意义的

---

[1] 马斯格雷夫,皮考克.财政理论史上的经典文献[M].刘守刚,王晓丹译.上海:上海财经大学出版社,2015:263.
[2] 斯考克波.找回国家[M]//埃文斯,鲁施迈耶,斯考克波.找回国家.北京:生活·读书·新知三联书店.

自由概念等对一个国家的重要意义[1]。主流财政学的不足主要在于其研究所依赖的方法或技术导致人为地割裂了财政与国家间的历史性与制度性联系，从而使其研究偏离了财政学的真正研究主题。我们想要做的，就是努力使财政学重新回到对国家具有重要意义的议题的关注之上，并重塑其对社会的理解力和指导力，这一重塑是出于一种迫切且共同的需要，也就是在新的时代更恰当地去理解并推动国家治理优化与中国政治的发展。

当然，我们在此处并不是在否定财政政治学今后走向独立学科的可能性，事实上，我们正在为此做准备。但这需要一个很长的努力过程，需要有更多人能够积极且静心地投入进来。当我们能够从更多的研究确立的各项解释原则的相互关系中发现财政政治学的学科统一性时，建立财政政治学学科所要探讨的问题，将像罗宾斯在重新定义经济学时所说的一样"由理论统一中的缺口和解释性原理中的不足来提示"[2]。但对财政政治学的发展，最令人期待的结果并不在于形成像现代主流财政学那样统一且标准化的理论以对世界进行技术性或工具性控制，而在于通过财政政治学这种多元、开放的思想体系吸收和转化不同学科的研究成果，并将这种独到的综合性思考成果不断地融入到所要分析的主题中去，实现对国家治理和政治发展的更深层次、更广范围的反思性对话，从而促进优良政治与美好社会建设。我们也并不在意符合这里所说的财政政治学研究目的的研究是否都冠之以财政政治学之名，在"有名无实"和"有实无名"之间，我们会毫不犹豫地选择后者，因为这才是我们真正的追求。

因此，对本文丛感兴趣的研究者和读者，不必在意是否满意于"财政政治学"这一名称，也不必纠结于财政政治学是否有一个明确的定义，关键在于志同道合，即我们试图发展一个能让我们更好地理解历史与现实并指导未来的财政学，"财政政治学"就是我们的"集结号"！我们希望拥有更多的读者，也希望有更多研究者能够加入到这一研究团队中来，共同使"财政政治学文丛"不断完善并成为推动财政学科发展的一支重要力量，进而贡献于国家治理的优化与政治的现代化。

刘守刚　上海财经大学公共经济与管理学院
刘志广　中共上海市委党校经济学教研部
2019 年 8 月

---

[1] 布坎南,马斯格雷夫.公共财政与公共选择:两种截然不同的国家观[M].类承曜,译.中国财政经济出版社,2001.

[2] 罗宾斯.经济科学的性质和意义[M].朱泱,译.商务印书馆 2000:9.

图书在版编目(CIP)数据

收入分配的伦理规范:可逆性检验一致有效的公平分配规则/曾军平著. —上海:复旦大学出版社,2023.5
(财政政治学文丛)
ISBN 978-7-309-16523-4

Ⅰ.①收… Ⅱ.①曾… Ⅲ.①收入分配-公平分配-研究-中国 Ⅳ.①F124.7

中国版本图书馆 CIP 数据核字(2022)第 194190 号

收入分配的伦理规范——可逆性检验一致有效的公平分配规则
SHOURU FENPEI DE LUNLI GUIFAN
曾军平 著
责任编辑/王雅楠

复旦大学出版社有限公司出版发行
上海市国权路 579 号　邮编:200433
网址: fupnet@fudanpress.com　http://www.fudanpress.com
门市零售: 86-21-65102580　团体订购: 86-21-65104505
出版部电话: 86-21-65642845
上海盛通时代印刷有限公司

开本 787×1092　1/16　印张 16.75　字数 292 千
2023 年 5 月第 1 版
2023 年 5 月第 1 版第 1 次印刷

ISBN 978-7-309-16523-4/F·2929
定价: 60.00 元

如有印装质量问题,请向复旦大学出版社有限公司出版部调换。
版权所有　侵权必究